中国财政学会学术文库

新中国财政70年的探索与创新

Exploration and Innovation of China's Finance (1949-2019)

刘尚希/主编

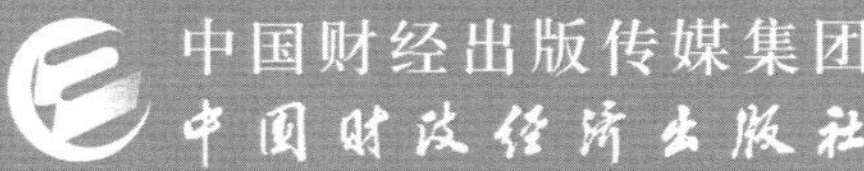

厘清 70 年财税发展逻辑 推动新时代财政理论创新[*]

（代序）

◇楼继伟

“为中国人民谋幸福，为中华民族谋复兴”是我们党的初心和使命，也是新中国 70 年财税发展和改革的奋斗目标。新中国成立 70 年成就辉煌，财政居功至伟。认真研究 70 年财政发展和改革的目标和逻辑，可使我们更加深刻理解党的初心和使命，更加全面的认识财政。同时，也有助于我们围绕党中央提出的建立现代财政制度这一财税改革目标开展理论研究，增强担当意识，为财税改革建言献策，推动实现国家治理体系和治理能力现代化。

在从站起来、富起来到强起来的伟大历程之中，财税承担了独特而重要的历史使命。新中国 70 年财税发展和改革可以划分为前 30 年和后 40 年两个阶段。前 30 年，我国发展的总体特征与主题是在计划

---

* 本文是十三届全国政协常委、外事委员会主任、中国财政学会会长楼继伟 2019 年 10 月在中国财政学会 2019 年年会暨第 22 次全国财政理论研讨会上的讲话，收入本书时部分内容做了删节。

体制下推动工业化建设，实现国富民强。财税围绕这一特征与主题，以支持工业化和国家发展为目标，进行了一系列制度设计，为社会主义建设及工业化的推进作出了重要贡献。在这30年中，财税发展总体上适应了从新中国成立到转向计划经济和结构调整的客观要求，为工业体系建设、社会主义制度建立提供了强大支撑。当然，由于计划经济很难达到生产可能性边界，多次发生过冷过热现象，财政又深受政治运动影响，因而财政体制变动频繁，一直在谨慎适应形势变化，尽力保持财政收支平衡。

后40年，进入改革开放时代，改革的总体特征是整体推进与重点突破相结合，整体性改革逻辑和总体进程决定了财税改革选择局部改进突破、适应性过渡并在目标明确时抓住机会实施整体配套改革的路径。作为经济、社会和政治体制改革的交汇点，财税改革触及问题多，几乎涉及各个方面利益关系的调整。经济、政治、社会、文化、生态等在内的整体性改革，无一不涉及财税。财税改革不仅率先突破，为经济体制改革“杀出一条血路”，而且局部突破也是以财税联动为条件，形成价格、国有企业、金融等各领域改革协调配合进而推动整体性改革格局。在总体改革深化和财税基础作用逐步完善基础上，财税改革重点相应分步转移。

回顾70年财税改革的逻辑，是为了更好地认识我们党的初心，认识国家发展和财政改革的初心，进一步增强使命感，明确财政改革的方向和理论研究的重点。习近平总书记指出，当前世界处于百年未有之大变局，乱变交错、风雷激荡。全面深化改革向纵深发展，各种矛盾交织叠加，诸多风险挑战接踵而至，这对财政工作提出了更高要求。对我们理论研究工作者而言则需要增强理论研究的针对性，为改革提供更有价值的参考。

从国内来看，改革的整体性、协调性要求提高，面临的不确定性和风险在增加。经济、社会、生态等领域的新变化增加了改革的不确定性和风险，对财税改革也带来了诸多挑战。从经济领域来看，尽管经济运行保持在合理区间，产业结构优化、升级态势良好，但宏观经济运行中出现的一些问题，尤其是经济下行压力还需引起我们的警惕。同时，财政收入增速放缓，对现行财税制度和体系又带来一定冲击。从社会领域来看，社会主要矛盾的转变、人口流动性增强以及老龄化社会的加速等新变化，加大了改革的不确定性和风险。随着改革开放的深入推进，我国形成了人口规模巨大的流动社会，现行属地化公共资源配置机制和转移支付制度，已不适应由人口静止社会向人口流动社会的转变。2018年末，我国60周岁及以上人口24949万人，占总人口的17.9%，超过0—15岁人数，老龄化社会加速到来也给财政可持续带来较大压力。

从国际上看，全球公共风险的演化、全球经济格局的变化，尤其是全球化和全球经济形势的重大变化，使我国与全球经济的关系日益复杂，加大了外部环境的不确定性。"逆全球化"现象以及全球贸易摩擦升级，影响了我国正常的经济结构调整和贸易体系优化；全球经济运行的脆弱性提高，增长势头逐渐减弱，必然会引发新的风险并波及我国。作为世界大国，我们既要承担起应承担的责任，又要提升防范和化解风险的能力，把潜在的风险和危机逐一化解。

当前我国正处于实现中华民族伟大复兴关键时期。我国的历史方位和社会主要矛盾已经发生历史性变化，新时代赋予了财政更为重要、更为艰巨的历史使命。就短期而言，面对复杂的国内外环境，财政要致力于增强防范和化解风险的能力，应对各种挑战，保障经济社会稳定健康发展。就长期而言，则要发挥财政的治理作用，推进国家治理现代化，实现中华民族伟大复兴。

作为理论研究工作者，我们要牢牢把握为实现中华民族伟大复兴的中国梦而奋斗的时代主题，增强财政研究的使命感和责任感，围绕"两个一百年"的奋斗目标，结合当前财政面临的新形势新使命，著书立说、建言献策推动财税改革向纵深发展，把论文写在祖国的大地上。

谨以此代序。

前　言

中国财政学会已走过了40年不平凡的历程，理论研究也贯穿着新中国成立70年来的财政事业发展。新中国成立初期，面对既要应对军费支出，又要恢复国民经济的形势和压力，在财政专家的建议和支持下，我国试编了第一本国家概算，着手“统一全国财经工作”，逐步实现了财政收支、物资管理和现金管理“三统一”。

早在中国财政学会成立之前，全国财政理论讨论会就开始举行，研究财政基础理论和政策措施，发挥了重要的作用。1964年，第一届全国财政理论讨论会在大连召开，会议明确，社会主义财政学是社会主义政治经济学的一个部门，是社会主义意识形态的一部分，是要为社会主义经济基础服务的。会议围绕着社会主义财政的本质和范围，全民所有制经济中税收的作用，预算平衡、信贷平衡和物资平衡的相互关系等三个理论研究主题展开，并明确了“国家分配论”的地位和作用。1965年，第二届全国财政理论讨论会在北京召开，会议围绕着“国家和企业之间的财务关系即体制问题”“财政和价格在国民收入分配中的作用与相互关系”两个主题展开，专家们在讨论中认识到，社会主义国家组织分配，是以财政为核心的，但财政分配不能独立起作用，还要综合运用价格杠杆、工资杠杆、信贷杠杆等。

1979年，中国财政学会成立，40年来，共召开了20次全国财政理论研讨会。会议坚持实事求是、与时俱进的思想路线，根据改革开放的实践进程，坚持贯彻党的重大路线、方针、政策，为中心工作服务、为现实服务，在每一个关键的历史关口，财政基础理论研究工作都发挥了积极作用。改革开放初期，受到投资和经济过热的影响，财政赤字严重，综合平衡的局面也有明显地压力。既要维护好改革开放的良好开端，又要切实保障经济社会的有序运行，中国财政学会的理事专家们提出了“分灶吃饭”“利改税”的思路和设想，成为当时中国财政创新发展的智力引导。随着“南方谈话”的春风拂渐，社会主义市场经济体制得以建立和发展，财政成为改革的“突破口”和“缓冲器”，财政基础理论也进入东西融合、内外互济的新阶段，公共财政理论、分税制改革思想等，成为这一时期中国财政改革的理论支撑。进入中国特色社会主义发展的新阶段，“五位一体”的总体布局、“四个全面”的战略布局对财政提出了新的历史使命，即“财政是国家治理的基础和重要支柱”。财政既要着力完善自身，构建现代财政制度；又要支撑全局，应对好百年未有之大变局。

中国财政学会成为新时代财政基础理论创新的重要阵地。第22次全国财政理论研讨会为广大财经领域专家学者和实践工作者提供了新时代财政改革思想交流展示的重要平台。研讨会以“新中国财政70年理论与实践”为主题，分总论坛和分论坛两个阶段展开研讨。7位专家学者在总论坛作主旨演讲，54位专家学者在平行举行的“新时代财政理论创新与发展”“国家治理与税制改革”“现代预算制度与全面绩效管理”“地方债务管理与投融资创新”和“全球化背景下的大国财政”五个分论坛上发言，形成了一大批有理论深度、有逻辑维度、有思辨广度的财政基础理论成果。

财政部部长刘昆同志在会议上指出，“中国财政学会要发挥平台优势，认真总结70年财政改革发展成就和经验，深刻认识当前财政工作面临的形势，以习近平新时代中国特色社会主义思想为指导，围绕更好发挥财政在国家治理中的基础和重要支柱作用，坚持正确政治方向，加强财政改革发展重大问题的研究，有效提升学会的话语权和舆论引导力，为加快建立现代财政制度、促进经济社会持续健康发展作出新的更大贡献”。这一要求，将中国财政学会及各会员单位、理事专家的责任感、使命感极大地提升，努力做好新时代中国财政基础理论研究的探索者、组织者和引领者。

探索者是对真相的探求、对规律的探寻、对本质的探究。新时代的中国财政基础理论是建立在“财政是国家治理的基础和重要支柱”上的，更加强调财政的治理功能、协调功能、整合功能、创新功能和保障功能，更加突出对财政活动的建规、立制、规范、改进、支撑的研究。中国财政学会就是要“围绕更好发挥财政在国家治理中的基础和重要支柱作用”，开展好基础理论研究工作，坚持实事求是、不设研究禁区、鼓励思想碰撞，做好探索者。

组织者是对研究对象的规划、对研究团队的支持、对研究工作的管理。新时代中国财政基础理论是以现代财政制度建设和完善为主体的理论体系，更加强调系统性、完整性、统一性、规范性和协同性，也坚持在独立性基础上的开放性。中国财政学会就是要“坚持正确政治方向，加强财政改革发展重大问题的研究”，全面有序推进基础理论研究工作，坚持顶层规划、坚持问题导向、坚持管理创新，做好组织者。

引领者是指创新性、影响力、传播性和示范性的高度统一体。新时代中国财政基础理论是以全面深化改革为源泉的理论综合体，更加强调创新性、稳定性、前瞻性、针对性和有效性，并强化自主性和主观能动性的影响。中国财政学会就是要“有效提升学会的话语权和舆论引导力”，全面推进基础理研究工作、支持优秀理论成果的结集、宣传、出版，凝聚学界菁英，回应理论热点，作好引领者。

财政承担了独特而重要的历史使命。任何一本财政理论著作的出版、文章的刊出、内参的发表都是全国财政理论工作者为使命而履行的一种责任担当。中国财政学会秘书处整理了论坛专家的发言，并经本人确认后编纂成册，呈献给广大财经工作者和关心关注财政工作的读者，希望对财政理论创新与财政体制改革有所启发和帮助。

感谢所有参加2019年年会暨第22次全国财政理论研讨会的专家学者。本书编纂过程中难免有疏漏，敬请批评指正。

中国财政学会秘书处

2020年11月6日

目录

◆ 国家治理与税制改革

◆ 现代预算制度与全面绩效管理

目录

◆ 全球化背景下的大国财政

新中国财政 70 年理论与实践

关于现代财政制度之现代性的几点思考

◇ 全国人大常委会预算工作委员会　刘修文

现代化是人类对美好生活的共同向往！建设社会主义现代化国家，不断探索完善中国特色社会主义的现代国家制度，是我们党团结带领中国人民的不懈追求！现代财政制度是现代国家制度的重要组成部分，建立现代财政制度是我们党和我国人民长期以来的不懈探索，也是以习近平同志为核心的党中央关于财税改革的最新决策、最新部署。全面建立和建设现代财政制度，首先要求我们理论上的清醒，要求我们全面深刻理解现代财政制度之丰富内涵，特别是要求我们全面深刻理解现代财政制度之现代性。这既是新时代我们财政学人的重要使命，也是中国特色社会主义财政理论研究和建设的重大课题。

关于现代财政制度之现代性，70 年来，特别是党的十八大以来，我们财政学人从不同角度作了比较全面深刻的阐述。这里，我想换个视角，从人民代表大会制度这一支撑我国国家治理体系和治理能力的根本政治制度的角度，从人民代表大会制度是坚持党的领导、人民当家做主、依法治国有机统一的根本政治制度安排的角度，从人大财政权的角度，对现代财政制度之现代性，谈几点个人的初步想法。

一、人民财政：现代财政制度之人民性或者民主性

人民民主是社会主义的生命。没有民主，就没有社会主义，就没有社会主义现代化，就没有中华民族的伟大复兴。新中国的财政，共和国的财政，从来就是人民的财政、民主的财政。70 年来，我们党始终坚持全心全意为人民服务的根本宗旨，坚持人民主体地位，坚持国家的一切权力属于人民，把以人民为中心作为构建新中国一切国家制度的基础，将以人民为中心实实在在体现到国家制度的各方面、实施运行的全过程。现代财政制度也不例外。建立和建设现代财政制度，必须充分体现人民意志、保障人民权益、激发人民创造力，必须以不断满足人民对美好生活的向往为根本出发点和落脚点，必须以充分保证人民当家做主、当家理财为着力点，让人民群众在每一项现代财政具体制度中感受到当家做主、当家理财的真实感和自豪感，把为人民造福的事情真正办好办实，让人民生活更加幸福美满。

一句话，这里所说的“人民财政”，是从我国国体的角度讲的。说白了，就是：人民主体地位、人民民主、财政民主、人民真正的参与和监督，以及相应的财政特别是预算的公开透明，是现代财政制度之人民性、民主性的重要方面，必须进一步坚持和完善。否则，现代财政制度是不完备的！

二、国家财政：现代财政制度之政治性

国家财政，我们 20 世纪五六十年代出生的财政人都耳熟能详，都明白它是有特定含义的。这里，我更想强调的是国家财政的“政治性”。“财”和“政”本来就是一个整体，既要讲“财”，更要讲“政”。用邓小平同志的话说，就是决定数字就是决定政策。用前辈们的话说，就是“操财权者秉政权”。用楼继伟会长的话说，“政”是“财”绕不过去的坎。70 年来，我国的财税改革特别是 1994 年的分税

制改革，我们的财政理论研究，取得了历史性成就。但是，以往的财税改革和财政理论研究，更多侧重在纵向的政府之间的财政关系上，更多集中在中央和地方、国家和企业及居民的财政分配关系上。因此，建立和建设现代财政制度，必须全面准确理解党的十八以来党中央关于财政问题的全部论述和主张，特别是全面理解和贯彻落实党中央关于加强人大预算决算审查监督职能等重大决策部署，必须进一步重视人大和政府之间的横向关系，必须以“加强对政府全口径预算决算的审查和监督”“落实税收法定原则”为突破口和主要抓手，与时俱进建立和完善中国特色社会主义预算审查监督制度。

一句话，这里所说的“国家财政”，是从我国政体的角度讲的。说白了，就是：宪法和法律赋予人大的职责、人大对政府全口径预算决算的真正的审查、批准、决定和监督，以及中国特色社会主义预算审查监督制度，是现代财政制度之政治性的重要方面，必须进一步坚持和完善。否则，现代财政制度也是不完备的！

三、法治财政：现代财政制度之法治性

长期以来，我们党面临的一个重要治国理政课题就是处理好党和国家政权的关系，实现党和国家政治生活的制度化、规范化、程序化。新中国成立后，党领导全国人民通过制宪立法、建章立制，建立起适合我国国情的社会主义基本制度。十年“文革”，使党、国家和人民遭受到新中国成立以来最严重的挫折和损失。邓小平同志痛定思痛地指出：“这个教训是极其深刻的，不是说个人没有责任，而是说领导制度、组织制度问题更带有根本性、全局性、稳定性和长期性。这种制度问题，关系到党和国家是否改变颜色，必须引起全党的高度重视。”改革开放 40 年以来，特别是党的十八大以来，我们党认真总结社会主义革命、建设、改革开放的成功经验和教训，成功找到法治这一治国理政的有效方式。深刻认识到，法治是治国理政不可或缺的重要手段，

全面依法治国是坚持和发展中国特色社会主义的本质要求和重要保障，全面推进依法治国是一个系统工程、是国家治理领域一场广泛而深刻的革命。一方面，“财政是国家治理的基础和重要支柱”，法治性是我国现代财政制度的天然属性、时代属性。另一方面，制度化的关键是法治化，制度建设的重点是法治建设，建立现代财政制度也不例外。当前，坚持和完善现代财政制度之法治性，一方面，既要坚持依法治税，也要坚持依法理财；既要坚持法定税收，也要坚持法定政府非税收入；既要坚持法定财政收入，也要坚持法定财政支出。另一方面，必须实现改革决策与立法决策紧密结合，必须做到重大财税改革都要于法有据。

一句话，这里所说的“法治财政”，是从人大制度的基本特征讲的。说白了，就是：没有全部税种税收的法定，没有预算决算的法定，没有全部财政收支行为的法定，没有重大财税改革的法定，现代财政制度也是不完备的！

四、科学的财政：现代财政制度之科学性

科学理论是制度之魂，科学的财政理论是现代财政制度之基。马克思主义是我国社会主义制度建立发展的理论基础，马克思主义中国化的理论成果是我国国家制度建设的科学指导。新中国70年的实践表明，中国国情是我国国家制度赖以生根发芽、茁壮成长的深厚土壤。我们要以海纳百川的态度，积极比较、学习、借鉴世界范围内作为人类文明成果的国家制度，但必须坚持以我为主、为我所用。现代财政制度理论的研究和发展也不例外。我们必须坚持以习近平新时代中国特色社会主义思想为指导，坚持和发展中国特色社会主义国家制度，坚持从国情出发，坚持构筑中国现代财政制度的学术体系、理论体系、话语体系，进一步彰显现代财政制度的中国底色，为建立和建设现代财政制度提供充分的理论支撑。

一句话，这里所说的“科学的财政”，主要是从现代财政制度与人大制度的渊源关系的角度讲的。说白了就是：没有科学的理论作指导，没有对现代议会制度、现代政治制度的深刻认识，没有中国人大制度的底色，现代财政制度也是不完备的！

以上关于现代财政制度之现代性有关特性的初步看法，虽然都是从每个特性的某一个侧面来谈的，但它们实际上是一个整体，都是紧扣我国根本政治制度，紧扣我国人大财政权的不同方面来展开的。具体来说，人民性或民主性、政治性、法治性以及科学性，都是人民代表大会制度这一根本政治制度在现代财政制度方面的必然要求和体现。换句话说，现代财政制度决定于现代政治制度，中国特色社会主义现代财政制度决定于我国的根本政治制度。离开了人大制度，离开了我国的根本政治制度，而谈现代财政制度及其现代性，肯定是不科学的，也是不完备的。实际上，议会的演进史、现代财政的发展史均表明，现代财政制度、现代税收制度、现代预算制度，都是从现代议会制度、现代政治制度上发轫的，都是从议会审查、批准、决定和监督税收、预算和财政上开始的。这可能是现代财政制度之实质、之根本。

一代人有一代人的使命，一代人有一代人的担当。让我们再接再厉、共同努力，全面加强对现代财政制度及其现代性的深入研究，全面加强中国特色社会主义财政理论建设，为建立和建设中国特色社会主义现代财政制度，为推进国家治理体系和治理能力现代化，贡献我们新时代财政学人的智慧和力量！

新中国财政的历史逻辑和时代潮流

◇ 中国社会科学院　高培勇

聚焦新中国财政70年的话题，从财政理论研究的立场上来说，最重要的两项任务分别是：其一，将新中国70年财政发展的历史逻辑交代清楚。习近平总书记指出，“一个国家、一个民族要振兴，就必须在历史前进的逻辑中前进、在时代发展的潮流中发展”。新中国70年财政的历史逻辑，就是新中国财政历史发展的必然进程和客观规律。其二，将新中国财政发展的时代潮流交代清楚。新中国财政的时代潮流，就是适应时代主题的新中国财政的发展趋势和前行方向。

一、新中国70年财政发展的历史逻辑

关于新中国70年的发展历程，对应从站起来、富起来到强起来这三个伟大飞跃，大家能够达成共识的大致是三个阶段：一是计划经济时期，二是改革开放的新时期，三是中国特色社会主义新时代。回顾这三个不同的阶段，财政理论的发展进程与之相对应，也可大致区分为三个阶段。第一阶段，在计划经济时期，大体上对应的是以国家为主体的分配关系，称之为“国家分配论”；第二阶段，在改革开放新时期，大体上对应的是社会主义市场经济体制下的财政体制，称之为“公共财政理论”或者“公共财政论”；第三阶段，中国特色社会主义新时代，大体上对应的是国家治理现代化背景下的财政功能定位，即

“财政是国家治理的基础和重要支柱”。

将上述三个不同阶段的财政理论主要观点联结在一起，其内在的逻辑是什么？党的十八届三中全会作出“财政是国家治理的基础和重要支柱”这一重要论断，是理论创新还是规律发现？包括我本人在内的财政理论界，在过去的六年中，应当说在很大程度上是围绕着理论创新做归结的。但是，如果将认识停留在理论创新阶段，而不是归结为规律发现层面，那很可能是“自娱自乐”。

所以，将财政定位为国家治理的基础和重要支柱而非简单的财政收支问题，很值得财政理论界沉下心来好好思考。

在理论创新和规律发现的讨论过程中，可能面临三个抉择。“财政是国家治理的基础和重要支柱”，是从定义层面加以理解，还是从职能转变的层面加以理解，亦或是从战略定位的角度加以理解？

从计划经济年代将财政定义为以国家为主体的分配关系，到 70 年后的今天将财政定义为国家治理的基础和重要支柱，那就意味着过去 70 年中发生的变化，财政仅仅是关于财政的三个不同定义的转变。我理解，这样一个研究层次太低了。这是第一种选择。

第二种选择，将“财政是国家治理的基础和重要支柱”当作财政职能的转变。对于财政职能的转变，有许多具体的表述。比如，计划经济年代的财政职能，有筹集资金、分配资金、财政监督等。改革开放新时期的财政职能，有资源配置、调节收入分配、稳定经济等。再比如，财政是政府的一项职能，金融也是政府的一项职能，发展改革也是政府的一项职能，当各种职能交汇在一起的时候，要从基础和重要支柱的意义上去理解、认识、归结财政职能和其他政府职能之间的关系。在国家治理活动所涉及的政府职能中，唯有财政职能可以覆盖所有的政府职能，财政职能部门的活动可以牵动所有政府职能部门的活动。它是一项最具综合意义的基本政府职能。这是基于职能层面的考虑。

但是，财政职能层面的转变，恐还不是最实质的变化。应该还有第三种选择，将“财政是国家治理的基础和重要支柱”当作战略定位层面的变化。这有利于从规律发现的角度去总结、提炼财政实质问题。

有这样一句中国老话，“月亮还是那个月亮，星星还是那个星星”。财政做的事情，本身没有太大的变化。从现象层面上看，就是“一收一支”，由收与支引出财政政策配置、财政体制安排配置及国家财政管理等。70 年中，新中国财政的变迁，严格讲，是战略定位本身在发生变化。过去是将财政放在资金收支的角度去定位，后来又将财政放在资源配置的立场上去理解，现在是将财政放在党和国家事业全局的高度加以理解。从这个意义讲，对于“财政是国家治理的基础和重要支柱”，与其说是理论创新，不如说是一种规律发现。对于财政和国家治理之间的关系，特别是财政对于国家治理的基础和重要支柱这样一种作用，并非是由人的主观意志决定的，而是客观存在的。问题只是在于，何时以及以怎样的方式去发现这一规律？这与科技发明没什么大的不同。

当提到财政是国家治理的基础和重要支柱的时候，当看到财政和国家治理之间具有天然联系的时候，应当将其作为一个规律发现，莫要简单当作一种理论创新。当然，科技发现本身也是理论创新的过程，科技发现的结果也是要做高度的理论概括。如何才能做到这一点？需要财政理论界下大工夫去研究。换言之，要从规律发现的角度概括贯穿新中国 70 年财政的历史逻辑。

因此，新中国 70 年的财政发展的历史逻辑，应当从规律层面上做出归结，总要伴随着站起来、富起来、强起来，进入国家治理现代化这个进程加以梳理。推进国家治理现代化，就需要财政发挥更大的作用。财政的战略定位变了，从这个意义上讲，这是进入新时代后第一次摆正了财政应有的位置。

二、时代潮流

站在这样一个历史交汇点上，下一步该怎么走？

党的十九届四中全会审议通过了《中共中央关于坚持和完善中国特色社会主义制度、推进国家治理体系和治理能力现代化若干重大问题的决定》。对财政体制的变革做出怎样的选择，恐不能离开现代国家治理这样一个主线索。因此，要把新中国财政的时代潮流交代清楚，下一步向何处去。

"向何处去"，就是涉及财税体制改革目标的定位问题。论及新时代的财税体制改革目标是建立现代财政制度，关键是对建立现代财政制度如何理解？

第一，新中国的财税体制改革是一个接力赛跑过程。进入新时代，这一棒的任务就是建立现代财政制度。要从财税体制改革的阶段性上理解建立现代财政制度这样一个新时代财税体制的改革目标。这不是另起炉灶，也不是又发现了新的目标，而是一个阶段性的改革目标。如果将"建立现代财政制度"当作一个阶段性的改革目标，就可以和过去 70 年的历史逻辑对接上。建立现代财政制度与构建公共财政体制是一个接力赛跑的过程。因此，还需要将公共财政体制和现代财政制度之间的关系交代清楚。

时代潮流是一种客观规律。改革开放，说到底一个经济市场化的过程，财政自然要公共化。因而，需要建设公共财政体制。迈入国家治理现代化的阶段，财政就要有一个现代化的制度与之相匹配。也就是说，现代财政制度是建立在公共财政体制基础上的新的财政改革。

第二，建立现代财政制度要头顶"蓝天"，脚踩"大地"。"大地"就是我国的经济基础——社会主义市场经济体制，头顶"蓝天"——我们要建立的是国家治理体系和治理能力现代化。在这样一个"天""地"之间挺立的财政制度，一定是以财政的公共化、现代化为前行方向和发展趋势的这样一个时代潮流。具体的表现就是现代财政制度，现代财政制度一头连着社会主义市场经济体制，一头连着国家治理体系和治理能力现代化。

第三，下一步任务在公共财政体制基础上建立现代财政制度，在财政公共化的肩膀上叠加财政现代化。

新中国财政的重要性和特殊性，既集中体现在它是政府所从事的所有活动的经济基础，又集中体现于它与国家治理之间的天然关联，是国家治理的基础和重要支柱。在中华民族实现从站起来、富起来到强起来的伟大飞跃中，新中国财政功不可没。

站在历史新的更高的起点上，面对中国特色社会主义进入新时代、中国经济进入高质量发展阶段的新形势和新任务，中国财政更要有大格局、高起点。

作为新时代中国财税体制改革的目标定位，现代财政制度一头连着社会主义市场经济，一头连着现代国家治理，实际上是社会主义市场经济和现代国家治理结合在一起的产物。在公共财政体制的基础上建立现代财政制度，在财政公共化的肩膀上叠加财政现代化，让财政在更高层次上、更广范围内发挥对国家治理的基础性和支撑性作用，以财政治理体系和治理能力的现代化支持和推动国家治理体系和治理能力的现代化，既是新时代赋予中国财政的主题，也是新时代中国财政理应担负的使命，更是中国特色社会主义制度及其执行能力的具体体现。

中国人大预算监督的发展趋向与内在逻辑

◇ 山东大学　樊丽明

一、背景分析

新中国成立伊始，当时财政中心任务并不是监督，而是通过三个转变实现财政运行的平稳过渡。第一个转变就是战时财政自然转化为和平财政，第二个转变是分散的财政制度和体系转变为集中统一的制度和体系，第三个转变是以农村为主的财政制度转化为以城市为中心的财政制度。从新中国成立之初的一些重要文件对预算管理的表述可以清晰看出这些转变。1949 年 9 月 29 日，中国人民政治协商会议第一届全体会议通过了起临时宪法作用的《共同纲领》，其中涉及预算的内容提到："要建立国家预算决算制度，划分中央和地方的财政范围，厉行精简节约，逐步平衡财政收支，积累国家生产资金。"之后，1949 年 12 月时任财政部部长薄一波做了《1950 年全国财政收支概算草案编成的报告》，并没有使用"预算"的概念，而是使用"概算"的称谓。20 世纪 50 年代初，国家紧锣密鼓地在预算制度的建立方面不断推出措施，财政部颁发了《财政收支的预算科目》，政务院通过了《关于决算制度、预算审核、投资的施工计划和货币管理的》，政务院颁发了《预算决算暂行条例》，这些文件对于国家预算的内容体系编制原则、编制的过程和程序等基本做到了有章可循。1954 年颁布的《中华人民共和国宪法》中明确规定了全国人大行使的财政权，其中最重要的权力就是审查和批准国家预算和决算的职权，而且不仅仅是全国人大，包括地方各级在本行政区域内审查和批准地方的预算和决算的权利。

总体而言，计划经济时期的预算编制和收支管理比较粗放，政府难以向人大提交全面完整、细化准确的预算，人大也难以有效履行预算监督的职能。真正规范的政府向全国人大汇报预算，而且经过人大批准是从 1979 年开始的。1979 年和 1980 年，汇报预算的时间已经到了 6 月份，甚至是 8 月末。在 1979 年 6 月，张劲夫同志在全国人大五届二次会议上做了《关于 1978 年国家决算和 1979 年国家预算草案的报告》。1980 年，王丙乾同志做了《关于 1979 年国家决算，1980 年国家预算草案和 1981 年国家概算的报告》，应该说这些报告和今天财政部门向人大报告预算还是有相当距离的，但是我们可以看到 1979 年是在实践人大预算监督的一个开端。考察近 40 年的人大预算监督，其目标始终是建立全面规范、公开透明、科学有效、约束有力的现代财政制度。监督的效果如何，主要可以从三个维度去进行分析和评价。一个就是监督的依据是不是完备和科学，第二个就是监督的能力是不是强，第三个是监督的效力是不是实。以此为起点，通过这样一个认识框架来分析中国 40 年人大对预算的监督状况。

二、中国人大预算监督发展进程的三个阶段

总体来看，中国人大预算监督可以分成三个阶段。第一个阶段是 1979—1998 年，这 20 年是中国人大预算监督的初始阶段，可以概括成“前预算时代”。第二个阶段是 1999—2017 年，也接近 20 年的时间，这个阶段已经在建立现代预算及监督制度，建设预算监督的能力，应该说这个阶段已经呈现了加速度发展的态势，成绩斐然。从 2018 年开始进入了第三个阶段，就是拓展预算监督，提高监督能力的一个新

阶段。

第一个阶段我们称为“前预算时代”，是因为在当时这样一个时期，我们国家财政改革的重心主要是理顺两个基本关系：一个是政府与市场主体的收入关系；另一个是厘清中央与地方的财政收入关系，着力进行这两个方面的制度重构，而财政支出领域的改革在这个阶段并没有实质性的推进。当然，在这个阶段改革开放是主题，全国人大在财税改革方面主要采取了授权、放权的形式。比如在工商税制的改革和对外开放相联系，和经济体制的全面改革相联系，采取了授权这样的方式。这一阶段人大预算审查监督处于建立机构、建章立制的基本设施建设阶段，预算监督的实际效果是有限的。

在第二个阶段，时代的背景已经发生了很大的变化，我们国家宪法学界对宪法监督制度、人大监督权力研究经历了 20 世纪 90 年代的热潮期。从 1999 年开始，人大监督和预算改革互动，促进了部门预算、政府收支分类改革等预算编制改革，国库集中支付政府采购等预算执行改革，为预算监督奠定了技术基础，尤其是党的十八届三中全会明确提出了建立现代财政制度，改进预算管理制度大大推进了预算监督的进程。第二个阶段是一个建立预算监督法律体系、建设预算监督能力的阶段，而且也是一个自上而下改革，自下而上积极探索，加强预算监督的阶段。尽管改革是自上而下推进的，但省级以下的各级人大在这个阶段的预算监督探索也是异彩纷呈，创造了许多具有地方特色的实践经验，也可以说这个阶段从形式性监督开始走向实质性监督。

第三个阶段是从 2018 年开始，人大预算监督进入了拓展预算监督制度、提高监督能力的阶段。这个阶段主要表现为全国人大要求国务院报告国有资产管理制度，并且在 2019 年春季全国人大常委会已经通过了相关规划，要求在五年之内把各个行业，各种类型的国有资产全部掌握。这是新中国成立以来的第一次。同时，关于人大预算审查监督的重点、向支出预算和政策拓展的指导意见也已经陆续出台。

三、中国人大预算监督发展的五大趋势

回顾中国人大预算监督40年的演进历程，基本可以梳理出预算监督发展的五大趋势：法制化、专业化、全面化、多元化和信息化。

首先，从法制化来说，40年来，人大预算监督法律体系经历了一个分阶段、加速度，由低阶到高阶的建设历程，迄今基本解决了有法可依的问题。有三个标志性事件可以回溯：第一个是1989年的《全国人民代表大会议事规则》，在这里详细规定了全国人代会开会的时间、预算审批程序等；第二个标志性事件是1994年《预算法》的颁布；第三个是1999年人大常委会《关于加强中央预算审查监督的决定》，详细规定了如何加强对中央预算的审查监督，依法规范审查政府预算行为。2007年人大常委会通过的《监督法》也对人大监督预算起了重要推动作用。2015年新《预算法》颁布实施让人大监督预算的法律依据问题得到了彻底解决，相关制度规范越来越细腻、越来越科学。

其次，就专业化而言，监督机构在80年代、90年代就已经分别迈出了一些步伐。比如，1983年全国人大设立了财经委员会，现在预工委的不少职能在当时是财经委员会履行的。1983年，审计署正式成立，于是就不仅仅有一个财政部与人大的关系问题，还有一个做政府审计、政府监督的审计部门跟人大关系的问题。1998年末，全国人大设立了专门的预算工作委员会，专司政府预算相关工作。此后，大部分省份设立了预算工作委员会。全国层面监督机构建立健全是在20世纪八九十年代完成的，现在地方从省级一直到县乡这些机构也已经陆续建立起来。人大监督的专业化程度，不仅仅是通过专业部门监督，各级人大都特别注重动用社会专业资源，借脑借力来提升监督能力。许多专家、学者都参加过全国人大或者省级的、市级的，甚至我们所在的区级的人大对预算的一些评价，专项的讨论、审查等这样的工作。

第三，全面化让预算监督的范围不断拓宽。预算监督从最初只是

监督预算内的收支，逐步过渡到对四本预算的监督，进一步发展到对地方债务的监督，以及对各种类型的国有资产的监督。各项预算监督紧锣密鼓付诸实施，尤其是2019年春季，关于不同行业、不同表现形态的国有资产计划利用5年时间彻底摸清家底，这样一个不断拓宽预算监督范围的全面化趋势令人振奋。当然，在预算监督的全面化里还有监督内容和监督重心的变化。随着我们国家财政支出规模的不断扩大，原来更多的关注税收收入和非税收入，现在我们对支出的关注程度应该提高，而且在关注支出的时候也不仅仅是支出总量和平衡状态，也应该对支出如何保障国家政府的工作重点和重要政策的落实这些方面履行监督责任。

第四，监督工具多元化，力度持续加大。人大监督预算可以采用多种监督工具，像询问、听证等被认为是约束性较弱的工具，像规定时间质询、成立专门的调查组进行调查等工具则显得约束性较强。有的学者已经做了一些工作，按照不同国家的议会使用监督工具的数量来把他们分成不同的类别，大致可以分成7个等级，有的国家人大监督政府的预算手段偏少，工具箱里有的是2件，但是也有些国家比较丰富，在7件以上。就我们国家而言，我们观察到近年发展得比较快，人大监督预算所采取的方式在不断地增加，不仅仅是一般性的听取意见建议，在会上做文章，还探索开展预算专题审议。比如，北京市在这个方面现在做得越来越专、越来越早，专业化程度也在不断提高，而且人大对预算进行重点审查，人大财经委向主席团提出预算审查的结果报告。我们也看到了有询问和质询这样的情况发生，在最近的两三年里，每到暑期都会有专项的质询。此外，还有组织调查，浙江的一些地市级曾经成立专门的调查委员会来专题调查国有资产的保有情况、使用结构、使用绩效等。现在人大对预算的监督工具箱里的内容在不断地丰富完善。

第五，以信息化助力深化有效监督。监督的前提是拥有信息，有效监督的前提是拥有充分信息。怎么使得广大人大代表，乃至更多的人民拥有充分预算信息，从而来体现人大监督呢？最近几年，人大推进信息化的进程在不断地加快，我作为一名人民代表，近年来实实在在感觉到提供给人大代表的具体信息是在不断丰富的，为不少人大代表做一些专业性研究提供了便利。

四、中国人大预算监督发展改革的内在逻辑

从发展改革的动力来讲，首先是经济因素在发生作用，经济体制的改革不断培养了市场主体的监督意识和能力，经济发展水平在不断提高，我们的财政收支的规模在不断扩大，由此提出了通过人大这样的根本政治制度来监督预算的更高要求。其次，政治因素是实现人大监督预算的另一个重要的推动因素。共产党的领导，一方面体现在领导了人大监督与政府预算的改革，可以说是同向同行相互促进，也领导和促进了人大监督与审计监督社会监督的协同改革。同时，政府预算制度的改革，为人大预算监督发展提供了实施条件。最后，从文化的因素来说，学者的思想引领、基层的典型示范也都起了相当的作用。当然，技术因素对监督信息化、科学化，以及有更多的信息公开便于监督起了重要作用。基层的典型示范从点到面，现在应该说在不少地区，不仅仅是东部地区，包括中部的河南地区等基层人大对预算的监督也开展得如火如荼。比较早的是浙江温岭参与式预算，从2005年之后，恳谈会的形式不断发展，到2015年温岭在全国的县级城市首次试行了预算修正议案，这迈出了预算监督重要一步。

从整个发展的过程来看，人大预算监督发展改革的目标始终是实现人大高质量有效力的预算监督，最终推动建立现代预算制度，实现国家治理体系和治理能力的现代化。从发展的改革路径来说，主要是在三个方面发力：第一个是不断的建立健全相关的法律体系，不断地反思监督权授予、监督权使用，不断提升监督法律的完备性、科学性。第二个是不断提高监督能力，这既有监督主体的专业性及调动社会专

业资源的能力问题，也有监督内容的全面性、监督工具的多样性、监督信息的充分性问题，这些都是监督能力的体现。第三个是监督效力，监督效力既取决于前面两大类因素，同时还有预算修正权、问责权问题，以及如何实施的问题。

研究发现，我们国家的人大预算监督主要是通过三个方面来不断地从整体推进的。首先是纵横协同型。从纵的方面来看，我国五级人大预算监督是自上而下，自下而上相结合发展推进的。一方面既有全国人大的指导、示范；另一方面基层人大积极进行自主改革探索，创造经验。从横的方面来看，在中央统一领导下，人大预算监督发展与政府预算改革和其他相关改革是配套推进的。其次是一种探索规范型。人大预算监督改革发展与我国整体改革发展模式相适应，从中国实际出发，采取了探索规范的类型，发展改革之初以行为主义模式为主，后期以制度主义的模式为主，更注意它的规范性、整体性。最后是渐进深化型。我国 40 年人大监督经历了从以初步的制度建设和机构建设为主的“基础设施建设”阶段，发展到以加快预算监督法律体系和监督能力建设为主的阶段，再发展至加强法律体系的科学性完整性，深化能力建设，提高监督质量和效力的新阶段。整体来说，人大预算监督是从形式性监督逐步走向实质性监督。

我国收入分配结构优化的方向与财政政策

◇ 财政部综合司　曾晓安

收入分配问题是经济发展过程中的一个关键问题，也是一个难题。党的十九大报告提出“坚持按劳分配原则，完善按要素分配的体制机制，促进收入分配更合理、更有序”，为收入分配改革指明了方向，提出了新的要求。我们须以此为指引，着力解决收入分配领域存在的主要矛盾，优化收入分配结构，让经济社会发展成果更多更好惠及人民。

一、我国收入分配结构性问题仍然比较突出

改革开放以来，我国收入分配领域取得了显著成绩。首先是实现了富起来，人民生活水平得到了显著提高。2018 年我国居民人均可支配收入达到 28288 元，比 1978 年实际增长 24. 3 倍，全国居民恩格尔系数为 28. 4%，比 1978 年降低 35. 5 个百分点。其次是减贫效果显著。1978—2018 年我国农村贫困人口减少 7. 5 亿人，农村贫困发生率下降到 1. 7%。最后是，逐步确立完善与市场经济相适应的按劳分配与按要素分配相结合原则，调动了广大劳动者积极性和创造性。尤其是党的十八大以来，收入分配机制和政策体系不断完善，居民收入增速连续数年跑赢经济增速，收入分配格局不断优化。近年来，我国政府、企

业部门收入占比下降，居民部门占比稳步上升，总体上，政府、企业、居民之间收入分配格局正逐步趋于合理。但与国际水平相比，政府部门可支配收入占比并不高，企业部门占比较高，居民部门占比仍然偏低。根据资金流量表数据计算，2016 年我国政府可支配收入占国民经济的比重分别为 17.9%，分别低于 G7 发达国家和主要发展中国家 2.3 个、1 个百分点，根据 IMF 口径计算的宏观税负也是如此；我国企业部门可支配收入占比为 20%，分别高于 G7 发达国家和主要发展中国家 6.1 个、4.5 个百分点；我国居民部门可支配收入占比 62.1%，分别低于 G7 发达国家和主要发展中国家 3.7 个和 3.3 个百分点。从现状看，虽然我国总体收入分配格局还有待进一步优化，但政府、企业、居民内部收入分配结构问题更加突出。

一是政府间收入分配结构不够合理。政府收入在各级政府间的分配具有垂直不平衡的特点。中央政府收入占比高，本级支出少；地方收入占比低，地方支出占比高。2018 年中央一般公共预算收入占全国一般公共预算收入的比重为 46.6%，中央本级一般公共预算支出占全国一般公共预算支出的 14.8%。市县财政收入和支出不匹配的情况更加明显，基层财政收支矛盾突出。

二是企业部门“脱实向虚”，收入分配失衡问题比较突出。当前我国企业部门内部收入失衡问题比较严重，体现在两方面：一方面，非金融企业与金融企业分配明显背离。近年来非金融企业可支配收入占比快速下降，金融企业收入占比上升。与 2008 年相比，2016 年我国非金融企业可支配收入占国民经济比重下降 7.3 个百分点，而金融企业可支配收入占比却上升 2.8 个百分点。根据 2017 年、2018 年初步估算数据，金融部门可支配收入占比还有一定程度上升。我国金融部门可支配收入占比也显著高于国际平均水平。另一方面，非金融企业中工业和房地产业出现显著背离。我国工业增加值占 GDP 比重由 2008 年的 41.3%下降到 2018 年的 33.9%，下降了 7.4 个百分点。而同期，房地产增加值占 GDP 比重由 2008 年的 4.6%上升到 2018 年的 6.6%，提高了2个百分点。据此可以推断，工业企业初次分配收入在国民收入中占比降幅更大。企业部门内部分配不平衡直接导致了国民经济循环不畅，不利于国民经济发展。

三是我国居民收入分配差距仍然较大。2008年以前，我国基尼系数整体呈现上升态势，2008年以来我国基尼系数由升转降。但2016年、2017年我国基尼系数连续上升，当前我国基尼系数还处在较高水平，仍高于0.4的国际警戒线水平，需要引起高度注意。

二、优化收入分配结构是我们党和政府必须持之以恒履行好的职责使命

从理论上看，调节收入分配具有长期性。收入分配差距并不会随着经济发展自然解决，政府必须担负起调节收入分配的职责使命。根据库兹涅茨倒U形曲线，收入分配差距随经济发展呈现先上升后下降的走势，收入分配差距扩大只是经济发展中的阶段性问题。近年来，通过对更多国家、更长时间跨度数据的研究分析，库兹涅茨假说并不成立。托马斯·皮凯蒂的《21世纪资本论》对多个国家工业革命以来的财富分配状况进行分析，发现收入分配差距并没有出现收敛，而是一直扩大的，其根源在于资本收益率长期高于经济增长率。收入分配差距是市场经济的必然产物，而且是市场自身不能解决的问题，必须充分发挥政府作用，弥补市场失灵。

新中国成立70年来，我国从计划经济走向社会主义市场经济，收入分配制度随之不断演进，始终把处理好收入分配问题作为重点。计划经济时期，我国实行按劳分配，具有严重的平均主义倾向。改革开放以来，我国收入分配制度经历了由“按劳分配为主体，其他分配方式为补充”到“按劳分配为主体，多种分配方式并存”，再到党的十九大提出的“坚持按劳分配原则，完善按要素分配的体制机制”等阶段。收入分配原则经历了从“让一部分人富起来”到“效率优先，兼顾公

平”，再到“初次分配和再分配都要处理好效率和公平”，再到党的十九大提出的“收入分配更合理、更有序”的发展阶段。总体看，我国收入分配制度的发展变迁，既符合中国特色社会主义的内在要求，也适应了不同时期经济社会发展改革的需要，取得了巨大的成就和丰富的经验。

从我国经济社会发展现实看，解决好收入分配差距问题更加具有重要性和紧迫性。一是当前我国正处在跨越中等收入陷阱的关键时期，更需要妥善处理好收入分配问题。2018 年我国人均 GDP 接近 10000 美元，正处在由中高收入国家迈向高收入国家的关键期。美国经济学家罗斯高、卡诺维尔等人的研究认为，收入不平等程度高的国家更有可能掉入“中等收入陷阱”。二是实现高质量发展的应有内涵。体现效率、促进公平的收入分配体系是现代化经济体系的重要组成部分，是落实新发展理念的重要方面。当前我国正从高速增长阶段迈向高质量增长阶段，经济增速下行压力较大，保障好中低收入群体收入有利于促进消费和经济健康发展。三是实现共同富裕，维护好社会公平正义是我们共产党人的理想和奋斗目标。此外，当前世界范围内的民粹主义背后一定程度上都是收入分配问题的映射，收入分配差距也是全球需要高度关注的现实问题。

三、必须充分发挥政府职能，促进形成更合理、更有序收入分配结构

形成更合理有序收入分配关键是要处理好效率与公平这一核心关系。关于效率的认识比较一致，简单说就是用最少的投入创造最大的产出。深化收入分配制度改革，增进效率，主要有两个层面：一是实际分配中处理好要素投入与回报之间的关系，激励更多、更高质量要素投入生产过程；二是形成宏观层面的激励约束机制，使生产要素合理配置，促进生产效率提高。

关于公平，目前依然缺乏一个普遍接受的定义。功利主义着眼于结果公平，古典自由主义者注重机会和过程公平，最近西方哲学中流行的罗尔斯主义，同时重视分配起点和结果公平，着力改善穷人和社会不幸者的生活条件，这一思想在政策上表现为兜底政策。虽然对公平的认识存在分歧，但罗尔斯的公平思想获得了大多数人的认可，是争议中的一点共识。对于公平，不能仅仅关注结果公平，而是要分析造成结果不公的原因，是因为起点和过程不公平，还是因为效率和努力不同造成的。努力程度和效率不同造成的收入分配差异，是与效率激励相容的。我们尤其重点关注的是起点和过程不公平造成的结果不公平。起点和过程不公对效率提升有较大负面影响。相反，起点和过程公平更有利于激发个人创造力，促进竞争，能够提高效率。

财政是政府履行调解收入分配职能的重要手段。收入分配问题涉及经济、社会、政治各方面，而财政是政治经济社会的有效连接媒介。德国经济学家瓦格纳在10卷本的《财政学》中指出，整个社会由政治、经济、社会三大子系统构成，财政是连接三大子系统的关键环节。马克思主义主张国家分配论，财政实质上是一种以国家为主体的分配关系。现代财政学之父马斯格雷夫将调节收入分配作为财政三大职能之一。调节收入分配更是现代财政制度下不可或缺的基本职能。为实现更合理、更有序收入分配，有效发挥财政职能作用，解决好国民收入在政府、企业、居民之间的分配，尤其是政府、企业、居民内部的收入分配结构。优化的方向和措施主要包括以下几方面：

一是保持政府收入占国民经济比重基本稳定，加快建立权责清晰、财力协调、区域均衡的中央和地方财政关系。与国际平均水平相比，我国政府部门可支配收入占国民经济比重并不高，为保持政府对收入分配的调节能力，总体上要稳定政府收入占比。更主要的是，加快推进中央与地方财政事权和支出责任划分、理顺中央地方收入、完善中央对地方转移支付制度，因地制宜、合理规范省以下财政收入与支出责任划分，更好发挥中央和地方积极性，解决政府间收支纵向不平衡的问题。

二是优化企业部门内部收入结构，营造公平合理竞争环境。针对我国非金融企业收入占国民收入比重下降，金融企业占比上升的局面，要继续实施向制造业倾斜的减税方案，寓优化企业收入分配格局于减税降费进程中。规范优化政府对企业的生产性补贴。目前，我国各级政府存在许多对企业的生产性补贴，这些补贴形式多样，存在不规范问题，未来要建立健全符合国际惯例的财政补贴体系，逐步规范优化，建立管理评估机制，使补贴更多投向鼓励研发、节能环保等领域，营造公平竞争环境。加强金融机构国有资本收支管理，规范国家与国有金融机构的分配关系，合理确定国有金融机构利润上缴比例。

三是稳步提高居民收入占国民经济比重，缩小居民收入分配差距。坚持在经济增长的同时实现居民收入同步增长、在劳动生产率提高的同时实现劳动报酬同步提高，稳步提高居民收入总体占比。大力推进教育、就业、医疗等基本公共服务均等化水平，促进起点公平。加快户籍制度改革，健全劳动力市场体系，减少城乡、行业、地区间收入分配壁垒，破除劳动力转移制度障碍，完善土地、资本、技术等生产要素市场公平竞争环境，促进过程公平。进一步完善个人所得税制度，加大社会保障投入力度，大力支持精准扶贫精准脱贫，加大对城乡低收入群体救助力度，完善对低收入群体救助的评估退出机制，做到精准灵活，最终将居民收入分配差距控制在合理范围内。

经济转型的成效

◇ 清华大学　白重恩

在关于经济结构的研究中，许多问题都是以政府和市场的关系为基础的。本文要讨论的结构性问题是 GDP 增长的支撑动力结构，即 GDP 的增长有多大程度上来自于要素的积累，有多大程度上来自于效率的改善。此外，还要分析导致支撑动力结构变化的原因，即当过度依赖于要素扩张的时候，往往都会有政府这只“看得见的手”在发挥作用；而当转向效率改善的时候，也面临着市场发挥决定性作用及更好地发挥政府作用的关系调整问题。

一、经济增长核算与各要素对 GDP 增长的贡献

首先分析我国的经济增长核算。我国分析阶段划分为两个时期：第一个时期，改革开放的前 30 年，即 1978—2007 年，在这 30 年中我们的平均经济增长速度是 10.1%；而第二个阶段，2008—2015 年，国际金融危机之后到基本平稳期，我们的平均增长速度下来了，为 8.6%（见表 1）。值得大家关注的不仅仅是经济增速的变化，更主要的是构成结构的调整。

表 1　　各要素对经济增长的贡献

时期	GDP 增速	人力资本	资本产出比	全要素生产率
1978—2007 年	10.1%	3.7%	0.5%	5.9（3.4）%
2008—2015 年	8.6%	1%	3.8%	3.7（2.0）%

在第一个阶段人力资本的积累带来了很大的增长，3.7%的增长来自于人力资本的积累，而效率改善带来的增长非常大，效率改善的贡献在10.1%中有5.9%，剩下的0.5%来自于资本深化。所以，第一个阶段应该说是一个效率比较高的经济增长的阶段，经济增长的主要推动力是效率的改善，剩下的是人力资本的积累。而第二个阶段，它的结构从之前人力资本贡献3.7%的增长，到这一段时间人力资本只贡献一个百分点的增长；更值得关注的是后面的两个数，一个是效率的贡献大大降低了，效率对GDP增长的贡献从5.9个百分点降到3.7个百分点，而物质资本的加速积累所做的贡献大大增加了。我们每生产一元GDP所用的资本每年以3.8%的速度在增加，它会带来短期的增长，但是这样的增长不可持续，而且我们看到后面全要素生产率的贡献是降低了，资本积累的贡献增大，全要素生产率增长的贡献减小。

接下来，进一步分析一下人力资本积累的问题。人力资本一个很重要影响因素是我们的人口结构。如果把15—64岁的人称为适龄劳动人口，可以看到1978—2007年这段时间适龄劳动人口占人口的比重在不断上升（见图1）。所以，人力资本积累在增加，这是我们在享受人口红利。但到了2010年经历拐点，之后人口红利就逐渐消失了。所以，人力资本积累的贡献在后一段时间比较小，前一段时间比较大，

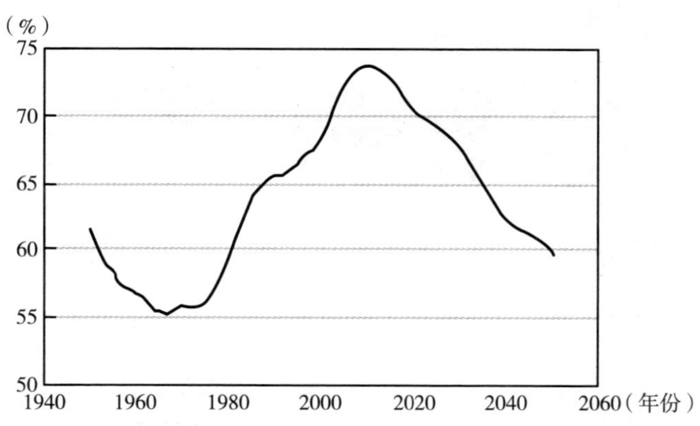

图1　中国15—64岁人口占总人口比重（1950—2060年）

这是一个原因。另一个影响因素是教育改善的速度。我们讲人力资本的时候，除了数人头外，我们还看平均的受教育程度，1978—2007年我国平均受教育程度改善的速度非常快，到了2008年之后，因为起点已经比较高了，改善的速度就比较慢了，这是人力资本对增长的贡献减小的原因。

效率改善的速度减慢有它的偶然性，也有它的必然性。必然性的一个方面是随着经济发展水平越来越高，增长的潜力会越来越低。图2呈现的是国际上不同国家的历史数据，每一个点代表某一个国家在某一个时间段的经济发展水平和劳动生产率的增长速度之间的关系。横轴是经济发展水平，我们用它的人均GDP和美国的人均GDP的比值来代表一个国家的经济发展水平，如果比值是1就说明它的发展程度已经跟美国差不多了，如果比值比较低，如中国大概是0.25，说明与美国人均GDP的差距还很大，发展水平还不高。纵轴是劳动生产率的增长速度。红色的和蓝色的点代表的是增长比较有效的经济体，他们的劳动生产率的增长速度和经济发展水平之间是负相关的。一般而言，随着起点变得越来越高，进一步的增长变得越来越难。所以，以2008年之前阶段和2008年之后阶段相比较，前面阶段起点比较低，容易实

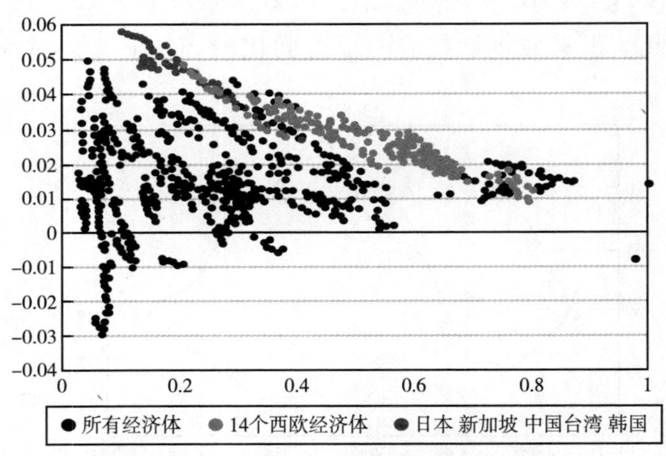

图2　劳动生产率的增长与经济发展水平之间的关系

现快速增长，后面阶段起点已经比较高了，增长速度降下来是正常的，有其必然性。

更进一步来看，2008 年后面阶段的全要素生产率的贡献下降，却并不是完全由上述原因所导致。这段时间，物质资本的积累对经济增长的贡献是很大的，同时，效率改善的贡献减小了，本文认为这两个现象之间有相关性，并以全国省级的发展情况作为相关性验证依据，即分析不同省份的全要素生产率增长速度和投资率的变化之间的关系。在图 3 中，横轴上是投资率的变化，越偏向左边说明投资率上升得越多，越偏向右边说明投资率上升得越少。纵轴是这段时间全要素生产率增长的速度。从数据来看，有一个比较明显的相关性。也就是投资率增长多的地方，它的全要素生产率增长得比较慢；投资率增长比较少的地方，它的全要素生产率增长得比较快。

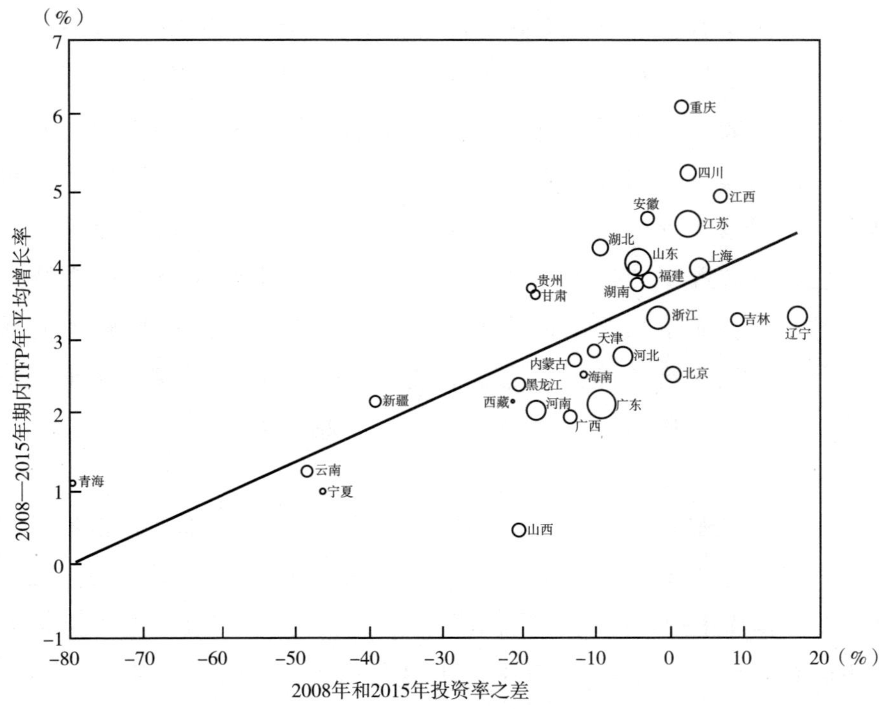

图 3 各省区的投资率与全要素生产率的关系

二、低效率投资陷阱的风险隐忧

以前述研究为基础，进一步对相关性展开分析。从数据中看，本文可以得出如下相关性：如果投资增速过快，就有可能投到一些效率不是很高的项目中，效率改善的速度也就会减慢；另外，投资过快也会造成产能过剩，会使产能利用的效率比较低。这个相关性可能导致低效率投资陷阱。我们看到随着经济发展水平提升，经济的增长潜力已经没那么高了，但如果还定一个比较高的增长目标，因为潜力已经不在了，为了实现这个目标就不得不去进行财政刺激。而财政刺激比较得心应手的手段就是政府驱动的投资，很大一部分是由各地的地方政府融资平台帮助地方政府融资来进行政府驱动的建设。

当这些政府驱动的投资体量比较大的时候，它占用很多的资源，使得普通企业面临的资金成本比较高，劳动力成本比较高，原材料成本也比较高，而市场中的这些通过市场机制来获得要素的企业就发现它的成本都上去了，可能投资就不会那么积极。因而，一定程度上挤出市场主导的投资。这儿就反映出政府决定的资源配置和市场决定的资源配置之间的结构产生了变化。如果政府驱动的投资效率不是很高，而市场驱动的投资效率比较高的话，效率比较低的那个投资占的比重越来越大，它就会使得整体的效率下降，进而使实现增长目标更加困难，就需要进一步的财政刺激，于是就形成了这样一个循环。

在这个过程中，因为很多政府驱动的投资是靠融资平台借债。所以，融资平台积累了很多的债务，成为低效率投资陷阱的核心。可以从万德数据库里搜出来所有发行债券企业的资产负债表。图4呈现的是不同企业的资产回报率，2006—2018年的变化情况，表现为三条线。我们发现发行过城投债企业的资产回报率是比较低的，而且是一直在下降，到 2017 年、2018 年也持续在下降；尽管没有发行过城投债的企业资产回报率总的趋势在下降，但是它的相对水平要比发行过城投债的高，而且在 2017 年、2018 年以后它上升了。所以，如果我们认为资产回报率一定程度上代表了投资的效率，那么确实发行过城投债的企业的投资效率是比较低的。

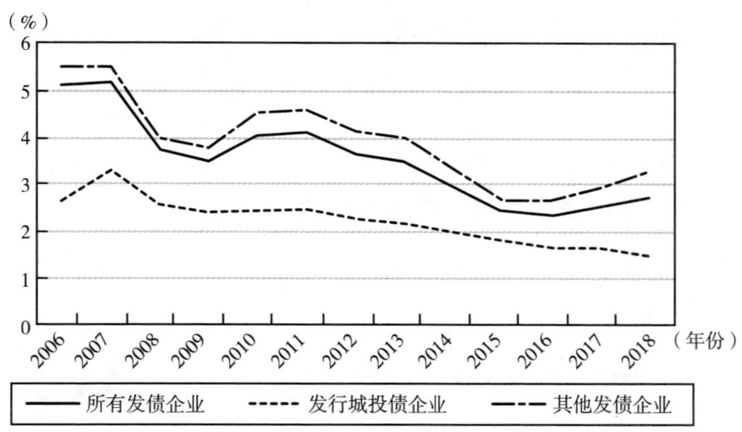

图 4　相关发债企业息前税后资产负债率

用同样的数据来看发行城投债的企业的总资产占所有发债企业资产的比重，2016 年之前这个比重一直在上升，2016 年之后就平缓。所以，自 2016 年起有了结构的调整。

当政府主导的投资体量越来越大的时候，它占用资源会带来要素成本的上升。随着经济的增长，劳动力成本一定会上升，重要的是看每生产一块钱 GDP 所支付的劳动力成本是怎么样的。所以，我们这儿看的是单位 GDP 的劳动力成本，中国的和美国的相比，我们要看劳动力成本上升带来的影响是国际竞争力受到一定影响，所以，与美国相比（见图 5），我们发现 2008 年以后这段时间，中国单位 GDP 的劳动力成本相对美国的单位 GDP 的劳动力成本是上升的，从劳动力成本的角度，我们的竞争力确实是在减弱。

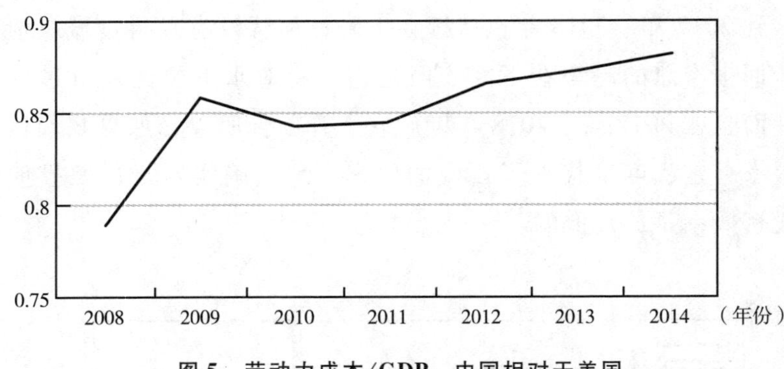

图 5　劳动力成本/GDP：中国相对于美国

如果用宏观的核算数据看所有企业的资产回报率的话，2008 年之后这个回报率也在显著下降，图 6 很清晰地表示了这一点；同时，债务在积累，2008 年之后非金融企业的债务增长的速度要比 2008 年之前高很多。

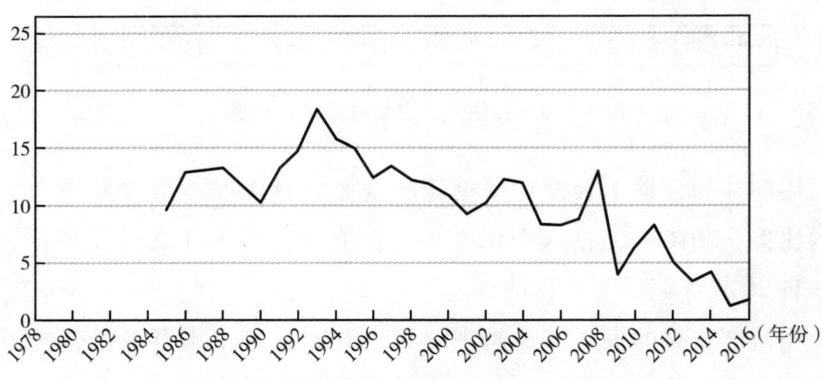

图 6　投资回报率（税后并剔除价格影响因素之后）

三、创新体制机制，走出低效率投资陷阱

低效率投资陷阱的突出表现为 GDP 增长对投资的依赖度越来越大，但是效率对 GDP 增长的作用越来越小，这跟经济增长核算中发现的结果是一致的。如果想改变低效率投资陷阱，并能够走出来，应该

做哪些改革和创新？

首先，应该适当地降低经济增长目标。如果我们回忆一下过去五年的政府工作报告，每一年都在向下微调我们的经济增长目标，2019年是6.5%左右，2018年是6.5%—7%，2017年是7%左右，2016年是7%以上，每年都在向下调。我们是有意识地在这样做。

其次，要适当降低政府投资的增速。其实这几年也在做，2017年的时候基础设施投资的增速是19.8%，2018年增速从19.8%降到3.8%，已经有了明显较大的下降。我们正在进行结构调整。减少低效投资对高效投资的挤出效应，有些过剩产能，生产出来的产品质量很低，环境污染较大，但是因为种种原因，它还挤占了市场，使得那些高效的产能不能得到充分的利用。所以，如果我们能够有效地去产能，把这些低效的产能去掉，也会对效率有更好的推动。

最后，努力提高市场主导的高效投资，除了压减低效投资，要努力扩大高效的投资。为了实现提升市场主导的高效投资的目的，需要做一个通盘的计划，实施几项关键手段，并控制好金融风险。一是降低企业的成本。这几年一直在做，特别是今年我们宣布了大力度降低税费成本，努力降低制度性成本。世界银行对中国营商环境的评价从2014年到2019年有了大幅的提升。二是促进金融体系的配合，金融体系能更好地支持实体经济，特别是实体经济中高效的经济活动，需要金融体系能够跟得上，能够全力以赴支持实体经济，特别是对金融大数据手段的应用，有效的甄别和区分风险。

如果做了这些，尽管有经济下行压力，但一定程度上能够推动市场主导的投资更快地发展。市场主导的投资效率比较高，这时整体效率就会上升，经济下行的压力可能会得到一定程度的减缓。当然，那种趋势性的经济下行还是会持续，但是趋势性下降之外我们不希望有额外的下行的压力。在这个过程中，如果效率提升了，我们也能够有效的控制金融风险。

四、近年来我们转型的成效

走出低效投资陷阱，降低增长的目标，减慢政府推动投资的增长速度，推动高效的投资，去产能等一系列的措施的执行情况如何，对宏观经济运行和质量提升又产生了哪些影响，是本部分要讨论交流的主要内容。

仍然是从 GDP 增长核算的角度来看，2016—2018 年的平均增长速度是 6.7%，人力资本的贡献继续下降，这也不奇怪，因为我们人口结构就是这样，资本产出比的增加对 GDP 的贡献已经大大减小，我们对于投资的依赖，经济增长对于通过不断提高投资率来实现的增长，对这样增长模式的依赖已经大大降低了，而我们的效率，全要素生产率所做的贡献又比中间这一段上升了。那为什么这一段时间我们全要素生产率的增长速度上升了？本文也做一些分析，首先这是全要素生产率在各年的数据（见图 7），2016 年以前大部分的省份投资率是上升的，而 2016—2018 年大部分省份投资率是在下降的，投资率和效率改善之间的关系依然存在。所以，当投资率下降以后，效率改善的速度

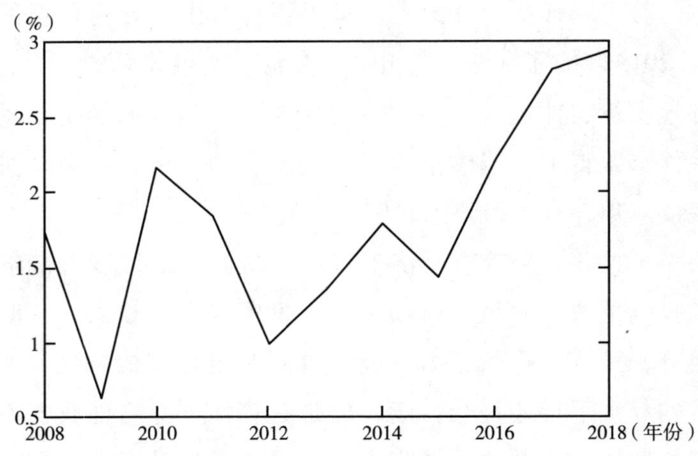

图 7　2008—2018 年全要素生产率的情况

反而增加了。所以，这是结构调整的优化，我们经济增长的动力中对于投资的依赖度减少，因而效率也就提升了，是结构转型的一个成效。

第二个成效是去产能。我们特别看了两种产品的产能，一是钢铁、一个是水泥。图 8 横轴上是不同的省份人均钢材产量的增加率，大部分省份这一段时间人均的钢材产量在下降，增加率是负的。我们发现下降得越多的省份效率提升速度越快，下降得少的省份或者钢材产量增加的省份效率提升速度比较慢，我们把它解释成去产能把低效的产能去掉，使得高效的产能能够得到更加充分的利用。所以，整体效率提升了。水泥也有同样的结果，只不过幅度没有钢材去产能的影响那么大。

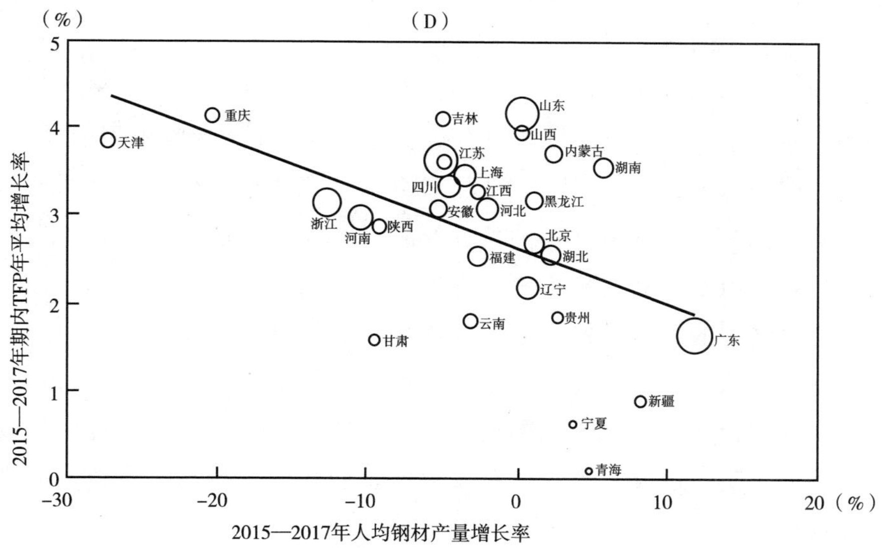

图 8　钢铁去产能与全要素生产率

我们发现，第三产业发展快的地区其全要素生产率增长是比较快的，这和过去分析的结果是相反的。如果看 2015 年以前的情况，他们之间的关系是反过来的。为什么 2008—2015 年第三产业发展快的地方反而效率增长的速度慢呢？而 2016—2018 年反过来了，第三产业发展快的地方效率增长速度快。2008—2015 年我们第三产业发展很多是跟政府驱动的投资有关的，比如运输业属于第三产业，而运输业是跟基础设施投资有很大的关系，尽管有一些运输业的投资给我们带来了很多的便利，但是也有一些投资它可能是效率比较低的。所以，这些运输业投资比较多的地方可能效率反而是增长得慢。而 2016—2018 年，因为基础设施投资的增速减慢，尽管还在增长，但是减速了，这一段时间第三产业的发展主要是现代第三产业的发展，尤其是跟数字技术相关的第三产业的发展，它对效率的提升是有正面帮助的。

因此，总结上述结果，2016—2018 年我们一定程度上取得了转型的成效，投资率下降了，对投资的依赖不那么强了，去产能提升了效率，现代第三产业的发展也促进了效率的提高，所以，全要素生产率在经济增长中的贡献回升了。

当然，2018 年之后又有一些新的变化，这个变化主要是来自于外部的一些冲击，贸易摩擦带来的不确定性，不仅仅是影响中国的经济，它也影响全球的经济。所以，过去 30 年全要素生产率增长速度回升这个趋势可能会受到贸易摩擦的负面影响。未来我们还会面临着比较困难的环境，但是面临这样不确定性的时候，我们应该保持定力。好不容易通过结构的调整，使得效率改善的速度提升了，不应该再回到老路去继续刺激经济，当然如果有很严重的失业的问题那是另一回事儿，但是在就业保持在合理范围的时候，我们应该保持定力，通过加强改革政策的落实，通过推动科技对发展的正面影响来推动实体经济的进一步发展。

关于央地财政关系研究视角及包容性框架的思考*

◇ 东北财经大学　吕　炜

财政学会有三百多名会员，虽然都来自于不同的地方，做着不同类型的工作，但是大家都拥有一个共同的特征，就是始终都在关注和思考财政领域的问题，都在试图解决中国改革发展中所呈现的特殊财政问题，作为学会成员这一点令我深受感动与鼓舞。

今天我想与大家分享的主题是“财政为改革做了什么”。接下来的演讲内容中我不准备过多阐述财政在改革中承担的具体工作，自党的十八届三中全会以来的六年间，财政学者们做出了很多“财政是国家治理的基础和重要支柱”相关的探索，在这一探索过程中，学界一方面产生诸多成果和收获，另一方面也滋生出越来越多的困惑。这些困惑或许与当今学界在理论层面的研究视野并未完全打开存在深刻联系。也就是说，如今财政学界的研究方法和研究视野制约了我们对于改革开放过程中财政所承担的实际工作的全面认识，以至于改革开放40年来，虽然财政为改革做了那么多工作、发挥了不可忽视的重要作用，但学术层面的分析却常常很难做出全景式的评价。当然，在整个研究

* 根据会议录音整理，并经作者确认。

进程中，我们也取得了许多新的突破，这是毋庸置疑的。以刘尚希院长为代表，这些年他曾提到财政的新逻辑和旧逻辑，提到财政的公共风险问题，以及关于将财政学科和经济学科并列为基础学科的一些探讨。对于这些创新，我认为这六年来大家所做出的这些积极探索，大多来源于对党的十八届三中全会以后财政新定位的思考。反过来，借助财政的这个新定位，我也在思考我们对于实践层面的内容究竟应该怎样做出合理的归结，使实践在学术层面得到一种更好的呈现，这一工作有助于我们更好地去观察改革开放40年来中国的财政究竟做了哪些事情。这是由此引发的我的思考。

既然大家都说财政重要，我就一直在想，为什么说财政在改革开放40年当中是极其重要的，这是首先需要回答的问题。如果能够回答这个问题，财政就变成了一个聚焦点，就变成了观察改革的一个很重要的切入点和窗口。接下来的问题是，我们现在所做的研究为什么没能把改革开放40年中财政所做的这些贡献更全面地呈现出来，让财政学术圈外的人也能够认可？再继续延伸思考，那就是我们应当用一个怎样的框架来更好地观察和识别财政所做的贡献。

关于财政在中国改革中的作用，我想稍微简单地阐述一下，而不准备讲得非常具体。其实有一个显而易见的道理，中国的改革本质上就是资源配置的主体由政府变为市场，在这个过程中，政府和市场关系的转化过程中我们最容易观察到的、影响最大的就是财政从一些领域的退出，以及政府间财政关系的一些变动，这两个视角足以来观察在改革过程中政府与市场关系的变化。所以，中国改革开放40年中财政是非常重要的一个观察视角，也是非常重要的一个研究内容，这一点可以说得到了大家的广泛共识。接下来的时间，我再讲讲自己的一些想法。

按照刚才梳理的逻辑，既然我们说改革开放40年中财政是一个非常重要的改革推手，同时又是观察改革进展的一个非常重要的切入点和窗口，那就进一步涉及我们怎么能把它观察得更全面、把财政的贡献概括得更全面的问题。从实际的情况来看，党的十八届三中全会以后，各位学者都在讨论“基础和支柱”的问题，这似乎主要在财政圈内讨论得较为热烈，各种观点和理论层出不穷，这是一个很好的现象。但是同时也会让人产生一些困惑，就是财政圈外的学者好像对这件事情并没有太多的感受和回应。其中的问题出在什么地方？今天上午我一直在思考这个问题。

我们自己讲财政 40 年发展的过程、改革的过程，可以一条一条列举得非常清晰，高培勇老师在这一领域已经做过很多阶段性的划分和特征描述，这些基于时间和政策层面的概括，对我们财政人来说是非常清晰的。对于财政圈之外的学者来说，大家对财政的关注更多的是从财政和经济增长奇迹入手，最早一批研究是在改革 10 年以后，主要解释中国的改革为什么能成功、为什么能带来经济增长，例如早期的财政分权理论。我们不难发现，早期经济学家的研究当中虽然常常涉及财政问题，我们也能够从中感受到财政尤其是政府间财政关系调整在经济增长当中所发挥的重要作用，但是毕竟这些学者都不是研究财政问题的专家，所以，他们在真正谈论到财政运行机制的时候往往一笔带过。

还有一个更突出的现象，目前大部分关于中国增长奇迹的理论都主要是以地方政府为观察窗口，关注“为增长而竞争”的地方政府行为的改变所带来的经济增长。我认为，在这个过程当中，如果我们认同财政是国家治理的基础和重要支柱，那么财政一定是与国家相联系的，这意味着能够代表国家意志的改革的设计和推动一定是由中央政府做出的。但是在目前已有的研究当中，我们很少看到对中央政府的关注，我们能看到的基本上是中央政府的某一个政策作为一个外生冲击所造成的一次性影响，随后就把研究的关注点转向了地方政府行为的变化，分析这种行为变化对经济增长的推动作用。基于这种研究范式，我们会发现中央政府更多时候被排除在外，或者仅仅作为一个外生变量被纳入分析框架。于是我就在想：既然我们在研究中看不到中央政府，又何谈“基础和支柱”呢？所以，我时常考虑是否正是上述几点原因影响了财政学界对改革开放过程中财政定位的全局性评价。按照这样的逻辑来推导，如果能够将中央政府的行为贯穿于整个改革过程，观察其在央地财政关系领域的一种持续影响，以及将央地关系博弈所带来的制度渐进改进作为一个研究对象，可能能够帮助我们突破原有的观察和研究局限、使我们更全面地观察和思考中国的财政改革在整个改革当中究竟发挥了何种作用。

从我个人的理解来讲，如今改革开放已经40多年了，如果仅仅是地方政府为增长而开展的竞争就能够实现中国经济增长的话，这可能在某一时或者在某几年是可信的，但是一个持续的、好的增长是怎么形成的？40年的增长就是地方政府这么埋着头竞争就可以实现的吗？我觉得好像不是这样的。我们如果把中央政府纳入进来，可能更多看到的是在央地关系之间中央政府是一个制度的设计者、推动者，也是政策执行过程中的纠偏者，当然更是驾驭者。在这样一个研究框架当中，我们就可以看到在不同阶段内政策改革推进的意图，以及政策改革推进以后对地方政府行为的影响，可以观察到这样一个连续的变化过程。如果可以看到这样的一些证据，那么应该说我们就可以更多地看到所谓“基础和支柱”在中央政府层面是如何体现的。

按照这样的理解，我又做了进一步的思考。也就是说，如果我们把中央和地方都放在央地关系框架中来进行观察的时候，我们还会看到另一种在整个改革过程中不太被关注、甚至会被经常诟病的东西，就是整个改革过程当中，不管在哪个阶段，地方政府始终有一部分非规范收入。比如预算外收入，预算外收入的内容本身就在不断地变化，其实每一次体制调整以后，大家都会看到地方政府会有一些新的不太规范的收入出现，这也就是我们经常说的“我们的财政始终是不规范的，我们的预算始终是不完整的”。但是这个过程为什么始终存在？为什么在央地财政关系当中，除了正常的一般预算收入，总会有一块不太规范的收入存在？关于这块不太规范的收入，在中国经济学家的研究之中，除了批评以外，其实也有正面的评价，包括张军就曾很正面地评价过土地出让金、土地财政对地方基础设施建设的贡献和对经济增长的贡献。当我们形成这样完整的框架后，除了能观察央地之间体制变动的原因和它的过程外，还可以观察到的是这样一种过去不被关注的非规范收入在改革过程中是如何不断变化的，以及这一部分可被称为临时性的或者过渡性的制度安排，它们在其中所起到的重要作用。我们大部分时候都是把非规范收入作为一个问题提出来，但事实上我认为它在一个阶段存在就意味着它一定有着特殊的贡献，它会被新的东西规范，然后又将产生新的非规范。这或许就是央地财政博弈的大致过程。

今天在座诸位有很多都是在地方财政工作的，你们大致想一想，从实际工作中看到的大多是按照相对规范的方式来运作的预算收入，但是在规范流程之外，总会有合理的方式来保留一部分非规范收入，而这部分非规范收入恰恰是各个地方政府个性发展或者谋求自主增长的一个很重要的手段。在这个过程当中，中央难道没看到吗？如果中央看到了，为什么又会准许保留？中央又在什么时候决定对上述非规范内容进行改革，进行一个阶段性的规范，然后又转入到下一个阶段？我觉得这些可能都是当我们把思考转移到央地财政框架中所能观察到的内容，而这些内容更有助于解释改革开放过程当中中国特殊的改革和增长路径，以及在改革和增长过程中财政所真正起到的作用。

我自己也尝试着在这方面做了一些思考，试图把上面所说的这种央地财政关系框架称为一种包容性的财政框架。所谓包容性，是说这个框架内有规范的元素，也有非规范的元素，而且这种规范的和非规范的内容在不同阶段是不一样的，它是一个动态演进的过程。在这个动态演进的过程中，央地之间相互的关系就存在一些内在决定因素，这些内在因素需要我们更多地考察中央政府才可以得到答案，而不仅仅是通过观察地方政府这样一种单视角的工作。

新中国发展70年的财政逻辑

◇ 中国财政科学研究院　刘尚希

很多专家都讲到了财政逻辑的问题，从不同的角度大家对财政逻辑有不同的理解，因为财政逻辑确实是一个比较复杂的问题。下面，我主要从四个方面阐述我对新中国发展70年的财政逻辑的理解。

一、新中国70年的发展是一个整体，分阶段而连续的

从1921年中国共产党成立以来，接近百年。我们发现这段历史大约30年就有一个历史性转折。

1921—1949年，经过28年的革命战争时期，中国人民从此站起来了。从党的历史来看，实现了由革命党到执政党的转折；对于中华民族来说，则实现了由受人欺凌到独立自主的转折。

1949—1978年，经过30年的新中国建设（包括经济建设、制度建设和国际环境建设），实现了新中国稳稳地立于世界民族之林。如果说1949年中国人民实现了“站起来”的目标，这30年则是实现“站稳了”的目标。这比站起来一点不轻松，所谓创业难，守业更难。最近播放的电视剧《外交风云》，让我们对这段历史有非常深刻的认识。新中国成立伊始，面临非常严峻的国际国内环境。中国共产党一方面带领全国各族人民大搞建设，建立了完备的工业体系，在农村大搞农田水利建设，并制造出“两弹一星”；另一方面通过外交斡旋，打破封

锁，并成功恢复在联合国的席位。可以说，没这30年垫底，很难有后面的改革开放。

1978—2012年，通过34年改革开放，推行市场化为导向的改革，大力发展生产力。在这个历史时期，我们更多的是以经济方面的改革推动经济建设，成功地使中国成为世界第二大经济体，中国人民实现富起来的目标。

2012年到十八大之后，我国的改革开放进入新时代，开始朝着实现整体发展、高质量发展的目标迈进，中国人民和中华民族开始走向强起来的新征程。党的十八大报告里提出了“五位一体”的建设，我们的建设不仅仅是经济建设，还有政治建设、社会建设、文化建设、生态文明建设，进入了一个整体的发展和高质量发展的新的历史时期，走向新时代。而从现在开始往后数30年，到2049年，中国要实现第二个百年目标。

二、一个政权、一个国家、一个社会、一个文明，一刻也不能离开财政

我经常说一个观点，财政对于一个国家来说，就像人体之血液。我们从人的表面看不到血液，但人体一刻也不能离开血液。对于国家和国家治理来说，财政的作用，尽管无形，但无时无处不在，就像人的血液维系人的所有脏器，滋养人身上的每一个细胞一样，哪一个方面离开财政都不能运转。所以说一个政权、一个国家、一个社会、一个文明，一刻也不能离开财政。美国曾经出现过财政预算没有通过政府就关门的事情，反证了这一点。

第一，没有统一的财政，就没有统一的政权。从民国时期就能得出来这个结论。民国时期国家形式上统一了，但实质上没统一。基本原因是财政没统一，各地的军阀都有自己的财政，中央政府的财政是不完整的。在民国时期的财政是割据的，因此，实际上政权也是割

据的。

第二，没有稳固的财政，就没有强大的国家。清朝晚期的溃败就证明了这一点。按照历史学家的推算，1895年中国的GDP世界领先。从GDP的角度看，中国应该是大国，但是大而不强。1895年发生了一个大的事件，甲午战争失败，中国被GDP小得多的日本打败了，根本原因是中国没有一个稳固的财政。尽管清朝GDP规模很大，但是财政很弱，财政不强，更谈不上现代财政。当时北洋水师打仗的时候没有足够的炮弹，靠军舰去撞。为什么没有炮弹呢？因为军费被慈禧太后挪用去建了颐和园。这充分说明，没有一个稳固的财政，不可能有强大的国家。财政实际上是发挥转化器的作用，不通过财政的转化，国家是不可能真正强大的，而要强起来，必须要有一个强大的财政。

再举一个例子就是苏联的分崩离析。苏联垮台有非常复杂的原因。其中重要的一点就是财政出了问题，尤其是中央财政出现了严重的问题，以至于到了发不出军饷的地步，一个世界霸权国家在一夜之间轰然倒下。财政出了问题，就像人的血液出了问题，人就没精神、没力气了，自己就倒下了。

第三，没有健全的财政，就没有健康的社会。西方工业化时期创造了丰富的物质财富，但出现了两极分化，社会动荡。原因是，在西方工业化时期财政不具有人民性，而是具有资本性。整个社会追求物质财富的增长，但是少数人享用这个物质财富，大多数人贫困。所以，就产生了绝对贫困的无产阶级。因此，在当时的社会土壤里产生了马克思主义，就诞生了社会主义的思潮，有了工人运动，国际共产主义运动。根本原因是因为财富的快速增长并没有惠及全体人民。财政不是人民的财政，不具有人民性，所以社会就不会健康。这个社会就是个病态的社会、不平等的社会，是一个动荡的社会，是一个充满危机的社会。由此看来，财政之于社会何等重要。

所以说，一种文明赖以发展是要以财政为物质基础的，也是要以财政为制度基础的，是要靠财政来支撑的，历史的经验已经证明了这一点。

三、新中国财政发挥作用的演变逻辑是集权、分权、治权

新中国财政发挥作用的演变逻辑概括起来是集权、分权、治权这三个关键词，只是在集权之前还有一个“夺权”的背景。

第一，集权之前“夺权”的逻辑。在集权之前，实际上我们还得再往前延伸一下，应该是“夺权”。新中国的成立是我党执政的开始，但是执政之前我党是通过革命夺取政权的。中国革命走的一条什么道路？农村包围城市，大家对此都很熟悉。其实当时走的一条路就是建立农村根据地，在国民党统治力量薄弱的地方建立根据地。建立根据地的目的是什么？就是为了夺取财政权。如果没有根据地，就不可能拥有财政权。当然，根据地是武装割据，有了财政权，有了征税权，革命军队就有了供给，新生的苏维埃政权才能存在。所以，建立根据地的目的就是要夺取财权，有了财权才谈得上政权，不然就是跟中国历史上的农民起义一样。过去历史上的农民起义大多数失败了，为什么？因为他们没有建立根据地，就没有财权，也就不可能持续。我党在建立根据地的过程中遇到了很多困难，到了延安时创造性实施了大生产运动。大生产运动带给我们的启示是，既要聚财和用财，但更要生财。聚财、生财、用财，这就是所谓“三财之道”。财政只有实现生财、聚财、用财三者统一，才能真正发挥它的职能作用。如果只是聚财、用财，不跟生财连接起来，财政是不可持续的，也会给整个社会和国家政权带来严重危害。

第二，集权的逻辑与“建设财政”。新中国成立之后，全国的财政权也就掌握在党的手里，历史进入了一个新的阶段，这个时候的财政就要集权，统收统支，为政权的巩固提供支撑。在当时“一穷二白”的条件下，如果不实行财政集权，就不能集中财力办大事，就不能筹

集资金支撑当时的重点建设。156项重点项目，原子弹、氢弹等这些重大建设，在当时困难的情况下，如果不集中财力是搞不起来的，也是搞不成的，新成立的中华人民共和国也可能站不稳。当时，我们同时学苏联，实行集中的计划经济，搞计划经济同时也要求财政要集权，要高度集中。现在，我们很多人只是从计划经济这个背景下去理解当时财政为什么要实行高度集中的体制、为什么要集权。我认为这种认识不全面，实际上有其他的更直接原因，那个时候为巩固政权，财政只能集中，财政体现的是“建设财政”。

第三，分权的逻辑与“公共财政”。通过财政集权，在经济上，我们有了比较完整的工业体系，在国防力量上我们有了最厉害的杀手锏原子弹，实现了中国人民真正站起来了，而且站稳了，这个时候历史又进入了一个新的时期。1978年12月党的十一届三中全会之后，财政开始走向分权。财政分权就是要承认物质利益，调动各方面的积极性，为市场化改革，为富起来提供激励。如果不分权，继续高度集中，就无法调动各方面的积极性。放权的探索早在毛主席论十大关系里就已经开始了，但是放权容易陷入一种怪圈之中，就是一放就乱，一收就死。直到1992年，小平同志“南方谈话”才明确了我们搞市场化为导向的改革，建立社会主义市场经济体制，开始把“放权”变成了“分权”。市场化改革以后就不是放权了。通过分权，企业和地方都有了主体地位，有了主体地位以后，分权就找到了基准。企业自己决策、自负盈亏、自担风险、自我发展；地方也成为一个利益主体、权力主体和责任主体。只有这样，才能为经济发展提供有效激励。我国改革开放发展得这么快，取得了巨大的成就，归结起来就是一句话，激励搞对了。激励搞对了，关键是财政，通过财政分权，调动了各方面积极性，为市场化改革，为富起来提供激励，强调企业、地方的作用。所以这个时期的财政在政府与市场的框架中称之为“公共财政”。

第四，治权的逻辑与“现代财政”。进入新时代之后，历史又到了一个新的阶段，财政要强调治权。因为到了这个阶段以后，在权力的运行方面约束不够，老百姓的权益方面没有得到很好的保护，因此，约束公权、保障民权，成为财政职能作用发挥的主要方面。在这种背景下，财政的重心不仅仅只是追求物质财富的增长，而是怎么样做到“人人参与、人人努力、人人共享”，为国家治理的现代化打下基础。基于治权的逻辑，财政的职能是不一样的。经济社会条件发生了变化，财政发挥作用的方式也发生了变化。如果说过去分权时追求物质财富的增长，这个时候的财政是一个“以物为本”的财政，那么，到了治权的阶段，财政应当是“以人为本”的财政，促进社会公平的财政，这个财政才能是人民的财政、符合社会主义价值观的财政，才能称之为“现代财政”。所以，财政治权是和国家治理的现代化内在地关联在一起。

总之，从 70 年这个整体来看分为三个阶段，财政职能作用的发挥，它演变的这种内在的逻辑是不一样的，可以用集权、分权、治权来概括和表述，这对应不同的财政定义、不同的财政职能、不同的财政运行、不同的财政模式。

四、推动财政职能作用变迁的深层逻辑是公共风险

财政的职能作用为什么会发生上述演变呢？实际上，推动财政职能作用变迁的深层的逻辑是公共风险。

在不同的历史时期，我们面对的公共风险是不同的。1979 年之前，我们面临的公共风险是新生的中国能不能站稳的风险。财政就是要怎么去防范化解这种公共风险。到了 1979 年之后，我们面临的公共风险是经济短缺、国弱民穷的风险，打开国门一看，中国跟世界的差距拉大了。邓小平说中国面临着开除球籍的问题，如果我们再不改变传统的发展方式，中国就很难继续自立于世界民族之林，中华民族的伟大复兴也就谈不上。这就需要通过财政分权去调动积极性，解放和发展

生产力。没有这么一种国家的危机感，就不会有改革开放，也不会有财政分权。党的十八大之后，我们进入了新时代，但也面临着新的公共风险，这种公共风险是内外叠加的。从内部来看，虽然我们成了世界第二大经济体，从短缺走向了相对充裕，但是机会不公、社会板结，阶层之间的流动遇到了障碍，一部分人想通过自身的努力改变自己的处境不畅通了。如果这种状况不断往下延续，社会就越来越板结，社会就会越来越失去活力，越来越不稳定。这是巨大的公共风险。在这种情况下，国家就不能进一步继续发展，也无法实现强起来的目标。从外部来看，就是全球动荡，全球的治理体系在重塑之中，要应对逆全球化趋势，在贸易战和技术战中如何面对以美国为首的这些强国对中国的遏制。这个时候我们又一次面临新的严峻的国际环境。内和外叠加在一起的风险要防范，首先要办好自己的事情，即实现国家治理现代化，这就需要治权。因此，我们应对这种公共风险，财政必须走向现代财政。只有现代财政才能支撑我们国家治理的现代化，才能防范化解我们国家在这个阶段面临的内外叠加的各种公共风险。从这点来看，推动财政职能作用变迁的深层逻辑，就是国家发展过程中在不同的历史阶段、历史时期所面临的公共风险。

财政理性要从“实体理性”转向“虚拟理性”。制度的发展，经济的发展，在很大程度上就是靠风险和危机在推动的。风险是什么？风险讲的是一种可能性，遭受损害的可能性。从学术的角度去探讨，这种“可能性”不是一个简单的概念，实际上它是一种理性，一种新理性。只是“可能性”，并不实际存在，当思维以前者为中心时，就从实体理性转向了虚拟理性。我们过去长期来都是强调确定性，自然科学的发展一直都是以确定性的实验为基础的，由此形成了一整套的以确定性为基础的知识体系，这个体系多是基于实际存在的实体理性。而在发展的过程中，有各种各样的可能性，我们要去思考这些可能性，可能是有利的，可能是有害的。如果不对这些“可能性”进行深入的全面的思考，发展就会面临着危机，中华民族的伟大复兴就可能中途夭折。这样的理性是虚拟理性，因为它只是针对着各种可能，不是一种现实的思考，而是超越实现，指向未来的思考。相比实体理性，在当今这个越来越不确定的世界，虚拟理性变得越来越重要。财政理论也需要新的理性支撑，那就是虚拟理性。

新时代财政理论创新与发展

国家治理的财政逻辑

◇ 中国财政科学研究院　刘尚希

今天的主题是“国家治理语境下的财政逻辑构建”，主要谈财政逻辑问题。我在《财政研究》曾发表《财政的新逻辑和旧逻辑》一文，对财政的旧逻辑做了一些剖析，对财政的新逻辑提出了设想，但没有完全展开。财政的旧逻辑是对现代主流财政学而言的，财政的新逻辑是针对当前新时代的需要来考虑的。现代财政学是单一维度的财政学，从经济维度来考虑财政问题，这是现在的财政学的主流版本。所以现在的财政学准确地说应该是财政经济学，而不是财政学。在西方国家，财政经济学就变成了公共经济学、国家政府经济学，连“财政学”这些字都去掉了，走向了极端。

一、财政学应从单一经济语境转向多维治理语境

从发展角度看，现在的财政有其自身的道理和逻辑，但是从单一的经济维度理解财政远远不够。从这个角度出发，我们只能看到财政的一个侧面，从经济维度理解财政、理解财政的职能、财政所发挥的作用，主要也是在经济方面发挥作用，没有放到国家治理的语境下去定义财政，去发挥财政的职能作用。现在的财政学毫无疑问是与时代的需要不吻合了。

现在很多财政研究者都是财政经济学出身，大家的思维几乎都是

停留甚至固化在财政经济学的逻辑上。财政经济学的逻辑就是一个政府与市场的关系，其他的几乎不进行更多的琢磨了。而经济学又是整个社会科学的显学，甚至称之为“经济学帝国主义”，因为经济学嵌入到社会科学各门学科，导致了以经济的思维思考、用经济的方法分析经济之外的领域与范畴。大家知道，有些学者甚至用经济学的方法去分析社会问题，获得诺贝尔奖，使社会科学经济化，进而社会科学强化了经济学。财政学科也不例外，也是受到了大环境的影响，在这种情况下，可以理解在过去的历史阶段，财政学朝着经济学方向发展，也是一个时代的需要。在当时的那种历史条件下，可能大家都追求财政学的经济化，变成了财政经济学，甚至转变成了公共经济学和政府部门经济学。我们国家有不少人研究公共经济学和政府经济学的，如上海财经大学率先把财税学院改为了公共经济学，齐守印同志，研究公共经济学，在这方面的研究很有成就，出了很多成果。

从一个侧面研究财政问题，这是可取的。但从另一个角度来说，仅仅从一个维度去研究财政问题，是远远不够的。所以现在研究问题不能仅仅满足经济学语境下的财政学，而是要转向治理语境下的财政学。转向治理语境下的财政学必须是多维度的，因为国家治理不是单一维度的，一个社会不是把经济发展好了，把经济规模做大了，国家就能治理好了。例如，我们国家在近代的时候，GDP占比在全球还是排在前面的，但整个国家的实力和社会状况都很弱。这说明仅仅从经济的维度考察问题是不够的。当然经济很重要，是基础，但这个基础不会自然而然地导致国家变强、社会变得健康和公平，这些不会自然而然发生。经济发展起来了其他问题自然而然地解决，是不会出现的。

二、国家整体发展超越经济增长的内涵

在发展经济学中，把经济增长和经济发展的概念做了严格的区分。经济增长是GDP规模的做大，是社会的物质财富的增长，至于是多数

人占有，还是公平占有，在经济增长指标中看不出来，一般是一个平均数，人均收入达到多少。姚明加几个潘长江身高也能拉上去，平均身高都提高了，人均收入也有这样的缺陷。经济增长尽管是基础，并不意味着是公平的增长、发展的增长。西方有经济学家曾经讨论“无发展的经济增长”，有一本书叫《无发展的经济增长》，可见经济增长并不一定能带来发展。

从经济增长再到发展，含义是不断扩展的。经济发展是在经济增长基础上发生的，包括结构性的变化，不仅仅是数量的增加。提到发展，就不仅仅是经济发展，还包括社会发展，包括人自身的发展、环境的友好等。所以，国家治理问题，实际上面向的是整个国家的发展问题。实现中华民族伟大复兴是发展问题，这个发展是整体性的发展，绝对不是某一个方面的发展。我们讲国家治理，要超脱单一的经济维度，党的十八大报告中提出“五位一体”，“五大建设”即经济建设、政治建设、社会建设、文化建设、生态文明建设，“五位一体”大家都熟悉了，就是我们国家的发展要转向整体的发展，不仅仅是经济增长。

我们在物质短缺时，主要任务就是创造更多的财富，生产更多的产品，解决吃穿用的问题。那时追求经济增长没有错。当经济增长达到一定规模后，毫无疑问，就得转向整体性发展、全面发展、科学发展。所以，胡锦涛总书记在当时提出“科学发展观”，已经意识到了问题的存在，开始对国家发展方向问题进行深度的思考。当时中央就已经作出判断，到党的十八大后就更加明确地提出来了：我们的发展是整体发展，是高质量发展。从这个角度来说，整体发展和高质量发展，是国家治理所要解决的问题。

发展是多维度的，多维度不仅仅是经济维度，要解决的问题是不一样的。具体来讲，现在面临的问题是贫富差距越来越大，机会的不公平越来越明显，社会的流动或者说社会板结的问题越来越显著了。如果进一步朝着这个方向发展，经济增长再快，都可能是一种畸形的发展。何况在这种条件下，社会状况会制约个体发展，经济增长是上不去的，最终会落入发展的陷阱，会停滞不前。很多拉美国家经济出现了问题，不是经济本身出现了问题，而是发展到一定阶段后，整个社会出了问题。社会财富分配不公平，机会不均等，没有实现我们现在提出来的人人参与、人人努力、人人共享这个目标，没有形成这样一种社会发展模式。没有这种模式，少数人参与，少数人占有财富，社会可能没有内生动力，经济动能就不会形成，经济就会慢慢熄火，最终会陷入社会动荡。

三、机会公平比再分配更加有助于长期发展

我们讲中国特色社会主义的含义，是要促进社会平等、社会公平，但这种社会平等和公平，不能按照以往“马后炮”的方式解决问题，追求一种结果的公平。追求结果的公平不是人人参与、人人努力。尽管从结果上看，实现了人人共享，但以平均主义的方式实现人人共享是没有内在的动力的，这种发展迟早是会熄火的。我们不能过多地通过再分配办法把高的拉下来、把低的补上去，不能用这种方式去实现所谓的社会公平，实现基尼系数的降低。如果走这条路，中国的发展动力迟早会严重不足。

我们正面临新旧动能转换严重不足的问题，财政仅仅在这方面发挥作用是行不通的。所以要吸取世界上许多发达国家和发展中国家停滞不前的经验和教训，我们正在发展之中，但我们在理论上更多的是强调发挥再分配的作用。要不要发挥再分配的作用？要发挥！但现在再分配的作用正面临着困境。生活中我们已经感受到了，45%的个人所得税是很高的，深圳、上海实行了优惠的个人所得税税率吸引人才。现在的竞争是人才的竞争，更高的边际税率就吸引不来一些人才，甚至会排斥在外。过去为了吸引资本，对劳动是重税，对资本是轻税，我们的税制和世界的税制都是这样，因为资本是流动的，所以对资本

是轻税、劳动重税。这种情况下，也面临着现实困境。为什么采取这样的办法，因为资本重税资本就会跑。现在的劳动不是简单劳动，更多的是复杂劳动，强调对高级人才的吸引。如果在个人所得税方面，采取很高的边际税率，在吸引人才方面就会有障碍，周边国家都比我们边际税率低我们就没有竞争力。从这个角度看，我们会陷入一种左右为难的困局之中。

现在考虑社会公平，局限于加大再分配力度，更大程度上发挥财政的再分配的作用，解决社会公平问题，这条路是行不通的。更多发挥哪个方面作用呢？要从机会公平入手。只有机会公平才能真正实现人人参与、人人努力，进而达到人人共享、共同富裕，这样才能真正符合中国特色社会主义的价值观，也才能实现中国的可持续发展。

四、财政理论要适应新时代的要求

国家治理的问题，超出了经济维度。我们要考虑从社会层面上解决问题、发挥作用。从新中国70年的角度讲，财政经历了集权到分权再到治权，谈到集权背景下财政发挥的作用。当时的财政是“所有制的财政”“城乡分治的财政”，那种条件下是没有办法的选择。我们只能在既定历史和社会条件下发挥财政的职能作用，不可能超越这个历史阶段，超越当时的历史条件，历史条件是无可选择的。当时的财政就是“全民所有制的财政”，是城市人的财政，农民与财政没有关系。过去给农村的一些财政支出叫作支援农业支出，农民、农村都是靠自己，在财政之外，那种财政不能叫真正的人民财政。财政首先要具有“人民性”，人民的财政，通俗讲就是“老百姓的财政”，过去的财政是“老百姓的财政”吗？财政集权时就是为了实现国家目标，集中财力办大事，那时候也确实实现了既定的目标。

后来财政分权要调动积极性，向企业分权、地方分权、各个部门分权，分权的目的要调动积极性，塑造各种各样的经济主体、社会主体、治理主体，进行主体重塑。统收统支条件下，只有一个主体就是国家。要调动大家的积极性，从利益主体开始，形成了各种各样的主体，主体的定位就变得十分的关键。主体的定位定的是主体的身份、主体的权力、主体的义务，相应的法制要跟上。但当时的放权主要是解决短缺问题，还是经济维度的问题。所以从这点来看，财政分权的逻辑是怎么样促进经济增长，这个时期讲财政分权与经济增长的学术文献非常多，许多学者在探讨财政分权与经济增长。财政分权实际上就是促进经济增长，解决蛋糕太小的问题。这时候财政的作用，毫无疑问更多要从经济的角度去考虑问题。我们现在已经成为世界第二大经济体，人均收入近1万美元，如果只长身体，其他方面跟不上，就会像一个人一样，个子长大了，还像一个小孩，或者你的言行举止像土豪，但不是一个成熟的人。对国家也是如此，仅仅长个子不是成熟的过程。

怎么从富起来到强起来？真正强起来不仅仅是经济维度的指标，应当有多维度的指标。从这点来看，现在发展已经到了新的阶段，要整体性的发展。改革也不是单一的经济维度，不仅仅是市场化的改革，而是要全面深化改革。全面深化改革是和整体性发展相匹配的，涉及与五大建设相匹配的改革，不仅仅是某一个方面。这个时候说改革的总目标，不能像以前那样，仅仅设定为建立社会主义市场经济体制，应该变为国家治理的现代化。完整的表述就是坚持发展中国特色社会主义制度，实现国家治理体系和治理能力的现代化，这是新时代改革的总目标。

这个总目标与以前的总目标有很大区别。一个基本的区别，就是新时代改革的总目标是多维度的、整体的、综合的。之前的改革目标是单一的，主要是经济维度。从历史的逻辑来看，按照这么一个顺序来推进是正确的选择，如果我们像俄罗斯一样，经济问题、温饱问题没解决，先搞社会改革，甚至先搞政治改革，改革的顺序就搞错了，就会出问题。苏联的解体与此有关。军事上很强，老百姓很苦，吃饭问题没有完全解决，老百姓生活没解决好，先从政治上开始改革，就乱套了，分崩离析了。戈尔巴乔夫最大的错误就是改革路径上选择错误，从这个角度看，中国是幸运的。我们选择从经济入手，解决吃穿用的问题、解决短缺的问题，在这个基础上解决其他问题。我们到了这个阶段后，财政理论甚至社会科学都要有新的内容，不能再停留在过去的老皇历中，陷入过去的逻辑中拔不出来，这是非常重要的。

党的十九大报告中讲，时代是思想之母，实践是理论之源。这两句话对学界来说非常重要。我们要有思想，要深入思考这个时代，我们要有理论，要深入研究实践。跟不上这个时代，没有去深入研究这个世界，怎么会有新的思想和新的理论呢？所以现在应当深入地把握新时代的要求，深入总结、提炼在实践中所创造的各种各样的经验、做法，上升到理论。这对我们财政理论创新至关重要。

到了这个阶段，我们最主要的问题是怎么走向共同富裕。以前是要一部分人先富起来，一些地方先富起来，这个问题解决了，应该说这个目标已经达到了。但怎么样让先富的地区带动后富，实现共同富裕呢？这个问题还没有解决。现在怎么样实现人人参与、人人努力、人人共享呢？这就需要从财政的角度去研究，这不是简单的配置资源、不是经济的视角，应当考虑怎么样让人人参与。人人参与的前提是什么？人人参与首先得要有人力，从人力资本的角度来说，如果说基本的能力都没有，怎么实现人人参与？人人参与必须要打破社会身份的局限，基本公共服务的提供分三六九等，怎么实现人人参与、怎么机会均等呢？从这个角度来说，人的问题变得越来越重要了。

过去我们更多的是解决物的问题，现在更多的是关注人的问题，关注人的身份问题，关注人的能力问题，关注人与人之间的平等问题，更要关注现实中很多改革还没有触及的人的身份问题，我们在现实中深受这个问题困扰。在一个单位里，有工人身份、有干部身份，我们的人事制度依然是这样的，干部和工人是不一样的，这个单位的工人是没有希望的群体，只有干部才有晋升通道。还有体制内和体制外的问题，编制内有晋升通道，编制外一点戏都没有，这种体制能激发所有人的积极性吗？还有户籍的问题，本地人和外地人的问题，本地人和外地人的权利是不平等的，怎么解决人人参与、机会公平的问题呢？很多人一开始就命中注定再怎么努力也不可能有希望。而这些方面的改革恰恰是社会领域的改革，这些改革还没有实质性、根本性的突破。我们发了很多的文件，但只是在零打碎敲、就事论事解决一些问题。这些方面的改革是需要大力推的。这些问题与财政有关吗？当然有关。财政怎么样去突破呢？在现实中可能比较难，但我们要从理论上思考这些问题。

五、发挥财政在约束公权和保障民权中的作用

当前的财政是所谓“治权”的财政，一方面要解决约束公权力的问题，再一个保障老百姓权利的问题，最基本的就是财产权利的问题。财政在这方面可以发挥很大作用。约束公权力在西方国家有很多经验，要通过财政约束权力，通过财政制度的完善约束公共权力的运行和行使。如果没有财政支持，公权是空的，权力是空的，权力靠财力支撑，约束了“公款”实际上很大程度上就约束了公权。所以预算为什么要法定呢？为什么所有政府收支都必须要法定呢？实际上就是为了约束政府的权力。

1956 年毛主席已经意识到这一点，西方的议会制度就是通过“公款”去约束公权，这是反腐败基本的制度问题。所以我在中纪委参加一些座谈会时，讲反腐败的制度建设，基础性的制度建设就是财政制度，财政制度现代化，反腐才有了基础性制度支撑，如果没有基础性制度的支撑，反腐败费了很大劲，天天都在抓人，结果像韭菜一样，割了又长。研究财政问题，对反腐败有什么作用呢？现在的腐败案例都是与财政制度的不完善有关，要么是流量方面的财政制度，就是收支；要么是存量方面的财政制度，就是资产、资源。这方面制度不完

善，导致了腐败。财政制度不完善，漏洞太多了，权力不加以遏制，发展就没有希望。但是怎么遏制？财政就是最有效约束公权的一个笼子，总书记一再强调要把权力关进制度的笼子里，笼子在哪儿？最基本的笼子就是财政制度，就要实现财政制度的现代化，核心就是财政的人民性，财政的法制性。把这些做到了，腐败可以大大减少。但是在我们国家，现在对财政的这种作用没有充分的认识，财政的地位在我们国家整个经济、政治和社会生活中的地位也不太高。

我们现在的财政就是一个会计财政，是一个出纳财政，就是拿钱、找钱的，所以我们在现实生活中不是“公款”约束公权，而是公权在支配“公款”。腐败到处都有，这些年不断地反腐败，为什么还有这么多的腐败出来呢？这与财政制度，作为基础性制度方面的作用没有充分发挥出来有密切关系。所以，我们总是从财力的角度、物质基础的角度去理解财政是不够的。财政是基础，没有基础制度的支撑，很多上层建筑不能有效运转，有些公共权力不能得到有效约束，这点非常重要。企业的财产权利，老百姓的社会权利，人民对美好生活的向往，都不是虚的，都是实的，就是体现为老百姓各种各样的权益，怎么去保障老百姓的权益呢？通常是从公共服务的角度来说的，教育、医疗、社保等这些问题都与财政直接相关。

保障老百姓的权益，过去讲是天赋人权，哲学上好解释，但在实际操作中，老百姓的权益应当怎么去保障呢？在教育、医疗、养老等方面，老百姓的责任、企业的责任和国家的责任怎么分配呢？实际上，这个分配的背后就是一个风险问题。如果说让老百姓承担太多了，老百姓承受不起，风险太大，这些风险就会转化成公共风险，整个国家的风险；企业责任太大也会有风险问题，企业成本负担太重，会妨碍发展，最终会转化成长期的风险；国家承担太多了，国家也承受不起，最终变成财政的风险。财政、经济、社会各个方面的风险，怎么样去均衡呢？我觉得还是财政需要去考虑的问题。

六、从公共风险最小化的角度推进财政治权

老百姓权利的保障很重要，涉及人人参与、人人努力、人人共享的基本目标。能不能做到人人参与，要看权利怎么赋予，老百姓的权利怎么保障。我们过去是从福利经济学的角度考虑问题，追求福利最大化，社会福利函数中福利最大化能解决这个问题吗？如果我们把公共服务或者说把公共产品当作社会福利来提供，追求福利最大化，福利越多越好，公共服务越多越好，公共产品越多越好，社会将陷入什么样的境地？最终不可持续，财政将出现危机，整个社会、国家也会出现问题。

所以从这点来看，福利经济学、社会福利最大化这个理论是一个陷阱。不能从社会福利的角度简单讨论，倒过来应该是公共风险最小化，意味着整个社会、国家、社会共同体的风险最小化，只有在这种情况下，才能做到公共利益的最大化。所以我们从公共风险的最小化去实现公共利益的最大化，就可以避免社会福利的最大化这个角度所带来的陷阱，就能解决中国怎么进一步发展的问题、整体发展的问题、高质量发展的问题，才可能真正通过国家治理方面的改革去实现中华民族的伟大复兴，真正从富起来变成强起来。

现在的财政跟以往已经有很大的区别了，其实这一类现实问题背后的一个更深的逻辑，就是发展是面临各种不确定性的，发展不是必然的。不要认为我们定了一个发展战略目标，这个目标就自然而然会实现。马克思说社会主义必然胜利，资本主义必然灭亡，并不意味着，只要等结果就会出现。这个过程中面临各种各样的不确定性，有人称之为社会规律，但规律不是自动发挥作用的，有不确定性，不会自然而然实现。所以，我们发展的过程中，会面临着各种各样的不确定性，或各种各样的风险，这些风险是整个国家的风险，是公共风险。

我们发展到这个阶段，正是爬坡过坎的时候，这些公共风险如何

最小化，就是财政需要思考的问题。我们不去思考这些问题，按照财政学的旧逻辑来提出对策，与新时代的要求不吻合，出的主意是馊主意，可能适得其反，甚至导致民粹主义，对整个国家的发展不利。民粹主义也是公共风险，这种风险一旦起来，会对整个国家的治理造成严重阻碍。我们在现实中已经遇到了一些现象。脱贫攻坚过程中就遇到了这样的情况，出现逆向选择，我们国家花了这么多钱扶贫，但扶贫的路径和方法存在问题。网上看到一些贫困县，在拿到贫困县的帽子后，庆祝终于成为国家级贫困县了，大家都想成为贫困县，这个社会发展会有动力吗？这说明财政资金使用、政策选择存在问题。现在扶贫过程中也存在争当贫困户的现象，甚至有小学生写作文，理想是争当贫困户，“两不愁、三保障”，小康自然实现了，这也是逆向选择。从贫困县的逆向选择，变成了贫困户的逆向选择，对社会将是什么样的结果？

昨天刘昆部长也谈到这样的问题，我们的政策怎么样实施，总书记提出“两不愁、三保障”、2020 年实现全面脱贫，这是政治承诺。但我们怎么去理解总书记讲话的精神，总书记还讲了精准脱贫，怎么样去实现精准脱贫，精准的含义是什么？像这些问题，我觉得都是理解不深不透，以至于总书记讲话的精神没有得到实质性的贯彻，有的甚至变形走样了。这些问题需要深入去研究，在巡视、监督、检查的过程中，简单按照字面意思去检查、追责、问责，导致了现在发展中面临着很多的困境。这些问题是不是应当财政去深入思考，是不是需要我们上升到理论的层面去研究呢？

其实像这类的问题，都是我们应该去研究的，所以我昨天提出来财政治权，治权简单来说就是约束公权、保障民权。财政在这方面如何发挥职能作用？这就是我们新时代的财政构建逻辑。而更深层次的逻辑，就是在国家发展和复兴过程中的各种不确定性和公共风险，从这个角度才能把握治权的内涵。财政治权是我提出的概念，大家总是陷入财政分权这个框架里面出不来，分权的任务并没有完成，分权改革依然要推进，但在这个基础上重心逐渐转向了治权。治权中推进分权，约束公权并保障民权，真正使财政变成保证人人参与、人人努力、人人共享的财政。如果财政在这方面的作用能发挥出来，成为国家治理的基础就夯实了，做不到这一点就不配称之为国家治理的基础。但是目前现实与这个理想是不匹配的，需要我们反思。

财政史研究与财政学的发展

◇ 中国社会科学院　杨志勇

大家好！很高兴有这个机会和各位分享关于财政学发展的一些看法。之所以选这样的主题，主要是考虑到财政史研究视角可以给财政学发展提供重要的启示。当代财政史研究关注比较近的时段。昨天我们参会报到时拿到两本书，主题分别是改革开放 40 年的财政和新中国 70 年的财政。这样的主题，相关研究也非常多。我在研究当代中国财政史过程中，感觉到财政和财政学发展的时代特征特别明显，有一些体会，可以概括为以下三方面：

一是财政与经济、社会背景密切相关。无论是回顾 70 年的财政，还是回顾 40 年的财政，我们都看到在不同背景下的财政行为。1949—1952 年国民经济恢复时期，计划经济时期、市场经济发展的不同时期，市场、社会、政府、国家等行为现象与时代背景有密切的关系。

二是财政学的发展会回应不同时期各有特色的财政问题。计划经济时期，经常谈的话题是财政信贷综合平衡理论，这是当时的经济稳定的理论。我们看到当是财政学的发展，可能更多看到的是财政本质、财政职能理论。当年根据本质和职能的不同理解，就产生了不同的财政学理论流派。我们在大学读书的时候，学财政本质理论，觉得特别无聊，但实际上财政本质理论从 20 世纪 50 年代发展起来都是有背景的。我们讲科学研究要透过现象看本质，如果一个学科不研究本质，那么它就不是科学，所以财政学研究财政本质理论是很自然而然地过来的。当年的财政学理论就是这样发展起来的。在经济转轨时期，财政信贷综合平衡理论慢慢转向社会总需求和总供给平衡理论，后来还有公共财政理论，这些理论的引入、传播和创新，先从财政运行机制入手，不触及财政本质的问题，一开始不涉及理论的硬核，而是涉及最迫切需要解决的问题，最后才引到财政理论的发展。

三是认识财政规律的问题。过去有人批判专家路线，要走纯粹的群众路线。财政规律特别重要，要找到财政问题的真相。20世纪五六十年代的时候，当时讲财政结余不能动用，用就有问题，后面一看，问题很简单，钱已经被用了，结余实际上是假的，这钱已经用了，认识真正问题的真相就很简单。比如说有一些问题过去发现了，如财政收支比例问题、量力而行的问题，财政要量力而行做事情，但并没有被坚守。当年大跃进，“人有多大胆，地有多大产”，很快超过英国赶上美国。“二五”时期，两年就想把五年的事情做完。在不同阶段中，有一个阶段发现了问题，有一个阶段解决了问题，又有一个阶段问题又产生……问题重新出现了，反反复复，症结在哪里？是不是说我们不能发现问题？我们能够发现问题！但问题反复出现，就是财政机制上存在问题了。

财政学在决策机制上要做什么，可以进一步反思。再举一个更新的案例，20世纪80年代关于财政包干制的问题，财政学界做了很多工作，20世纪80年代中后期就讲振兴财政的问题、分税制的问题，这绝对不是几个财政学界人讲就能解决问题的。经济学界的人讲，20世纪80年代财政包干制促进财政竞争怎么好，那么为什么还要走向分税制，很多问题并没有讲清楚，这些对我们的研究是有启发的。现在不要说财政学怎么研究，首先要把问题讲清楚，然后再有相应的对策，相应的财政理论和财政学发展。

对新时代财政学的发展谈些粗浅的看法。2013年以后，我们讲国家治理视角，我们现在需要深入到更深的层面，国家治理视角怎么深入下去，刚才发言所提到的财政决策机制方面的研究，实际上是国家治理更深层次的问题。我们看到，现在人们很喜欢讲财政学是个交叉学科，经济学、政治学、公共管理学、心理学什么都可以进来，进来当然是好，纠偏了。公共经济学就是现代财政学，现在看来根本不是这样的，过去财政学跟会计学、经济学有相似的地方，最后很多问题没办法解决，很多财政问题的研究在许多时候会发现需要算账，而算账的时候跟会计、跟财务的联系更密切，离开会计和财务，问题就很难讲清楚。我们再怎么进行交叉，都需要解决现实问题。刘尚希院长谈公共风险，这非常对。最后就是要解决各种各样的一些风险问题，保证财政正常的运行，这是在不确定性大背景下研究新时代的财政学。

现在中央要求我们构建中国特色哲学社会科学。财政学方面，我们要搭建什么样的框架，现在具备什么条件？有一些学者也在努力构建新学派。构建新学派中肯定会遇到问题，首先要有材料，条件到的时候，学派自然而然就会形成。

对当代中国财政史的梳理的体会，应该成为财政学发展的养分。中国的财政决策机制跟其他的国家不一样，国家治理的方式不一样。在这样的体制下，可能很多体制有它最终的目的，从而表现出不同的特征。我研究 70 年的中国财政政策，从宏观经济稳定的角度去研究，我们可能会比较市场经济下宏观经济是怎么稳定的，计划经济条件下是怎么稳定经济的。到了新时代，新时代有什么特征，财政规律变了没有，或者说我们在发现财政新规律，我们怎么样用财政政策，这都是需要思考的问题，而不是先提一个大的框架后再研究。所有这些问题最后都归到认识真正的现实财政问题。我们可以看到，现实背景非常复杂，市场、社会、政府的关系，原则性都好说，市场经济下，市场配置资源，社会应该怎么做，都好说，实际上这些东西都错综复杂。过去讲市场在资源配置中起决定性作用，后来发现不对，企业做大的后面有很多是政治行为，一个大企业背后站着国家，比如说像华为，一些大企业，甚至涉及中美关系问题，变成了国家之间的较量。如果是纯市场的行为，那么事情就完全不一样。这样一些问题，在过去有没有类似的现象？过去一讲资本主义，自由资本主义是自由放任的，现在没有一个国家这么做，都有国家干预。现在讲财政学构建，要在全球化背景里面去做，过去讲国家财政学，然而现在不一样，国际视角不能脱离，所以变成了全球视角下中国财政学的构建。技术革命方面，数字化社会带来了很多的变化，“互联网 +”、人工智能、数字货币等，都对财政运行的机制和规律产生影响，对财政行为方面有影响。

在国家治理的新环境下，财政学的发展视野要更加的开阔，要有全球化视角。要跟踪科技前沿，这不是说要构建科技财政学，而是要考虑财政学发展的外部环境，农业社会有它独特的财政问题，工业社会有工业社会的财政问题。科技前沿影响了国家治理效率和国家治理半径。过去中央与地方关系可能要分很多级，现在公共服务规模经济变大，整体都在发生变化。新时代的财政学研究方法、研究工具更加高级，要在定性分析的基础之上注重量化研究，这是财政学的转变，通过技术的学习是能够改进的。当然财政量化研究跟一般的量化研究不太一样，财政学研究中经常会遇到有人说财政数据不全，数据质量不够高等，这时候可能抱怨数据水平不高，抱怨研究方法比较落后。比如说会计，原来讲会计造假，造假都是有规律的，最怕的是连假的都没有。在有限的数据之下你能做什么，有的时候要改进方法的问题。

财政学的发展，首先是致力于解决重大现实财政问题，认识财政规律。比如财政风险问题，还有现代财政制度的建设的问题。关于财政学科问题，最近老在讲一级学科，很多人讲美国没有财政学一级学科，美国教育部跟中国的教育部不一样，中国的大学体制跟美国的大学体制不一样，一级二级学科涉及教育资源配置的问题，不是说要不要这些专业的问题，大学体制都不一样，我们的大学体制是参照苏联并受到美国的一些影响。所以这里面是完全不一样的，对我们做研究的人来说，现实需不需要研究财政问题，如果需要研究财政问题，财政学科就有存在的必要。不是说为了这群人的生存问题来研究的。

我们会发现，现在很多智库研究、政策研究，包括能源政策、行业政策，归根结底要么是财政政策、要么是金融政策，没有别的。财政本来处于枢纽地位。美国没有财政等专业，但财政的现实感特别强。这里有一个好处，我们研究同样问题的人，集中在一起讨论这个话题，比如说我和一个纯粹是经济学背景但没有任何财政背景的，连基本的企业所得税制都不懂的人是没法进行交流。学术有分工，分工交流的时候，讨论起来效率比较高。中国财政学的发展更要面对这些话题去做。

财政史的研究不仅是中国财政学史，中国财政史研究应该还有世界财政史的眼光。大家觉得财政史没有什么意思，现在发现，量化财政史，新兴的方法都需要重新去认识，包括历史学界，他们有很多新的看法，考古的新发现、文献的新出现，很多研究没有跟上，就重复做。学者还要从更开阔的眼光，从世界财政史角度来看，可能这样的研究有的时候反而有更多的启发意义。

财政新常态与财政高质量发展

◇ 国务院发展研究中心　冯俏彬

一、财政新常态正在来临

我们经常说理论是灰色的，而实践之树常青。近期，国务院印发了《实施更大规模减税降费后调整中央与地方收入划分改革推进方案》，新华社有一个报道题目非常贴切，即“护航减税降费”。中央和地方收入划分方案的出台，是为了减税降费更好地落地。这给我们提出了非常重要的现实问题，就是大家特别关注的财政平衡的问题。我有一些今年 6 月份的数据，总体看财政收支压力非常大；最新的数据，到 8 月份时，财政收入增长大概是 3.2%，支出增长 8.8%。毫无疑问我们已经感觉到了强大的压力，也成为明年考虑财政工作的一个重要因素。

对于这个问题，我了解到财政部门的同志反映非常强烈，当然其他部门的同志对此看法不一。有一种说法是，现在减税降费背景下，大家都觉得还没有到最困难的时候，减税降费的财政平衡压力刚刚开始，还没有到最严重的时候。回过头来讲，我们要回头来认识财政收支增速的问题。过去大家的共识是，财政收入的增长速度高于 GDP 增长速度，这是非常重要的特征，去年减税降费还有很多人讨论过，财政收入的增长速度历来是高于 GDP 增长速度的，这是经济高速增长时期的根本特征。有很多学者做过分析，去年有一篇文章专门讨论价格的问题，基本的结论是：税收和价格关联性很大，因此在经济过热时，税收增长比经济增长速度要快，在经济下行时，税收增长速度也会比经济增长放慢的速度更快。这就是现在遇到的情形，我个人觉得，我们已进进入了“财政新常态”。

二、财政收入放缓是财政新常态的根本特征

中国财政科学研究院在很早的时候，刚刚提出“经济新常态”时就讲“财政新常态”，没有引起大家共鸣。现在我们说“财政新常态”正在来临，可能能够引起大家的共鸣。当经济已经进入新常态之后，经济和财政之间的关系，还有什么理由要求财政收入高速增长，甚至经济增长的7%、8%的时，财政收入保持10%左右的增长；现在经济增速已经在6%上下了，还有什么理由要求财政收入像过去这样高速增长呢？在这个基础上，可能是要讨论财政新常态，就是与经济新常态在财政领域的对应物，或者说是经济新常态的财政镜像。

如图1所示，GDP增速与财政收支增速，以往大多数年份财政收

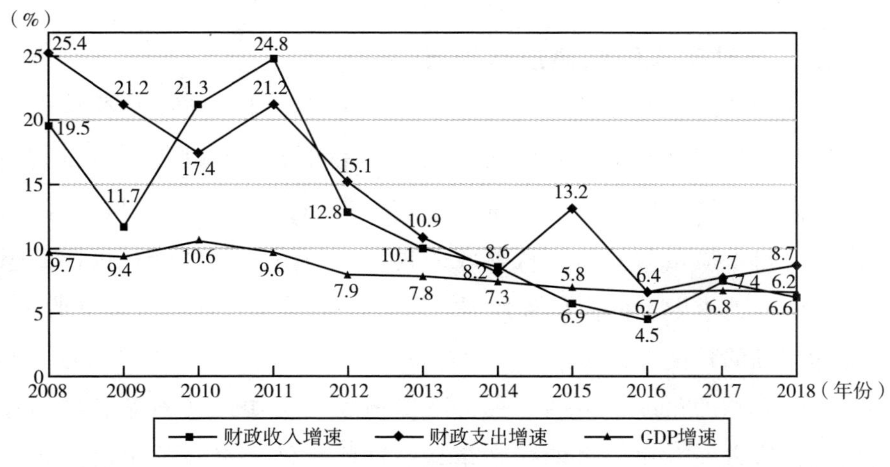

图1 我国财政收入增速、财政支出增速、GDP增速对比

数据来源：财政部，国家统计局。

支增速高于GDP增速，现在已经下来了，某个拐点就是进入了财政新常态的时期。我有一个观点，没有经过特别详细的论证。基本上财政新常态是不对称的，财政收入增速明显低于GDP增速，但财政支出明显高于GDP增速，这就是我们在当前甚至未来的时期面临的基本状况。

我们谈财政和经济关系，在数量关系上要注意一下，不能只是谈定性关系。数量关系我们习惯了财政收支增长高于GDP增长，现在GDP可能是通过了一个拐点，有可能在一段时间内我们的财政支出会高于GDP的增速，但是我们的收入会低于GDP增速，这就是今天面临的状况。这个状况也可以做一个预判，未来是怎么变化的？中国经济未来是继续走强，还是走弱，或者说持平。这个方面，我想大家应该都有了一个共识，未来中国经济的增长速度很可能会进一步缓步下行。从内外各方面的情形来看，大家已经形成了一种共识。这种情况下财政收入放缓是财政新常态的根本特征，而财政支出时不时处于高于GDP增速的状态。这就是我们面临的状况，对此大家现在反映很激烈，特别是对于财政收支平衡压力。

三、推动实现财政高质量发展

对这种状况，好像没有别的办法。未来经济增长速度是要慢慢往下走，就没有理由要求财政收入，也没有条件要求财政收入重新回到10%的高点，这是现在面临的基本事实。应该怎么办？我们在经济新常态下，追求质量与效益，从财政的角度，是不是也可以有这样的想法，我们要追求财政的高质量发展。财政的高质量发展，可以从收入、支出和债务的角度谈谈看法。

从收入侧的角度，一方面最大限度地聚集资源，又不显著增加社会负担，这方面有比较多的探索余地。这些年做了很多关于政府收入方面的研究，“四本预算”还有很大的调节余地。首先是税收，大家都觉得税收收入增幅在下降，但税收的绝对量在增加，税基即存量财富非常大，包括个人财富、社会财富，包括其他的资产，我们的税基没有转过来。我们以前提出的税制的改革，要从间接税向直接税转换是正确的，现在面临的问题是政治上过不去，这是未来困扰我们的问题，恰恰这个问题不是财政部门能解决的问题。第二，在税制上改革很多。总体来讲，我们的税种太多，名义税率高，税种 18 个，名义税率也很高。关于国有资本经营，这次减税降费过程中，要补缺口，特别是国有企业，尤其是国有金融企业利润更多一些交回来。对此听到的反映是两面的，一方面觉得金融企业的利润就应该收一些，国家在困难的时候多作一些贡献；另一方面有很多声音提出，国有企业给国家交钱都是一次性的，今年收一下，明年再收一下也可以，但不具有持续性，对于减税降费和弥补空间会收窄。还有社会保险，是未来支出的黑洞，是未来财政可持续性方面最大的“灰犀牛”。现在已经有变化，统筹社会保险方面的文件，主要是社会保险基本的方向，现在是明确的，按照四个统一，要走向全国统筹的社会养老保险制度。但步子走得比较慢，不管怎么说，这是刚性支出。

从支出侧的角度，我很同意刘尚希院长的观点，现在在进入财政新常态后，财政的常规性支出要压缩，不仅包括一般性支出，大家通常说要压的是经济性支出，现状条件下经济性支出很难压下来。此外，我们的民生支出要把握好节奏。理论上增加民生支出，增进社会公平，做的时候要注意负面影响。在这方面，财政部门做出了努力，借机推出全面实施绩效预算。很多专家研究绩效预算的时候，特别是对项目进行评审时，感觉到有水分，挤一挤还能把日子过一过。

在经济下行期，财政收入可以调整，但余地就那么多。财政支出也可以压缩，但余地也就那么多。现实的做法，就是在进行逆周期调节时，拉长债务的橡皮筋。今年已经提前下达明年地方专项债指标。提前下达明年的专项债定多少，明年的财政赤字率提到多少，是需要现在思考的问题。但有一个基本的方向，我们觉得在现在的经济形势下，债务一定会增加。2017 年地方政府专项债的限额和余额在近 2—3

年时间里上升非常快。对债务问题，财政部门是高度警惕的，我们不愿意看到再一次做地方债务的置换，重新清理隐性债务，现在已经开始做了。在此情形下，对债务，我们以前是谈债色变，都不愿意在这方面放出更多的空间。但现实不仅仅是国内，也包括国际上，对于政府债务基本上没办法。现在欧债到了负利率状态，国际货币基金组织总裁的话讲得很清楚，现在在欧洲地区靠货币政策刺激经济已经没有空间了，进入负利率时代了，现在提财政主导，财政要发挥主导作用、主体作用。这就给全世界提出了一个财政尤其是债务理论要创新的迫切需求。这个迫切需求，我发现金融界有些研究，如李扬老师提出了债务密集度的概念，即为了支持某一水平的 GDP 增长，需要创造的债务增量。这几年金融领域有一个共识，为了获得一个单位的产出需要投放的货币量比以前要多很多。这不仅是中国的情形，而是全世界共同面临的现象。在这种情形下，我们对债务怎么看，一方面要管好，不能成为未来的风险隐患；另一方面经济下行，各种社会问题叠加，债务要冲上去顶住。这是我们面临的非常麻烦的问题。未来财政实践及财政理论创新，我觉得很重要的是要在债务理论上要进行一些创新。

这就是现实的财政实践给理论提出的一些重大的问题，包括收入的问题、支出的问题、债务的问题及这三者之间关系的协调问题。面对这些问题，我的基本感受是，财政新常态正在来临。财政新常态下，深化财税改革、创新财政理论迫在眉睫。

百年未有之大变局之下财政学的发展

◇ 中央财经大学　白彦锋

今天探讨的主题是“百年未有之大变局之下财政学的发展”，主要包括以下几方面的内容：第一，今年是新中国成立 70 周年，一路走来的中国财政学是与时代同行的，我们形成了很好的财政理论。第二，我们要构建社会主义特色财政学面临一系列的挑战。第三，建设中国特色社会主义财政学，如何着手，可以从这三方面进行考虑：一是坚持马克思主义对我们正确的基因指导；二是坚持中国特色的社会财政学，扎根中国大地汲取营养；三是广泛汲取其他学科的营养。

一、一路走来的中国财政学：九大财政理论

习近平总书记在很多场合讲“百年未有之大变局”。2019 年是“五四运动”100 周年，习近平总书记说我们要胸怀两个大局：一个是中华民族伟大复兴的战略全局，另一个是世界经济、政治发生了很大的变化。中华民族的复兴不是轻松能实现的，财政学的建设也是这样子。人上了年纪之后，脑子里面很难装进新东西。怎么做与时代同行的财政学的研究，这是我们财政同仁都面临的共同挑战。

财政学科，我理解它应当是一门打造盛世之学。财政学要推进国家治理体系和治理能力的现代化。2018 年是改革开放 40 周年，2019 年是新中国成立 70 周年。人民满怀激情，因为我们在过去 40 年也好、

70年也好，取得了巨大成就，我自己感觉可以和历史上“文景之治”等任何一个盛世相提并论都不为过。习近平总书记在2016年20国集团峰会上讲，小智制事，大智治制，即小智做一件事情，大智慧推进国家治理。财政学就是大智慧，要推进国家治理，推进长治久安。

我们财政学从新中国来说，是与时代不断地在前行的。昨天刘昆部长在演讲的时候有一句话印象非常深刻，他说我们的财政改革在很多时候，已经超前于我们的财政理论研究，正需要我们财政理论研究关注现实。我们老一代有国家分配论，改革开放之后，我们有社会共同需要论以及剩余产品学说。中国财政学会给我们一个课题，让我们梳理新中国成立以来及改革开放以来财政理论的演进，大体上有九大财政理论，这九大财政理论是与我们国家财政经济发展一脉相承的。在经济发展的过程中，我们形成了这样的九大发展理论。

二、新时代财政学发展面临的两大挑战

今天我们要谈构建新时代中国特色的社会主义财政学，很重要的就是要以马克思主义政治经济学为指导，增强财政学科对于现实问题的解释能力，以及对未来的科学预测，否则财政学的价值就要打折扣。所以，我们财政学的研究要与时俱进、乘势而上，既要反映财政的一般规律，更要指引未来改革的方向。

新时代财政学的建设，面临一些挑战。刘尚希院长已经介绍了，在学科建设上的“经济学帝国主义”，新时代的工业革命风起云涌，在西方还看到财政政策制定和执行过程中受到了MMT理论的研究挑战。所谓的现代货币理论，财政政策和货币政策之间的关系，人们试图颠覆过去经典财政学的一些观点。从国际税收来说，过去讲的多的是国家税收，现在更多是国际税收，过去面临如何避免双重征税，现在是要实现对一些价值至少征一次税的挑战。国际公共产品的供给面临很多挑战，不是一个主权国家能够实现的。财政的经济学化，刘尚希院

长讲，过去我们总是把市场和政府看成是两个对立的主体，那么，有一种“二元论”的说法，政府与社会资本合作（PPP），这些财政新的实践，我们的传统的财政学并不能够给它一个很好的启示。

同时大家看到，新一轮的技术革命，国内有阿里巴巴，国外像亚马逊一些平台经济，在和美国税务局打官司的时候，美国的税务局就失败了。无形资产转移到欧洲之后，欧洲也没有征税，这个税基就蒸发、消失了。大数据为财政税收的建设提供了很好的抓手，但是也向我们提出了很严峻的挑战。大家可以看到国际税收里面谈得比较多的是“旋转木马式”偷逃消费税，增值税、消费税都有。幽灵贸易商变票变名，小贸易商、大贸易商，链条非常长，以至于无法画像，难度非常大。最近欧盟提出要用区块链技术对抗增值税“旋转木马式”的偷逃消费税，这不知道是道高一尺还是魔高一丈。

我们财政可持续发展的一个很重要的前提是所坚持的两个标准，即财政赤字不能超过 GDP 的 3%，政府债务不能超过 GDP 的 60%。西方的财政货币政策实践，很多时候在挑战颠覆过去的财政主张，美国实行量化宽松，欧洲实行负利率的政策。过去我们说央行和财政应当是相互隔离开的，风险隔离，但是现在很多时候，美联储拿基础货币购买国债，直接投放货币，他们认为通货膨胀一直没有起来，财政货币政策的有效性遭到了一轮挑战。所以在这种情况下，财政、货币是什么关系，财政政策是否仍然可持续，这是我们必须要面临的挑战和问题。

再有刚才讲到的国际税收如何实现从避免双重征税到至少征一次税。OECD 推出了办法、草案，利润转移，习近平总书记在 G20 的峰会上也强调要帮助发展中国家和低收入国家提高税收的能力。税收更多从国家税收向国际税收转变。传统经济和现实经济，欧盟的报告讲，传统的模式税负 20% 以上，跨国集团数字经济的税负还不到 10%，这样一种扭曲，大家对新经济都是去讨好，但传统经济却承受了过重的税负，这样不利于经济的平稳发展。还有全球的温室效应，荷兰、丹麦这些国家在生态文明上开征包括碳税在内的一系列税收，这些小国要对抗全球的公共危机难度是非常大的。

三、建设新时代中国特色社会主义财政学

从未来发展趋势看，新时代的社会主义财政学，应坚持马克思主义理论精髓，解放思想、与时俱进，我们要构建经济、政治、社会多位一体的新时代的财政学。新时代的财政学就要把五大发展理念，以及全面深化改革有机统一起来。刘尚希院长刚才也讲我们要以人民为中心，五大发展理念就是要创新，创新就是人力资本全面自由地发展。这是要坚持正确的内在基因。同时，要扎根中国大地去汲取伟大的财政实践。改革开放40年来，我们财政取得了很大的成就，这些成就我想值得我们去深入总结、深入梳理。

今天我们说财政存在这样和那样的一些问题，但我们在改革开放之初，存在着严重的产业结构、城乡差距、区域差距等问题。改革开放40年来我们把这些问题很好地在发展中得到了解决。那么，这些成功的经验，是未来财政我们要继续发挥和坚持的，同时要广泛地吸取现代多学科的营养。我注意到2017年诺贝尔经济学奖得主是授予了行为经济学。行为经济学，过去像摩登时代，卓别林像机器一样在传送带上，现在机器更像人一样，像扫地机器人。特朗普之所以当上美国总统，很重要的就是税改，他在竞选的时候说要把美国企业所得税税率降到15%，他靠这个当上了美国总统，最后企业所得税的税率是21%。特朗普在为西方资产阶级减税，西方资产阶级在报纸上登广告要对自己加税，这是行为经济学很好的体现。党的十九大报告中大家也可以看到行为财政学，其实有很大的作用和影响。首先就像刘尚希院长讲的，我们要坚持以人民为中心，不断促进人的全面发展，这是和创新性国家的建设紧密联系在一起的。党的十九大报告还说要满足人民群众对美好生活的追求，大家要注意美好生活的追求不是量化的

指标，是全面的形容词。再有，党的十九大报告里面讲，要增强人民群众的获得感、幸福感、安全感，这些“感”都是从心理层面去讲的。还有从税收来看，有的地方税务部门调研，我们面临不确定性，税务部门不掌握那么多大数据信息，税务部门增加了警告提醒模块，无税申报率得到了很大的降低，税收收入的增收在有些地方达到了 100 多亿元。我想这些我们现实中存在的问题和现象，需要我们通过新时代财政学的构建，去解释去引领现实的发展。

国家治理与财政学的新发展

◇ 首都经济贸易大学　李红霞

一、财政学科的归属：在综合学科当中，经济学的权重应该占主体地位

我国走向国家治理现代化，呼唤财政转型与财政理论创新。目前，学界对财政学科的归属问题还存在一些争议。财政学科面临的首要问题是财政学科的定位问题。从教育部的目录来看，财政学科是属于应用经济学的二级学科，实际在社会上，它还有很多定位。以安体富为代表的一些学者仍把财政学科归属为经济学科；李炜光、刘志广等学者从社会学角度来研究财政学；原中山大学的马骏教授为代表的一些学者从政治学维度展开对财政学科的研究；北京大学刘剑文教授为代表的学者从法学角度研究财政学科。

那么究竟财政学应该属于什么学科呢？怎么在国家治理的视野下来探讨财政学的归属？现在来看已经基本上达成了共识，财政学划为交叉学科或者综合性学科更为恰当，即财政学除了有经济学科属性，还有政治学、社会学、管理学等一些学科的属性。那怎么样来确定财政学科在综合学科当中的作用？这么多学科当中，谁是主流观点？财政属于经济学科，它在经济学中占的权重有多大，是 20% 还是说应该占主导地位？我认为，财政在综合学科当中，经济学的权重应该占主体地位。财政的本源是经济问题，就像亚当·斯密在《国富论》中提

到的财政含义，财政是什么？财政乃“庶政之母”。宋代的苏辙说过，“财者，为国之命而万事之本”，所以财政是基础。党的十八届三中全会定位财政为“国家治理的基础和重要支柱”。虽然这个“基础”的前面没加定语，但仔细探究这个“基础”应该指的就是经济基础，因为国家治理离不开强大的财政资金做后盾，如果没有财政财力的支持，任何国家治理活动都无法进行。高培勇院长提出，财政学是一门以经济学为主导，兼容多个学科的交叉性或综合性学科，刘尚希院长也认为，应该从全局观、整体观来看待财政。既然国家治理是一个系统性工程，而财政又是国家治理的基础，它也应该以一种整体观、全局观来参与国家治理，而不应仅作用于某一个领域，否则财政学的作用就得不到充分发挥。

二、财政职能的新定位：新时代财政具有经济、社会和政治等职能

关于财政学的定位，以往财政学教科书都将财政作为国家宏观调控的工具、手段等，这种理论主要来源于以凯恩斯为代表的西方学者将财政作为调控的手段及政策工具。进入新时代，财政已作为国家治理的一个组成部分或重要内容，是国家治理能力现代化的重要保障，若再将财政作为宏观调控的工具和手段就未免太片面了，应将财政职能放到国家治理层面来进行定位。新时代财政具有经济、社会和政治等职能。财政的经济职能是优化资源配置，促进经济稳定增长；财政的社会功能是促进社会公平正义；财政的政治职能是保障国家的长治久安。这实际上是对新的历史条件下财政职能的一个精炼概括。

三、财政学研究范围的扩展：财政是一种由政府主导的，多元化主体参与的政府收支活动

以往财政学主要围绕政府和市场的关系进行研究。财政学授课时

经常讲资源配置有两种形式：一个是市场，一个是政府，市场失灵的领域需要政府来介入。按以往财政范围的界定，财政是政府为主体的收支活动，它的活动主体只能是政府，其他以企业、社会组织和居民为主体的收支活动都不属于财政。现在从国家治理的角度来说，如果还仅仅把财政研究的主体放在政府领域，可能就比较片面了，也就是说财政除了要讲究政府和市场的关系，还有政府和企业、政府和社会、政府和个人的关系。现代财政学理论建设应本着在继承发展的基础上进行创新，新时代视野下的财政范围除了政府，还有企业组织、社会组织和居民也是财政收支活动的重要参与者，是多元化的主体。财政就成为一种由政府主导的，多元化主体参与的政府收支活动。

四、财政公共性的转型：多种所有制财政、城乡一体化财政

财政公共性是说财政的支出范围不应该以所有制为界限，应该覆盖全面的、不同的所有制。以往的财政主要侧重于国有经济领域里发挥作用较多一些，新时代的财政应转向多种不同的所有制经济，即转向多种所有制财政，以彰显财政的本质属性。中央层面对各类所有制企业一视同仁。习近平总书记指出：民营企业和民营企业家都是我们自己人，要为民营企业发展创造更好条件。李克强总理强调，民营经济和国有经济一样，都是社会主义市场经济的重要组成部分，对各类所有制企业一视同仁。因此，新时代的财政应转向多种不同的所有制经济，即转向多种所有制财政。另外，新时代的公共财政改革还应彻底改变“二元”体制格局。以往的财政更加侧重于城市，城乡之间在享有公共服务特别是具有“拥挤性”公共服务方面存在矛盾，如城市的基本医疗、养老、就业等比农村保障力度更强。进入新时代的财政要从城市财政转向“城乡一体化“的财政，公共服务领域不应以城乡

为界，城乡应一视同仁，公共财政要进一步向农村延伸，公共财政的“阳光”不仅要照射在城里人身上，还要照在农村人的身上。所以，新时代公共财政要更加强化城乡一体化和共享的理念，财政公共性的范围要进一步拓展。

五、重视国际财政问题研究

现有财政学教科书对国际财政的研究还比较薄弱。随着世界经济一体化的发展，协调和解决各国经济及政治利益等国际问题日益突出，国际财政理论也日趋完善。国际财政是国家财政在国家经济中的延伸，是财政与国际经济相结合的产物，财政学今后研究应更加重视国际财政的问题。国际财政的存在是因为存在国际市场失灵。由于存在国际公共产品、国际外部效应及国际收入分配不公平等问题，如：全球变暖、大气污染、世界经济危机等国际公共问题，需要国际财政予以解决。因此在财政学教学中，同样需要国际财政的思维，财政学研究不能仅仅局限于国内财政。

目前从世界范围来看还没有一个正式国际财政组织的存在。包括联合国、世界银行、国际货币基金组织等，都没有权力也没有能力来全面干预国际事务，因为每个国家都有自己的主权，不能超越若干国家的利益建立一个国际财政部。所以目前国际财政主要采用的是多国合作的方式，如欧盟内部废除关税，实行统一增值税和消费税税率。从国际上考虑，一个大国在国际上的责任担当也是以财政为基础的。党的十九大报告提出，构建人类命运共同体，建设开放包容的世界。中国作为一个大国要有大国财政的思维，一个大国的财政实力就代表着一个主权国家在全球治理中的地位。以前联合国会费主要依靠发达国家，比如美国一般都是第一。从 2019 年联合国会费的比例看，美国保持了 22% 的比例不变仍然是最多的，日本下降到 8.56%，中国承担的联合国会费比例则由之前的 7.92% 大幅上升至 12.01%，成为仅次于美国的全球第二大会费承担国。说明中国作为一个大国在参与全球治理方面是有实力的，也是有底气的。随着人类命运共同体的形成，中国特色社会主义财政学的构建也要把国际财政作为一个重点内容进行研究，这是时代赋予财政学的历史使命。

基于国家治理的财政职能思考

◇ 中国财政科学研究院　赵福昌

从党的十八届三中全会定位财政是国家治理的基础和重要支柱以来，很多专家都在进行研究，财科院刘尚希院长提出三维治理并归结于公共风险的治理，社科院高培勇院长提出财政“覆盖全部、牵动大部”的治理说，中央财大李俊生校长提出讲新市场财政学，从国家治理视角下政府与市场关系新定位谈财政，其他高校也有很多研究。总体来说，大家都是从整体上来说的，可是，既然财政是国家治理的基础和重要支柱，那么这个基础到底是什么，支柱是什么？如果不把治理分解或者结构开来看的话，估计再做突破很难。基于这个情况，我从实践的角度来回顾历史上各国治理的规律情况，分两个层面进行报告：第一是国家治理框架论，试着解构分析国家治理的要素；第二是基于国家治理的财政职能思考。

一、国家治理框架论

归纳分析中外国家治理的历史，概括抽象出国家治理的框架要素，包括治理的环境、治理的规则、治理主体（即涉及政治、经济、社会政府的四维治理）、治理的软实力（包括文化、教育、科技等）。

（一）治理的环境

治理的环境，包括国防、外交等，延伸一下，国内的公共安全也可包括在内。这是治理的前提性要素，是需要国家治理优先保障的，没有这个前提保障，其他治理要素再到位，恐怕也于事无补。

（二）治理的规则

规则更多强调的是法律，更全面一点来说是非规范的、非正式的制度也可以分在治理的规则当中。为什么要强调规则呢？因为治理通常是多元共治，既然是多元，首先要有多元的主体，多元的主体要有一定的规则才能治理，这个规则实际上要通过利益的调整。

（三）治理的主体

在规则确定的情况下，再看就是治理的主体，治理的主体会涉及不同的治理关系，就是四维治理的问题，首先是国家与公民的政治治理关系，接下来就是政府与市场、政府与社会、政府间的治理关系，而政府间的治理关系又包括各级政府之间、政府内部部门之间的治理关系。不同的治理维度有不同的治理规则标准，最终统一在财政保障上。

（四）治理的软实力

具备前面三个要素，似乎治理的基本要素都有了，框架搭建起来了，但是，回顾历史，其实背后还有文化、教育、科技软实力的支撑，这种软实力的支撑对环境，如军事、科技的发展，对规则、对公民素质的提升和治理过程都有作用。

在治理的环境、规则、主体、软实力之下，每一个都是一个具体的“实物”，每一个“实物”跟它的价值形态是匹配的，价值形态就是财政的重要体现。这就涉及怎么认识财政是治理的基础，因为所有这些要素都离不开财政，没有财政这个价值形态基础其他要素都无法单独存在，所有的这些林林总总的“实物”形态的治理要素，都统一在财政上，财政是物质基础，因此这是一个基础；同时，财政治理本身就有法律、规章，是重要的治理规则，财政政策保障又是四个维度治理的重要依托或组成部分，这些成为国家治理的支柱，基础和支柱共同作用，形塑着国家治理的结构。基于此，后面对财政职能会有一些思考。

二、基于国家治理的财政职能思考

基于国家治理框架，我对财政职能的思考从四个角度来分析。

（一）统筹资源配置

过去从一维更多是从经济维度来思考这个问题，现在应该从治理的角度，那么治理的维度怎么来统筹资源配置呢？像刘尚希院长提到的，清朝后期我们国家经济很强大，财政强不强大可能有待考察，但最后朝代却败亡了。这是因为资源配置已经超越了传统的经济维度，应该将其放在整个治理框架下来考虑。党的十八届三中全会提出了“财政是国家治理的基础和重要支柱”这个论断，但财政自身的定位还没有提高到这个高度，包括监督也没有监督到这个高度，这是我们当前认识财政需要思考的重要问题。治理的目标是实现国家的长治久安，如果没有治理的环境，比如没有国防的保障就无法实现。因此，治理的环境是一个前提，前提有保障了，后面才能谈各维度治理的关系。所以，在资源配置上，财政要考虑国防的资源怎么配置、法律怎么配置，这些配置前提决定了以后再谈的四维治理的关系，这就是从治理能力的标准而不是从过去经济收益的角度来配置资源，就是从治理的角度来强调怎么提升财政职能。只有军事强也不行，历史上元朝蒙古族横扫亚欧大陆，却还是不能立住，原因其实是文化不行；清朝军事不行，但如果当时财政有钱发展军事可能也不一定立马就行，因为当时的科技落后了欧洲约 200 年，非一朝一夕就能赶得上。因此，怎么来统筹考虑这些因素，提升国家治理的能力可能是财政学应该考虑的问题。从这个角度来看，财政学已经远高于经济学，目标是国家治理能力，而不仅仅是传统的经济效益，它应该是从更高的层次来统筹资源，当然也只有财政有能力实现这样的统筹。

（二）形塑治理结构

财政需要形塑治理结构，这个更多是从治理的规则来说。首先治理的规则要形塑主体。从我国改革的路线来说，我们打破计划经济首先形塑了企业主体，通过财税关系明确、界定了它的权责，最后促进了治理。改革开放以后到1994年，包括1994年到2013年党的十八届三中全会期间，治理关系实际上通过利益机制来调整，是通过对不规范的权力约束进行，这也是一种治理机制。如果在治理机制的前提下，当时对主体的权责没有界定清楚，后来界定清楚了“怎么办”，这也就是我们说的治理规则的建立。治理规则的建立首先要界定主体的权责，然后是规范主体的行为，即各个主体要按照这个规则来做出它的选择、它的行为。这是财政更应该具有的功能，它要着眼于利益主体形塑治理结构，就是说有什么样的治理理念和价值判断，就有什么样的规则，最后形成什么样的治理结构。从中国改革开放的实践来说，是这样的；就国外来说，像欧洲个人主义的形成，除了北欧海盗民族的传统影响外，最早其实是教会对个人财产的保护，这种财产关系也是一种治理关系。从国家和公民关系来说，界定这个关系首先是界定私人产权、私人财产的关系，这些都跟“财政”有关系。所以，首先在治理规则上要界定主体，明确主体的行为规则，这也是财政的重要职能体现。

（三）调节利益分配

强调收入分配，应该是在四维治理关系中调整主体。政府和社会层面更多的是强调怎么来保障公平，政府跟市场层面更多是强调如何激发市场主体发展的动力，包括政府间的治理关系，这些治理利益调节的核心就是形成一个权责内洽的治理机制。政府与市场层面，计划经济时期，最早在1978年，国家明确企业最后的结余跟个人利益挂钩时，很多企业折旧也不提了，有一些该列的成本也不列了，这就是短期行为。政府与社会层面，我们扶贫、促进公平发展本身是好的，但如果不注意治理机制建立的话，往往会走向反面。政府间治理关系也是一样，从计划经济到市场经济（财政体制是分税制）再到现在，每一段进程里面都有治理关系，计划经济之所以被改革是因为权责不清楚。在权责不清晰的条件下，信息优势的一方永远会选择对自身最大化的机制，这个政策对地方好，它一定用到最大化，一旦有责任它一定会推给中央政府。财政部门和其他部门也是这样的关系，过去我们没有太清楚地界定部门责任，导致财政部门和其他部门之间治理也是不清楚的关系，产生了逆向选择和道德风险。因此，治理机制的界定上，更多应该是选择造成权责内洽的治理机制。现在的预算改革，像广东的大财政、大预算改革，实际上是预算编制完之后，把执行完全交给部门，同时让部门对其结果负责，这就是一个治理机制创新改革。关于财税改革怎么深化，我觉得可以在治理机制的深化上有所突破，但这个突破可能会受到各个方面因素的制约，很难进一步来推进，这可能需要各方的共同努力。

（四）促进稳定发展

在四维治理的基础上通过权责内洽的机制下各方动力的发挥，最终形成国家治理的基础。通过财政资源配置，在保障治理环境的前提下，完善治理规则调动积极性；推进四维治理，经济治理包括宏观经济稳定和经济社会基础的公共设施、服务的提供，为经济经济增长奠定基础，为政治、社会治理创造条件，并不断完善财政的政府治理功能，努力做到“优化资源配置、促进统一市场、公平社会分配”，财富的增加最后落到以人为本的体制下，通过财政的稳定和发展，保障实现最终的“国家长治久安”目标，这是我认为财政应该努力的方向，也是财政与国家治理定位的匹配。

财政学话题的若干思考

◇ 南开大学　马蔡琛

让我们从历史上的今天说起，1934 年 10 月 10 日，中国红军开始 25000 里长征。从红军长征再往前追溯一点，当年毛主席在井冈山的时候，写过三本著作——《中国的红色政权为什么能够存在》《井冈山的斗争》《星星之火，可以燎原》，我就借用这三本书名略做改动作为发言主题。

一、中国的财政学为什么能够存在？

“财政理论”与“财政学理论”这中间差了一个字，然而在实际中并没有严格的区分。财政工作需要解决什么问题，财政学似乎就应该如何。但财政学作为一个学科，应该由理论内核来驱动解决现实问题，而不是被动由现实推动去做。从计划经济时代的国家财政，到社会主义市场经济时代的公共财政，到新时代提出的现代财政制度，是实践驱动型财政，是基于收支两翼的财政。

我是来自大学。几年前，教育部的本科生招生分类改革以后，经济学分四大类，有经济学类、贸易经济学类、财政学类（含税收学）、金融学类（含保险学）。我们的学科之所以加括号，是因为学科的纵深足够大，里面是两个分支，财税和税收，单独拿一个本身也是一个大学科，但是这两个关系很密切，所以压缩成一个学科。大学科纵深是有极其丰富的内核，但现实中又觉得不是一个很庞大的学科。某种意义上讲，关于学生的就业大家还在提振兴的问题，我认为不是振兴的问题，我们是横扫江湖的经济学帝国主义，我们是经济学里面仅有的带括号的两个学科之一，我们跟金融学是可以华山论剑的，这值得我们思考。

再一个是基于本国国情的财政学，谈国际金融、国际贸易等。税收更多地来讲是国内法，财政学更多具有国内法色彩和传统的理财经验，尤其是对于我们这样的单一制大国，政府怎么打理它的财政？这不是把某些现成的理论拿过来就可以的。财政学为什么存在？这确实是值得我们思考的话题。

二、财政学的理论纷争

首先，关于财政学的本质问题。金融学很少去讨论金融的本质是什么，会计学曾经就“会计是管理系统还是核算工具”进行争论，但这一争论是为了确定会计学的地位，而我们财政是真的去讨论本质。凡是要讨论本质的时候，就是我们对于这个学科还没有真正认识清楚，对外在的表象等没有办法展开更为丰富的内在分析。

其次，关于财政学与公共经济学。财政学在高校里面，授予的是经济学学位，人家都叫经济学，有人提出来财政学在国外发展到高级阶段叫公共经济学。但检索以后，很少发现世界上有著名的公共经济学家。公共经济学为什么很少产生真正意义上的公共经济学家，这个也是值得我们思考的。

最后，是财政学的学科归属与一些或有思考。财政学科到底归属于哪里、财政学与经济学的关系是什么，都没有讨论清楚。关于如何打理公共资财，全人类的认识上都在路上。会计学、金融学也好，研究对象比较简单，但财政研究的是为国理财，这个学科成才是很难的，淘汰率很高。

三、星星之火，可以燎原

这一部分主要是来自大学教学和研究中的困惑与反思。第一个问题是中国的财政学科在具体学校的发展路径。一个现象是综合性大学中的财政学正在消失。就财经类大学来说，除了财政部部属院校坚持独立的财税学院的架构之外，其他财经院校的财政学纷纷变成财税与公共管理学院、财政与公共管理学院，靠公共管理学院拿到MBA招生经费来维持运行。但是，综合性大学毕业的学生，逐渐成为财经类院校的师资，这有点像重工业和轻工业的关系，生产师资的地方有些没有师资的生产了，这也是值得我们考虑的问题。

第二个问题是财政问题是否就是财政学问题？我们现在有本科、硕士、博士培养体系，但讲解专业课的老师往往从本科到博士都不是学财政的，“三不是”的老师也能讲财政专业核心课，开这个专业不学也能讲，这是值得思考的。关于课程设置，放到经济学下，我们给学生们讲中级宏观经济学，到博士生讲高级宏观经济学。会计学里面有中级会计师，有高级会计师，中级会计学能解决会计核算中80%的业务，20%的疑难杂症是在高级会计学里面解决的，这确实是有高级、中级、初级的区分。但对我们而言，无外乎是初级经济学用的是几何图形和简单代数展示，到中级的时候，开始有一些数学推导，到高级的时候更是谁也看不懂的数学推导了。我们是高级经济学证明方法，并非真正意义上的高级经济学，就是用高级的方法把它证明了一遍，仅此而已。回到财政学的话题，高级财政学没有能够教给学生相应的知识体系。如果说初级是学基本原理，到高级解决现实问题，学生也不一定信服这种说法。

第三个问题是人才培养与学生就业。推行大类招生以后，学制是四年制，但两年半到三年把课修完了。前面是大类培养，真正的专业学习时间仅有一年半，培养的是通才，财政学学生的培养实际在“去财政化”，财政学讲得越来越少，与金融、贸易没什么大区别，这是国外的模式。中国的财政学理论和教学是不能照搬国外的。从毕业来看，重点大学的去金融机构搞私人理财了，其他院校的去当会计了。就业呈现“金融化”与“会计化”，也就是“去财政化”。

四、结束语

值得欣慰的是，财政学的“高潮”快要到来了。在以往的观点里，通过控制欧盟3%与60%的两条警戒线来控制政府收支，但并没有控制住，这套理论体系的基石有问题，这是世界性的迷思。另外，要关注中国历史上文景之治等，包括今天的伟大复兴，财政的密码到底是什么。财政史告诉我们，世界上任何强大的国家都需要一个强大的财政。人类管理共同性财富，过去500年的探索未必成功，我们今天所看到的一些发达经济体的模式也未必是100年后人类未来远眺的源起。

回到毛主席的《星星之火，可以燎原》，最后说的几句话：所谓革命高潮快要到来的“快要”二字作何解释，这点是许多同志的共同的问题。马克思主义者不是算命先生，未来的发展和变化，只应该也只能说出个大的方向，不应该也不可能机械地规定时日。但我所说的中国革命高潮快要到来，绝不是如有些人所谓“有到来之可能”那样完全没有行动意义的、可望而不可即的一种空的东西。它是站在海岸遥望海中已经看得见桅杆尖头了的一只航船，它是立于高山之巅远看东方已见光芒四射喷薄欲出的一轮朝日，它是躁动于母腹中的快要成熟了的一个婴儿。

从研究视角的拓展谈财政学的发展

◇ 山东大学　李　华

从研究视角来看，中国财政学的研究常见的无外乎四个视角：一是经济学；二是政治学；三是法学；四是社会学。中国财政学的研究范式是发散式的，每一个学科对财政学进行不同视角的拆分式研究，形成了现在的发展范式。但我个人认为，如果从治理的角度思考，不应该是一种拆分，更应该是一种综合。关于财政学的研究范围，也具有拓展的特点，从早期的政府收支到公共经济再到国家治理，呈现出逐步扩展的态势。今天的发言中，我主要谈四个领域的问题。

一、不同视角的财政学

（一）基于经济学角度的公共经济学

经济学角度的财政学研究中，有两个时间段，一是亚当·斯密的古典财政学，在第五篇“论君主或国家的收入”中围绕着收支和管理进行财政问题分析。20 世纪 50 年代之前关于财政问题的研究基本上以财政学命名。二是 50 年代马斯格雷夫提出公共经济学的概念，认为政府活动的基本问题不是资金问题，而是资源配置、收入分配、充分就业以及价格稳定、经济增长问题。这是我们看到的财政学在经济学领域的重大发展。

（二）基于法学角度的财政法

为什么法学学者研究财政问题？我认为有三方面的原因：一是政府以社会代表的身份参与收入分配的行为，依法进行分配；二是财政制度运行的规则体系，表现出规范性和有序性；三是从财政过程来看，表现为国家机关之间以及与财政行政相对人之间发生的相互行政制约或管理性质的社会关系。

（三）基于政治学角度的财政政治学

财政政治学从政治维度对财政问题进行研究，国外有道尔顿、瓦格纳、科萨等学者，国内张馨教授、高培勇教授等也支持财政学科的政治属性。个人认为在财政政治学中，更多是对财政现象的政治学研究，并不是财政学和政治学的交叉学科。

（四）基于社会学角度的财政社会学

社会是一个广义的系统，包括经济系统、政治系统和社会系统，财政位于这三大子系统的结点上，因此我们能够从社会学的角度上研究财政学。

二、经济学中财政的运行过程和运行效应研究

以上财政学的不同研究视角中，以经济学视角的财政学（公共经济学）占据更为显著的地位。由此也使得我们有一个疑问：是我们难以割舍与经济学的关系，还是财政学本身就与跟经济有关系？

之所以财政与经济学有密切关系，个人认为是源于以下三个原因：第一，财政的货币属性问题。无论是财政收入，还是财政支出都首先表现为一种货币现象。第二，关于经济运行和经济福利的讨论。当然，我们很难用福利最大化来评价财政运行，同时也不应采用经济视角的单一判断。作为个体来讲，我们可以通过特定方式提高 GDP 或人均收入，但也可能产生幸福感的下降。所以在衡量时，除了单纯的考量经济标准外，还要有更多元的视角。第三，宏观经济运行的问题。财政

作为重要的调控工具和政策，对宏观经济的运行产生重要的影响。个人理解，应该是因为上述原因导致财政和公共经济之间的密切相关。

长期以来，财政学理论有很大发展。在财政学的经济视角分析中，也会出现一些与我们之前思考不尽相同的现象。例如，大家比较容易理解财政的分配职能，这其中既有资源的配置也有收入的分配。现在看来，生产的特征也出现了。公共部门的经济活动出现了从分配到生产的拓展。通常在财政学教学中将政府和社会资本合作（PPP）解释为政府失灵的问题，但是这不仅仅是市场失灵或政府失灵的问题，更多的是治理效率的问题。

关于财政的运行效应。财政学不再局限于政府或公共收支上，而是扩展到资源利用和收入分配问题，也研究预算管理中出现的经济政策问题。

三、财政定位

第一是适应市场经济、与服务个体相对的公共财政。个人认为公共财政并不单纯是否定封建主义的结果，更多的是和市场经济对应，提供公共服务、弥补市场失效，以及社会公众对政府的规范、制约和监督。

第二是把握财政一般的国家分配论。国家分配论更多地强调国家的主体地位和关注财政本质，注重国家作为财政活动的主体和财政运行集中于分配环节这两个要点。

第三是包容社会利益共同体的国家治理。国家治理的建立是基于社会主体利益多元化的理念。经济社会主体日渐多元之后，传统的统治和管理方式不再适应，需要新型的国家结构来协调各种利益冲突。党的十八届三中全会提出“财政是国家治理的基础和重要支柱”，对财政的定位是相当高的。财政运行，是从政府和市场、国家和社会、中央和地方等多重维度实现和优化国家治理。

四、进一步的思考：整合思路下的财政学研究

推动财政学的发展，从学术角度讲，把财政学作为综合性学科，

是可行的。财政学究竟是经济学还是用经济学的方法解释公共现象和公共问题的科学？个人更认可后者。目前纯经济学的研究范式，尤其是我们用单一的视角进行研究，存在研究视角单一化与研究应用多元性之间的矛盾。当前财政经济学的研究，无论是简单的数学推导，还是非常复杂的模型，都有单一视角下的研究结论与现实运行存在矛盾的情况。其次，单一取向判断也存在有限性。以公共选择经典理论为例，税收被视为公共产品的对价，收取一定数量的税收，提供相应的公共产品，社会公众根据税收支付和公共产品受益进行投票，进而整合成集体决定。但公共产品和公共服务的组合是多样化的，税收与公共产品或服务并不是单一对应的。因此，实际上个人难以做出选择，偏好也很难整合成集体决定。

我们必须认识到由于财政的多重属性、社会主体的多元化和政策目标的多样性，财政学具有整合的必要性。不同时代关于财政的定位和财政的职能以及关注的重点各不相同，我们经历了从建设财政中的财政收支到公共财政中市场缺陷的弥补。今后，我们的目标是建立现代财政制度。财政的起点要从国家治理的角度，更多的关注公共产品和服务的供给问题、资源配置问题、公平分配问题和社会发展问题。财政的主体，要从国家出发，但要关注国家和政府之间的关系、不同层级政府之间的关系以及政府和官员的关系，服务于国家治理目标框架下政府职能的实现。在内容上，我们要把财政运行放到国家治理的框架当中，财政是国家职能或者是政府职能运转的资金保障，资金是抓手，资金也是核算的标的，但是更重要的是职能实现的基础和重要的政策工具。在评价上，不能单纯采用经济这个单一的评价指标，要把财政放在治理的框架下，提高财政和国家治理绩效，即基于社会共同需要满足程度的国家治理绩效。

财政改革演进与财政治理理论创新

◇ 辽宁省财政科学研究所　连家明

一、财政改革：70 年演进逻辑和理论适配

回顾中国 70 年的财政改革历程，似乎可以用“统、放、分、治”四个字作为逻辑线索加以概括。

一是以“统”快速治乱。新中国成立之初，战争巨创使国家陷入崩溃边缘，百废待兴，群狼环伺，计划经济体制和工业体系建设客观上需要财政“统收统支”作为基础支撑，最大限度集中资源，快速平定国内国外乱局。财政作为国家对社会产品进行分配和再分配的实质体现最为集中，也因此这一阶段“国家分配论”成为当时财政理论的主流。

二是以“放”激发活力。随着国民经济的恢复和进一步发展，计划体制的桎梏开始日益凸显，经济活力不足，客观上催生了改革开放的到来。这一阶段改革的核心是解决利益主体重塑激发活力的问题，既包括农民，也包括国有企业，还包括地方政府。财政领域就体现为“利税分流”和“分级包干”“分灶吃饭”为主要内容的各种不同形式的财政包干制。财政理论也随着计划向市场转轨而开始出现众相争鸣，思想渐趋活跃。

三是以“分”规范秩序。随着利益主体形成后积极性的快速释放，在经济迅猛发展过程中也带来经济秩序失范等问题，这种失范既体现

在政府与市场、也体现在中央与地方，如何规范财政经济秩序成为改革的重中之重。“分税制”为利益主体形成后行为失范到规范提供了极其重要的制度支撑。在社会共同需要理论基础上生发出来的公共财政理论，与规范政府行为和市场秩序的改革目标相契合，因此得到广泛认同而成为这一阶段财政基础理论的主流。

四是以“治”深化改革。中国改革模式长期实行渐进式“试点”，且更多着眼于经济领域。进入改革“深水区”后，迫切需要顶层设计，并且需要在政治、经济、社会、生态、文化等更多领域实现统筹协调发展。党的十八届三中全会以来，中央提出“国家治理体系和治理能力现代化”目标，赋予财政以国家治理基础和重要支柱地位作用，国家发展理念实现重大创新。在国家治理理念之下建设现代财政制度，就是要助力实现“摸石头过河”向“顶层设计”的跨越，推进全面深化改革。发展理念的提升和财政实践的突前，迫切需要财政学理上的支撑和引领，而目前相关财政理论还没有能够系统跟进。可以说，经济社会形势变化和国家治理理念的提出，客观上要求财政基础理论进一步创新。

二、财政治理：新语境下财政理论创新的方向

党的十八届三中全会将财政作为国家治理基础和重要支柱，赋予其如此重要的地位作用，究其原因，一方面中国经济与政治、社会、生态文明建设发展不平衡，要深入推进相关领域改革，财政因其作用遍及方方面面，是最为关键且合适的突破口；另一方面，治理领域的改革不涉及框架性改革，是在已有制度下的工具性改革，而中国现阶段恰恰需要一个相对温和、稳定而又富有成效的改革路径，对当前相关领域滞后的改革进程加以促动。

长期以来，受传统计划经济和单一制体制影响，我国权力运行单向性特征凸显，与之相适应的财政模式，更多地强调财政统制和管理，

强调政府对权力、资源和信息的垄断，政府在财政分配上往往体现为一元化决策。财政法治化、科学化滞后，影响资源配置效率、社会事业发展、公平正义维护，以及民众参与感和获得感的提升。与此同时，我国市场经济发育还不完善，市场的统一性、规范性和自由度，以及政府和政府控制下的国有经济在资源配置中的影响、作用机制都与西方成熟市场经济有显著的差别。这种情况下，全盘照搬以自由市场经济和选举政治为基础的西方财政学思想又会与现实国情相龃龉。因此，当前迫切需要寻找到适合中国国情的特色财政之路。

不同的治国理政思路，催生出不同的财税体制安排，并体现和承载了国家与纳税人、政府与社会、政府与市场等基本关系。国家治理理念的确立对财政基础理论创新提出了新的要求，特别是有两个基本的问题需要尽快回答：一是与现代国家治理体系相适应的财政制度供给应包括哪些新的内容和变化，对这些模式转换和理念更新如何进行高度的凝练和概括，并构建起更加科学、完善的理论和政策分析框架？二是与国家治理能力建设相适应，对财政的能力建设有什么新的要求，对这种被赋予了更新内涵的财政能力建设，应该使用怎样的话语体系进行分析和评估。

当前，加快国家治理体系和治理能力现代化建设已经成为我国现代化建设的重要目标。与此新型理念相适应，财政领域也迫切需要树立治理新思维，并以财政治理为突破口实现财政基础理论的创新。与传统理论相比，财政治理新话语体系能更好地适应国家治理背景下对财政的系统性理论诉求，在理念上与国家治理更加契合，内涵上更加丰富，主体和目标更加多元，通过吸纳经济学、政治学、法学和社会学等交叉学科的丰富成果，逐步摆脱经济本位主义的影响，可以为“跳出财政看财政”奠定更加深厚的思想基础，充分发挥对相关领域改革的促进作用。

财政治理是国家治理理论在财政及其相关领域的应用和延伸。在实践中，财政治理又是国家治理实践的基础和重要组成部分。构建财政治理话语体系，要重新厘清国家治理背景下政府、市场、社会、公民等多元主体的相互关系，进一步明确支持高质量发展财政角色地位和职能作用，更深入地分析公共性、法定性、财税中性、体现社会公平正义等基本的治理原则，以及财政民主化、法治化和科学化等与治国理政相呼应的财政治理目标和改革进路。此外，从制度供给角度看，还应包括财政治理体系下激励相容机制的优化和重构，以及内嵌于财政治理当中的预算管理、税收和政府间财政关系等财税体制改革的具体内容。而从财政治理能力建设看，应注重研究设计财政治理水平或者财政治理能力的评估体系，对国家和地方政府的财政治理能力进行指标体系设计和量化实证分析，寻求建立一种可持续的、科学的、直观的财政治理观察路径，为提高财政治理能力乃至国家治理能力提供有益的支撑。

三、激励相容：当前财政治理理论研究的一个重要关切

财政治理体系建设过程中，多主体、多向度特征将更加显著，由此导致相容性问题必然更加凸显和迫切。因此，当前开展财政治理理论研究，特别应将相关领域的激励相容作为一个重要关切。

1. 跨学科研究的激励相容。财政是经济学、政治学、社会学、法学、管理学、生态学等诸多领域的交叉学科，推动财政基础理论创新，形成多学科融合发展，应鼓励就财政治理问题开展不同学科领域之间的交流碰撞。

2. 政府与市场的激励相容。财政如何寻找更合理有效的协同作用机制，助力政府与市场形成更好地激励相容，都应成为未来财政治理理论研究的重要内容。

3. 横向纵向条块间的激励相容。财政作为国家治理重要基础和支柱，从助力提升国家治理能力角度，加强与政府其他部门之间的激励相容机制建设，对于理顺部门关系，形成协同作战的良好局面，都具

有重要的理论和现实意义。

4. 过程导向和结果导向之间的激励相容。提高财政治理能力，一个重要的关键是要建立起过程导向和结果导向的激励相容，研究如何通过有效的参与和互动，激励和约束，保证管理效率，同时保证最终面向受众的基本公共服务的有效供给。

从国家治理等维度理解央地财政事权与支出责任划分

◇ 中国财政科学研究院　石英华

政府间事权与支出责任划分改革是财政体制改革的核心环节之一，也是国家治理的重大课题。合理划分各级政府间事权和支出责任是完善国家治理的要求，是有效提供基本公共服务的前提和保障。1994 年实施的分税制和后续相关改革，初步搭建起了适应社会主义市场经济体制要求的财政体制。但是，随着我国经济社会的不断发展，财政体制运行中的一些不合理、不适应的地方日益凸现，亟待在预算和税收制度改革基础上，积极稳妥推进财政体制改革。这里谈谈从国家治理等维度对进一步完善财政事权和支出责任划分的理解。

一、中央与地方财政事权和支出责任划分改革稳妥推进

《关于推进中央与地方财政事权和支出责任划分改革的指导意见》（国发〔2016〕49 号）明确了中央与地方财政事权和支出责任划分改革的总体要求、划分原则、主要内容和实施安排等，提出中央与地方财政事权和支出责任划分遵循分阶段、分领域、分步骤推进的改革思路。《基本公共服务领域中央与地方共同财政事权和支出责任划分改革方案》对 8 类 18 项共同财政事权事项范围、支出基础标准、支出责任

及分担方式等予以明确。《关于建立健全基本公共服务标准体系的指导意见》明确了建立健全基本公共服务标准体系的总体目标，重点任务及措施。此后，分领域财政事权和支出责任划分改革有序推进。如《医疗卫生领域中央与地方财政事权和支出责任划分改革方案》明确从公共卫生、医疗保障、计划生育、能力建设四个方面划分医疗卫生领域中央与地方财政事权和支出责任。地方各省市结合实际情况陆续出台了改革方案。如湖南省2017年出台了水利财政事权与支出责任划分办法，各地出台省对下的共同事权划分改革实施方案，出台医疗卫生等领域财政事权和支出责任划分改革实施方案。

从改革进程看，中央与地方财政事权和支出责任划分改革稳步推进，总体遵循由易到难、分步实施的路径。现实中，中央与地方政府之间存在大量的共同事权，每项共同事权及支出责任可能涉及多个层级政府，清晰界定不同层级政府的事权边界难度很大。

二、完善财政事权与支出责任划分改革的五个维度

中央与地方财政事权和支出责任划分改革是一项系统工程，涉及各层级政府间、部门间的利益调整，其实施难度很大。但这项改革又是整个财政体制改革深化的前提和基础，积极稳妥推进中央与地方财政事权和支出责任划分改革，可从五个维度展开。

（一）完善国家治理的维度

财政是国家治理的基础和重要支柱，政府间财政关系是国家治理架构的重要内容，而中央与地方财政事权和支出责任划分改革是建立科学规范政府间关系的核心内容，因而也是完善国家治理结构的一项基础性工程。党的十九大报告作出“中国特色社会主义进入了新时代”的判断，实施中央与地方财政事权和支出责任划分改革，要在坚持党对一切工作的领导、以人民为中心、全面依法治国等基本方略，以及社会主义初级阶段、社会主要矛盾变化、中央统一领导、地方组织落

实的管理架构等国情背景下科学论证，稳妥推进。中央与地方财政事权和支出责任划分改革是新时代中国特色社会主义时期完善国家治理结构的制度安排，中央与地方财政事权和支出责任划分改革要从有利于实现国家治理能力和治理体系现代化出发，要有利于调动中央地方两个积极性，在国家治理现代化的顶层设计下构建权责清晰、财力协调、区域均衡的事权与支出责任划分格局。

（二）注重宏观绩效的维度

一是要有利于高质量发展。当前，我国已转向追求质量的发展阶段。财政体制改革要为高质量发展提供更完备、更管用的制度体系。中央与地方财政事权和支出责任划分改革要有利于高质量发展，紧扣我国社会主要矛盾变化，按照高质量发展的要求，坚持新发展理念、完善事权与支出责任划分，建立中央与地方政府之间、部门之间合理的讲求宏观绩效的事权与支出责任划分格局，有利于发挥市场的决定性作用和更好发挥政府作用。二是兼顾效率与风险。传统的事权划分强调效率，坚持外部性、信息不对称、激励相容等原则，从宏观绩效层面考虑，应兼顾效率与风险。在效率维度中加入风险考量，要有利于实现公共风险最小化。中央与地方财政事权和支出责任划分改革要考虑不同层级政府的风险防控能力、承受能力和分担能力，要有利于风险管理。如生态环境治理领域，适宜上一级承担的事权应上收，由上一级政府承担事权与支出责任，委托事权应通过转移支付予以保障。

（三）财政地理维度

围绕新的历史条件下的发展不平衡不充分问题，突破传统的自然地理、经济地理的概念，考虑经济社会发展、城镇化演进、人口流动等因素，从基本公共服务需求出发，评估分析各级各地的财力状况，更多地从财政地理维度测度基本公共服务的需求与供给，分类分档划分共同事权与支出责任分担比例。2019 年开始实施的基本公共服务领域中央与地方共同事权与支出责任划分改革实施方案已有突破，将全国各省市划分为五档，根据各档次的实际情况确定基本公共服务支出责任分担比例和标准，并根据经济社会发展进行动态调整。改革方案为省以下共同事权和支出责任划分提供了参照，也为未来财政转移支付按照区域财力状况分配打下了基础，有利于建立权责清晰、财力协调、区域均衡的中央和地方财政关系。

（四）系统实施的维度

财政体制改革的逻辑路径是事权划分—支出责任划分—收入划分—转移支付制度完善。作为进一步深化财政体制的核心内容，中央与地方事权与支出责任划分改革应坚持系统思维。事权与支出责任划分改革应放在体制改革的总体中通盘考虑。可在基本公共服务领域的共同事权和支持责任划分、分领域的事权与支出责任划分方案基础上，减少并规范共同事权，明晰共同事权和支出责任划分。及时研究与之有机衔接的政府间收入划分及转移支付改革，评估改革间的相互影响。

（五）法治维度

党的十八届四中全会提出，要“推进各级政府事权规范化、法律化，完善不同层级政府特别是中央和地方政府事权法律制度”。党的十九大提出，坚持全面依法治国是新时代坚持和发展中国特色社会主义的基本方略之一。实现中央与地方财政事权法制化，是建设社会主义法治国家的重要组成部分。随着各领域财政事权与支出责任划分改革的逐步推进，应及时总结改革的成功实践，把实践证明行之有效的制度上升为法律，循序渐进，实现中央与地方财政事权法制化。

财政是强国、利民和参与构建人类命运共同体的财力运用

◇ 中国人民解放军北京军区　余爱水

一、财政是强国、利民和参与构建人类命运共同体的财力运用

财政的定义应当是这样的，财政是强国、利民和参与构建人类命运共同体的财力运用。首先是强国、利民。强国和利民是一致的。中国的财政一定要特别突出“中国特色”四个字，不能和西方一样，因为我们正在塑造中国模式、中国方案和中国方向。中国财政应当为世界作出更大的贡献，成为世界的样板。所以，财政的功能、性质、本质和作用中，一定要充分体现强国利民、中国特色。利民体现了社会主义制度最本质的特征，即全心全意为人民服务。其次是参与构建人类命运共同体，中国财政绝不能排除参与全球治理的功能。财力运用，主要是对应以上两大功能的运用。运和用是两个方面，收就是运，债也是运；用，主要是支出，是财政支出的结构与方式。以上讲的，是财政本质问题。

二、财政的主要功能是政权巩固、国防强大、发展持续、民生改善、人才倍增、社会稳定、祖国统一、国际合作

财政有非常多的功能，我觉得应该梳理为：政权巩固、国防强大、

发展持续、民生改善、人才倍增、社会稳定、祖国统一、国际合作。财政的功能要聚焦到这些方面，也只有财政能够做到这些。因此，引发出一个问题，即财政的定位怎么定？目前我们对财政的定位是，财政是国家治理的基础和重要支柱。“国家治理”这个词是否已经涵盖了财政的全部功能、价值和作用？这还有待于讨论。“治理”包不包括建设？如果财政应该包括建设，而“治理”又没有包括建设，那么讲“治理”是不够的。财政是国家治理的基础和重要支柱，这个表述并不严谨，基础前面要加上“重要”两个字。因为它不是全部的基础，国家治理还有组织基础、政治基础、文化基础等。因此，还要加上“重要”两个字，即，财政是国家治理的重要基础。进一步探讨可以发现，讲“重要支撑”也是不够的，“重要支撑”四个字分量不够。财政对国家治理和建设具有一定的决定性作用。这个一定，不是小一定，是个大一定。财政决定着国家的兴亡。中国清代包括现在世界上其他国家，都是因为财政理论和财力的运用出了问题而导致国家的衰败和消亡。我们对财政的功能、价值的认识，要大胆的拓展、创新和深化，突破传统的视野、传统的观念、传统的理论。财政从经济学当中独立出来成为一个大科学，甚至成为高于经济学的科学，迫在眉睫。财政还有一个功能，就是人才的培养，财政一定要保证人才的倍增。

三、中华民族伟大复兴的三大指标：祖国统一、不受欺负、实力第一，都需要财政来完成

其实，贸易的竞争、摩擦是最表面的，中间的意图是使中国的制造业长期地、持久地停留在中低端生产，更深的目的是针对国防，针对国防就是针对中国的命根子，只要打住了中国的国防，我们就不可能实现中华民族伟大复兴。我认为，中华民族伟大复兴的三大指标，第一是祖国统一，第二是不受欺负，第三是实力第一。这三大指标都需要财政来完成。祖国统一之日就是中华民族伟大复兴之时；不受欺

负，像孟晚舟这样的事件就是受欺负，今后不再发生。实力第一，是经济实力和其他硬实力第一。为什么没有把“实力第一”放在第一条呢？因为1840年我们占全球经济总量28%，在这种情况下，英国人用40多条船、4000多人就把我们打败了，长驱直入，从广东登陆一直打到天津，中国最后的衰落，一直到后来的科技落后，都是从那个时候开始的。所以说，清政府的失败是对财力运用的失败。这是最深刻的教训。

国家治理与税制改革

减税降费与财政可持续性：一个分析矩阵

◇ 中国财政科学研究院　张学诞　李　娜

一、引言

财政可持续性的概念在20世纪20年代最早被凯恩斯提出，他认为当一国的契约责任超出财政收入限定的比例时财政则缺乏可持续性。Bird（2003）给出的财政可持续性的定义是指政府的收入可以满足公共支出的水平，而财政赤字率和债务率可以成为财政是否可持续的标准。如《马斯特里赫特条约》预算赤字的标准是不超过国内生产总值的3%，公共债务水平不超过GDP的60%，我国也设定了与该条约相同的数字指标。硬性的数字标准刻画了维持财政可持续性的两条基本红线，在影响财政赤字率和债务率的因素中，不仅有经济周期性波动也有一些不规则要素。积极财政政策下，会有赤字率增长的情况，在GDP和"政绩"等因素作用下，存在地方政府长期积累形成了庞大的"隐性"债务。仅仅用赤字率和债务率两个数据衡量，不能系统反映我国财政可持续性包含内容的"全景图"，需要建立适合中国实际的财政可持续性分析框架。

无论是财政收入和财政支出，还是赤字率、债务率等指标，单个年份的量化数据也不能反映出发展变化的趋势，有学者（白彦峰，姜哲；2019）从财政动态平衡的角度衡量了财政可持续性，认为财政动态平衡是财政可持续的必要条件，若预期未来政府盈余的现值不小于现阶段的债务水平，则意味着财政动态平衡。这种趋势研究方式值得借鉴，然而，财政动态平衡的中关于收支总量研究似乎不能观测到财政收支结构的变迁以及地方财政可持续性。有学者认为减税降费造成财政收支压力的关键在于分级财政体制下各级财政收入来源构成差异，从"减税降费"对财政支出压力的影响，不仅要看各级"减税降费"总量规模的差异，还要关注"减税降费"对各级总收入的结构性影响。

从"财政三元悖论"的角度来看，减税、控制债务与赤字水平、增加财政支出不可能同时发生，基于此理论，冯俏彬分析了我国"减税降费"与财政可持续性之间的关系，认为我国2019年的大减税得到减支、增债的助力，近期财政可持续性稳定。实际上，"减税"与"减收"是两个不同的概念，减税等于减收是"财政不可能三角形"的必要条件，"减税"是政府进行经济调节实施的主观能动政策，"减收"意味着收入的减少，通常是政策或经济现实带来的结果。应该说，持续"减税降费"下，减税、减收与减支三者之间的联系与矛盾并存，短期内的减税政策很直观地带来税收收入的减少，财政支出的持续性和惯性使其有一定的"棘轮效应"，出现了减税导致的收入减少与支出刚性之间的矛盾。这种分析似乎忽视"拉弗曲线"的左侧，"可持续性"的分析明确了减税与财政可持续性之间是非静态和非离散的，这种分析应是一个动态、连续的过程。"减税"与"减收"之间存在一个"经济增长"的关键变量，减税情况下减收与增收都有可能发生。

目前，中国的经济发展整体水平仍然处于低区间，高税收负担与经济增长之间的抑制效应得到证实。减税在短期内虽有可能导致财政收入的下降，长期来看，减税有利于经济增长从而正向影响税收收入增长。这里引出一个减税与财政可持续性的关键问题就是，减税是否造成了减收以及减收维持的时间，减税政策的经济效用并不是一蹴而就的，而是一个发酵的过程，发酵的速度也有赖于经济和社会背景，一年或两年的减收并不一定意味着财政不可持续。赤字率和债务率受到经济因素的广泛影响，财政可持续性的动态分析不能通过“两条红线”实现，尤其是对应灵活的分析中长期财政的可持续性。

“更大规模减税降费”背景下，减税、减收与财政可持续的关系十分值得关注。眼前减税降费的重要目的是缓解经济增长下行的压力，减税对财政收入的拉动的方向也要两个，不能脱离减税对经济增长的拉动效应分析财政收入。既要溢出当下收支缺口的数字分析的范畴，也要转变仅从财政收入和支出两条线衡量财政可持续性的方式。关注财政可持续性的初衷既是防止出现财政不可持续的状况，防范不可持续的风险。可以将对财政的可持续性分析转为对未来财政不可持续的风险管理，建立周期性的财政可持续动态分析机制。

二、财政可持续性的内涵

（一）财政可持续性与财政风险

已有关于财政可持续性的研究表现为政府的债务清偿、财政动态平衡和财政风险等方面，很多学者展开了开创性且富有意义的研究，从债务率、财政收支平衡视角上的财政可持续性研究存在单一性，无法全面估量财政可持续状况。本文仍然从财政收支角度看待财政可持续性问题，除了收入与支出量的变化之外，还关注收支结构变迁以及债务负担及偿还的能力的变化，因为政府债务是财政可持续下的未来确定性支出，债务可持续性是财政可持续性的必要条件。为了将本文研究的概念表示清楚，仍需要为财政可持续性界定一个可行分析内容和范围。

本文对财政可持续的定义为，一定时期内，政府的收入足以满足公共支出，且包含债务的清偿。此种概念的界定的原因在于：一是对财政可持续性的研究需要划定一个时间区间，如果不给财政可持续性一个实践区间规划，无限期的循环意味着风险的无限累加，这就模糊了目的导向，结合过去和当下的财政状况对未来一定时期内的财政可持续性趋势作出推断，很明显这是复杂但有意义的；二是需要划分出财政可持续性所包含的财政结构范畴，财政可持续性并不是一个无所不包的百宝箱，将其内涵限定在确切的范围内显然更清晰和更有逻辑。

财政风险的定义更为广泛，狭义的财政风险官方定义认为，财政风险是指在财政发展过程中，由于某些经济社会因素的影响，给财政运行造成波动和混乱的可能性，集中表现为巨额财政赤字和债务危机。刘尚希2004年对财政风险的定义是指政府拥有的公共资源不足以履行其应承担的支出责任和义务，以至于经济、社会的稳定与发展受到损害的一种可能性，表现形式包含赤字不可持续、债务不可持续和财政不可持续，政府不能通过扩张赤字、债务与征税的来维持或者扩大支出。

上述关于财政风险的两种定义都强调了对财政系统产生损害的“可能性”或“不确定性”，如果将财政风险简单区分，可分为内生风险和外生风险，财政可持续性的风险应该属于财政内生性风险，是财政系统内财政收入与支出关系不可持续的体现。财政可持续性风险虽然是财政内生性风险一个方面，并不代表财政持续性的影响因素是财政系统内生的，财政收入与支出既有赖于财政制度设计也受到经济发展的影响，是多种因素综合作用的结果。

（二）风险管理视角的财政可持续性分析

基于财政可持续性作为财政风险管理的一个方面，我们需要将对财政可持续性的分析作为面向未来的分析。从财政不可持续性的角度理解财政可持续性，研究财政可持续性的目的是为了预防财政出现不可持续的状况，管理财政不可持续的风险。因此，对财政可持续性的管理重点在建立预警机制和风险防控机制上，既利用相关指标或者判别规则对当前财政可持续性状况及其未来发展趋势进行评估，防止出现财政不可持续的状况。

风险管理视角下的财政可持续性分析，应是问题导向和目标导向的结合。影响财政可持续性的因素是多方面的，社会和经济基础性因素、发展性因素和结构性因素等。问题导向是对财政可持续性风险的防控管理，在一定时期内的制度框架内通过可以观测或预测的影响因素，判断当下以及未来是否存在财政不可持续的风险，或风险发展的趋势是累加型还是递减型。发现问题并不是重点，目标导向进一步引导我们对可能加剧风险的因素进行分析，找出导致财政可持续性风险的因素，找准问题点，基于风险变化的形式进行管理。

三、财政可持续性评估的基本架构

OECD 的研究（Blanchard，1990）认为，对一国财政可持续性的评估应是前瞻性评估。或许可以从历史以及其他国家财政发展历程中发现一些问题和经验，历史具有相似性也具有特殊性，对当前我国财政可持续性的把握，需要结合我国经济发展、财政体制现状进行考察。风险管理视角下的财政可持续性分析要求从结合现状对未来可能面临的不确定进行分析管理，本文认为全面认识当前减税降费与财政可持续性之间的问题，有三个方面的重要因素，我国财政收支与经济的当前状态、发展趋势和地方财政可持续性的结构差异，三个主要因素划分为总体约束矩阵内的不同组成部分，分为初始约束要素、趋势要素和结构要素。

（一）周期选择

经济学中根据生产要素能否被完全调整的原则划分了短期与长期，这种周期划分的分析应用到财政周期分析上似乎并不是完美的搭配。目前，我国实施中期财政规划管理，要求财政部门会同各部门编制三年滚动财政规划，随着统计数据的精细化和方法的演进，对财政可持续性评估和预测也可以深入到中观维度，“三年滚动”机制的好处包括：一是对未来三年的经济发展状况的预测与长期相比置信水平更高；二是滚动机制使得每年可以根据情况变化对规划进行修订。

经济存在周期性的波动，财政政策收入侧和支出侧的周期性也被学术界广泛讨论。减税作为积极财政政策可能会导致财政赤字和债务规模的扩张，进而影响财政可持续性。减税对财政可持续性的长期影响关键在于减税的经济效应，经济效应下的增收大于减税，这种增量则有助于保持财政收支平衡，长期来看政策效果显现的时间也随着经济周期波动。

对财政可持续性的分析应与我国中期财政规划相协同，同时关注长期的分析。对中期和长期的财政可持续性分析可以通过构建一个可循环修正的机制，本周期内应关注该周期内的财政可持续性以及对下一滚动周期政策的调整修正。中期的财政可持续性分析意义在于灵活管理和指导实践，其评估分析基于财政收入与支出的存量、财政结构的调整。长期的财政可持续性分析则是指导性、目标性的，注重财政综合平衡，其评估分析主要从增量和动态的角度综合分析长期趋势。

（二）财政可持续性分析矩阵（见表1）

1. 初始要素约束。

基于本文对财政可持续性的定义，对中期和长期财政可持续性分析首先需要对现有财政收支状况与债务存量进行整理。短期内大规模的减税降费容易形成财政收支缺口，缺口率更能体现出财政支出缺口与经济发展水平之间的关系，财政收支平衡缺口率则是由财政收支平衡缺口除以地区生产总值计算得到；历史经验上已有国家因债务破产给了我们一个预警，确切的债务存量评估是必要的，债务负担率是大家关于财政是否可持续主要担心的问题，实际债务负担率的变化由债务率、实际利率、GDP 增长率和基本赤字率共同决定，初始要素中债务负担率的实际债务负担率，可以准确看到债务负担率的变化与经济周期、赤字规模之间的关系，为滚动式的财政可持续性规划提供支持；

以往年度趴在账上的存量资金因收支时间的错配导致了资金沉淀，对整体财政收支状况的衡量也应包含这部分。

2. 趋势要素约束。

税收政策可以有效促进经济复苏和长期经济增长（Arnold et al.，2009）。传统凯恩斯主义观点认为，税收的乘数效应是负的，即增加税收导致总产出的减少。此后不同研究者对各国此问题的研究结果虽有不同，但税收负担对经济增长的影响都分布在不显著到有较大负面影响之间。Gareth（1995）通过检查美国历史记录并考虑了大量其他国家的税收与增长的证据，认为一项重大的税制改革会对经济增长率影响0.2—0.3个百分点，但长期的积累作用会对经济产生较大影响。郭庆旺（2004）等通过实证研究发现中国税收收入的增长对经济增长有负向效用，这种影响在地区之间存在明显差异，中西部地区的税收增长对经济增长的影响大于东部地区。国内外的理论与实践验证减税对经济增长的促进作用，因此分析财政可持续性，无论是中期和长期内的趋势约束，都需考虑到减税降费对经济增长的拉动，即经济效应对财政收入增长的影响。考虑到我国财政体制的“路径依赖”特征对未来财政可持续性的影响，如进一步减税带来的收入下降、税收征管的进步对税收收入增长的拉动等。

马费奥·潘塔莱奥尼（1883）认为国家不仅是消费主体，支出产生的社会效益表明国家也是生产的主体。作为消费主体，财政支出越少越好，作为生产主体则需要全面衡量公共支出的边际效益与税收的边际牺牲，即在既定税收约束下如何运用支出手段促进效益最大化。税收收入减少时，最经常想到的办法是“开源节流”的协同，然而，瓦格纳提出“公共活动支出不断膨胀”的定律在经验上得到了验证，不可否认节约是一种谨慎有效的做法，但不应该成为国家公共事务中的主导原则。与节约相比，提高财政支出效益既是有利于长期财政可持续性的举措，也是一种变相的节约方式。效益财政战略要求把效益作为财政活动的出发点和归宿，在经济下行和财政吃紧时期，财政支出更需考虑支出的边际效用与收入的边际牺牲之间的关系。在财政收入增长率地区间徘徊时期，尽可能“节约”支出固然重要，节约之外，更应该注重财政支出的效益评价，实现效益最大化和长期财政可持续性。

3. 结构要素约束。

政策具有特殊性和独立性，但政策效果的反馈具有综合性和延时性，可行的评估机制既要关注趋势变动，也要关注结构的发展变化。财政可持续性强的财政框架，由公共机构和地方政府共同组成，地方财政可持续性与全国财政可持续性之间的关系是局部平衡与总体平衡的关系，一方面总体持续性制约着局部可持续性；另一方面总体可持续性需通过局部可持续性实现。分税制下构建财政可持续性的分析体系既要考虑到全国的财政状况也要关注地方，“委托—代理”关系下，地方政府作为代理人要执行中央对地方的各项政策，同时也要独立地维护地方的安全，为地方公众提供公共物品和服务等。由于政府间规范的财权事权关系并未形成，“财权上移、事权下移”造成地方政府收不抵支，基层政府债务负担重等。纵向财力失衡给地方政府带来不小的财政压力，地方政府在财政支出的刚性需求下，面临“主体税种缺失”和“偿还债务”双重压力，可能会导致地方政府寻求其他财源或中央财政兜底的现象。

“减税降费”落地生根的关键在于地方，地方的财政可持续性也是总体财政可持续的关键。在结构约束里我们考察地方财政可持续性对总体财政可持续性的结构性影响，包括地方财政收支缺口率、转移支付依存度和地方财政支出效益评价。要达到总体的财政可持续性，需要分析各级财政主体对外部资源的依赖状态，转移支付部分与地方自有财政收入相比稳定性较弱，转移支付依存度用于反映地方政府可利用的财力对转移支付的依赖程度，用于衡量地方财政可持续性的不稳定因素。

表 1 财政可持续性的约束矩阵

	中期	长期
初始要素	1. 财政收支缺口率 2. 债务负担率 3. 存量资金	1. 财政收支缺口 2. 债务负担率的增长 3. 存量资金
趋势要素	1. 中期经济增长率对财政收入的拉动 2. 中期政策趋势 3. 中期财政支出效益的变动趋势	1. 长期经济增长率对财政收入的拉动 2. 长期财政支出效益提升
结构要素	1. 地方财政收支缺口率 2. 转移支付依存度 3. 中期地方财政支出效益的变动趋势	1. 地方财政收支缺口率 2. 转移支付依存度 3. 长期财政支出效益提升

（三）约束方程

基于上文对财政可持续性约束矩阵的论述，本文借鉴 Blanchard（1990）的模型，结合不同要素项目，构建一个基本的财政可持续性约束方程。方程中 G 表示财政支出，C 表示存量资金，T 表示财政收入，P 表示转移支付收入，B 表示全口径的政府债务，i 表示债务利率，a 地区 s 时期的债务可以表示为：

$$B_{a,s} = G + C + P - T + iB \tag{1}$$

$$B_{a,s} = G + C - T + iB \tag{2}$$

其中，式（1）中包含转移支付项，式（2）中不含转移支付项目，用于比较地方政府在有中央政府支持和自有财力对地区财政可持续性的影响。将（$G + P + C - T$）和（$G + C - T$）部分归为含转移支付项目基本赤字 z_1 和不含转移支付的基本赤字 z_2 并利用价格指数对式（1）和式（2）平减，得到实际值。通过调整，得到式（3）和式（4），其中 z_1 和 z_2 表示包含转移支付和不含转移支付的基本赤字率，b 为债务率，r 为实际利率，y 表示 GDP 增长率，a 地区 s 时期的实际总体债务负担率为：

$$b_{a,s}=z_1+(r-y)b \tag{3}$$

$$b_{a,s}=z_2+(r-y)b \tag{4}$$

当实行减税政策时，将债务负担率的初始值赋值为 b_o，d_s 表示当前减税政策下税收收入所减少可能导致赤字率变动的密度函数，无论是中期还是长期的财政收入都要考虑到减税的经济效用对财政收入的影响，根据“公共支出不断扩大定律”，公共支出增长率与GDP增长率有共同的趋势，财政支出效益的改善对未来财政支出的节约有正向的效用，f_s 表示未来财政收入的增加和财政支出效益改善的影响之和，第 n 期的债务负担率为：

$$b_n = b_0exp(r-y)n+\int_0^n d_sexp(r-y)(n-s)ds+\int_0^n f_sexp(r-y)(n-s)ds \tag{5}$$

当 n 趋近与无穷时，

$$\lim_{n\to\infty} b_nexp[-(r-y)n]=0 \tag{6}$$

化解后得到：

$$\int_0^n (d_s+f_s)exp[-(r-y)s]dsb_n=-b_0 \tag{7}$$

式（7）即是得出的财政可持续性方程式，对式（7）的左边解释为，为了维持财政可持续性，减税效应下直接带来收入减少、经济效应下和财政支出效益改善下的政府收入增加总的影响效用的折现；对式（7）的右边解释为初始总体负债率的负值。式（7）表示的关系即是未来一定时期多种要素对财政收支的总体效应能够偿还当前总体负债，即本文对财政可持续性的定义，一定时期内，政府的收入足以满足公共支出，且包含债务的清偿。对于我国地方政府来说，通过调整加入转移支付项可以得到地方转移支付依存度对地方财政可持续的影响，比较分析地方政府自有财力的财政可持续性。

四、结语

结合已有的研究，本文建立了一个财政可持续性分析框架，从防范风险出发，发现财政可持续性约束矩阵可以把初始要素约束、趋势要素约束和结构要素约束放在一个框架内讨论，全面把握减税降费对财政可持续性可能造成冲击的因素。对政策将要产生的影响的分析是如此之难，有关财政可持续性的讨论一直在进行，理论框架分析仅仅是一个起点，规范分析有助于我们理清思路，有益于思考各种可能影响的因素并继续进行分析讨论。只有充分了解我国财政收支和经济现状、结构以及他们未来发展的趋势，我们才能更有效地面对未来。判断未来一定时期内财政可持续性的风险及风险点，结构内部的每一个层次都需要规范分析与实证分析的结合，更有力地说明因果关系及相关关系，下一步的探索不仅要丰富理论内涵及框架，也有利用实证分析的方法进行验证，以得出更加有意义的结论。

推进货物劳务税改革，助力扩大居民消费需求

◇ 中央财经大学　樊　勇

稳定和扩大消费是当前我国政府最重要的宏观经济目标之一，如何进一步通过财税政策实现和巩固这一政策目标被财税理论研究和政策制定部门所关注。据相关报告数据披露：2019 年减税降费政策对于扩大消费成效明显，全年累计减税降费 2.36 万亿元，拉动当期 GDP 增长 0.8 个百分点，拉动社会消费品零售总额增长 0.87 个百分点，拉动社会消费品零售总额增加 3308 亿元，减税降费对社会消费品零售总额的贡献度为 14.02%。以下仅从货物劳务税改革角度谈谈促进居民消费的问题，实质上是如何通过推进货物劳务税改革来进一步理顺货物劳务税与商品价格的关系，让货物劳务税减税效果能更多反映价格水平下降，以助力扩大居民消费需求的宏观政策目标。

理论上看，影响居民消费的因素比较多，但都可以根据需求侧和供给侧两大因素，消费总量最终取决于供求和供给的平衡，当然影响消费需求和消费供给的因素就比较多了，如经济发展水平、收入水平、物价水平、消费心理、消费文化等。如果从事物普遍联系的观点看，税收政策都可能对上述因素产生影响，进而影响消费。但从主要联系来看，税收影响主要是通过影响收入水平和物价水平来直接影响消费，

前者是通过所得税（包括财产税）体系影响居民可支配水平来影响居民消费能力，进而影响居民消费有效需求，后者是主要通过货物劳务税（消费税）影响居民最终消费的商品（包括服务）的价格水平，进而影响居民最终消费的有效供给。在实践中，政府目标通过两类政策体系来实施同向调节，以实现对扩大还是抑制消费的宏观政策目标。

从国内外政治、经济发展形式来看，居民可支配收入水平持续增长在短时间内可能出现乏力，甚至短时间内出现负增长的概率较大，如今年一季度，全国居民人均可支配收入同比名义增长 0.8%，扣除价格因素，实际下降 3.9%。受多种因素的影响，我国总体物价水平处于上涨阶段，如 2020 年 4 月份，全国居民消费价格同比上涨 3.3%。1—4 月平均，全国居民消费价格比上年同期上涨 4.5%。另一方面，在积极财政政策应更加积极和提高直接税比重、降低间接税比重的税制结构优化方向进一步确认的背景下，作为我国主体税类的货物劳务税减税空间相对更大。因此，作为最终消费价格的组成部分，通过推进以增值税为主，消费税和关税相配合的货物劳务税改革，来助力扩大消费需求就显得必要和更为可行。

受疫情影响，短期内，世界各国居民实际收入会呈下降趋势，商品价格呈上升趋势。这说明，在我国稳住疫情、复工复产阶段，通过货劳税改革，刺激消费、扩大内需、助力经济发展是十分必要的。

货物劳务税的征收会对商品最终价格产生实际影响。理论上，以增值税为代表的货劳税可以通过税负转嫁影响最终产品的价格。以普遍征收的增值税为例：增值税对最终产品价格的影响受到税率水平、产品增加值和税负转嫁情况三者的综合作用，其中，增值税对最终产品价格的影响方向取决于税负转嫁情况，对最终产品价格的影响程度取决于税率水平、税负转嫁程度和产品增加值。

在税负前转时，增值税和最终产品价格同方向变动，增值税税率降低时，最终产品价格降低（税率提高时，恰好相反）；在税负后转时，如果企业愿意让渡转嫁税负获得的收益，增值税和最终产品价格反方向变动，增值税税率降低时，最终产品价格升高（税率提高时，恰好相反）；税负混转时，增值税与最终产品价格的关系取决于税负向前转嫁更多还是向后转嫁更多。税负转嫁方向和转嫁程度相同时，税率下调幅度越大，最终产品价格下降幅度越大。

理论上说，如果企业将增值税向前转嫁，增值税的减税的力度是可以通过最终产品价格反映出来的。而如果企业将增值税向后转嫁和混转时，由于这涉及企业是否愿意让渡税负转嫁获得的收益和企业税负前转和后转程度，所以增值税的减税的力度很难通过最终产品价格反映出来的。

实证上，利用我国2017年的投入产出表模拟2019年增值税税率改革对总体价格水平变动的可能影响。结果显示，在2019年增值税税率制度下，当税负完全向后转嫁时，增值税税率变动对于总体价格水平变动的贡献度是50.93%；当税负完全向前转嫁时，税率变动对总体价格水平变动的贡献度是-42%。

消费税是价内税，企业将税负通过价格转嫁给消费者，影响消费成本。从消费税后移征收环节并稳步下划地方的趋势来说，消费税与居民消费的联系更加紧密。这样消费税与居民更加息息相关，通过消费税减税扩大消费就更加重要。

我国消费税主要是对三类消费品征税，体现寓禁于征：一是不利于健康的消费品，如烟、酒；二是不利于资源环境保护的消费品，如成品油、小汽车、摩托车、鞭炮、焰火、木制一次性筷子、实木地板、电池与涂料。三是高档奢侈品，如高档化妆品、贵重首饰及珠宝玉石、高尔夫球及球具、高档手表与游艇；当前刺激消费扩大内需，鼓励的理应是可持续的绿色消费，与居民收入相符合的合理消费，当然不包括高耗能、高污染和有害健康的消费。因此，我们可以对前两类商品继续寓禁于征，对后一类商品应适当降低税率，刺激居民消费需求和消费意愿。

我国的消费税税收收入逐年增加，存在减税空间。2019年消费税收入为12561.52万元，较2018年上涨18.15%，占同期剔除消费税的社会消费品零售总额3.15%，较2018年上涨0.28个百分点。可以看出，我国消费税收入涨幅较大，在社会消费品零售总额中所占比例有所回升，因此，存在一定的减税空间。

关税方面，2018年7月1日对1449个税目的日用消费税降税，将直接使消费者受益。2018年11月1日开始，我国降低部分商品的最惠国税率，关税总水平由原先的9.8%降到7.5%，降税产品集中于工业品等商品，包括纺织品、石材、陶瓷、玻璃制品、部分钢铁及贱金属制品、机电设备及零部件、资源性商品及初级加工品，总共涉及1585个税目。工业品的降税，降低国内企业的生产成本，提高国内企业的供给能力和水平，间接改善国内产品的性价比，进而刺激了生产与消费。自2019年4月9日起，对进境物品进口税（也称行邮税）进行调整。将进境物品进口税税目1、2的税率分别调降为13%、20%。此次调整后，包括药品、刊物、教育用影视资料、计算机以及家具、玩具、游戏品等进口税税率降至13%，运动用品（不含高尔夫球及球具）、钓鱼用品；纺织品及其制成品、电视摄像机及其他电器用具、自行车等税率降至20%。直接对国内消费者个人产生影响，具有扩大进口、拉动消费的作用，同时也提高了人们的生活水平，改善民生。

降低货物劳务税会降低商品价格，但在制度上设计上还存在一些不足，导致传导机制不畅，甚至出现“逆向”调节的现象。

从中间环节来看，增值税减税效果被一部分中间环节变成利润。理论上说，增值税减税是可以通过税负向前转嫁，反映在最终产品价格上的。实际上，在这些中间环节中，货劳税减税降低了企业的经营成本，但企业将通过减税获得的收益留在企业内部，而没有降低商品价格惠及消费者，甚至借机上调价格，出现税费降低，但商品价格提高的“逆向”调节现象。消费税、关税也会产生类似问题。

从最终消费环节看，我国的货劳税尤其是增值税在中间环节是价外税，在最终消费环节则变成价内税。消费者购买商品的零售价中包含了该商品承担的货劳税，税收隐藏在价格当中，具有一定的隐蔽性，消费者很难辨别商品的不含税价和承担的税额。这就给企业既享受减税又不降低商品售价的机会，那么通过货劳税减税，降低产品价格，扩大消费也很难实现。因此，尽管我国货劳税减税降费力度较大，但居民的获得感并不强。

随着经济发展，当前居民消费水平不断提高，居民消费商品已发生很大变化。而消费税中高档消费的界定具有一定的时效性，部分列入《消费税暂行条例》的应税商品或已成为当前居民生活的必需品例如，口红已成为现代女性的日常化妆品。根据现行政策，高档化妆品是指生产（进口）环节销售（完税）价格（不含增值税）在10元/毫升（克）或15元/片（张）及以上。一支口红一般是3克，这就意味着一支出厂价为30元的口红被贴上“高档”标签而需缴15%的消费税，征税门槛较低。此外，电商和海外代购快速发展，很多奢侈品消费发生在境外。2018年，奢侈品消费73.6%发生在境外，根据海外经验，境外消费中约60%通过代购渠道实现。这说明消费者通过海外购买到价格相对国内较低的高档消费品的消费意愿和能力都很强。这会使我国的消费能力外流，所以可以降低高档消费品的消费税税率，扩大内需。

推进货物劳务税改革，助力扩大居民消费需求的政策建议：改革的方向是将货物劳务税变为最终消费税，既要减少货物劳务税对中间环节形成的负担，也要减少中间环节对货物劳务税的利用。具体措施包括：

1. 增值税。

（1）加快增值税立法。在增值税立法中明确增值税价外税的性质，理清增值税与价格的关系，确保在中间环节和最终消费环节的交易中能够实现加税分离，防止企业滥用增值税。例如，在中间环节企业与企业签订合同时，合同中的金额要对交易金额和增值税税额分别说明，而不是只给出价税合计金额。在最终消费环节，企业对消费者销售商品时，应当标明商品售价及其承担的增值税，若只标明包含增值税的零售价，就容易出现中间环节的企业将税负全部转嫁给消费者的情况。

（2）进一步落实留抵退税制度。2019 年 4 月 1 日起，我国开始全面试行增值税期末留底退税制度，此次留抵退税不再区分行业，只要增值税一般纳税人符合规定条件，都可以申请退还新增留抵税额，这标志着我国初步建立了制度性的期末留抵退税制度，在完善增值税制度、优化营商环境等方面迈出了一大步，未来还应进一步扩大留抵改退税范围，切实降低企业税负。进一步扩大留抵改退税范围，可以有效降低企业税负，防止企业过度利用增值税减税，出现企业税负降低，商品售价却高于减税之前或与减税之前持平的情况。

（3）在对食品、医疗、公共部门行业的小规模纳税人实行零税率或免税。一方面，这些行业与居民生活紧密相关，对这些行业的小规模纳税人减轻其税收负担，可使这部分纳税人通过提高售价将自己承担的增值税负转嫁给消费者，使消费者能够切实享受到减税降费的活力。另一方面，考虑到增值税的累退性及征管等因素，在这些行业实行零税率或免税政策能减轻增值税累退性，降低征管难度和征管成本。

（4）目前，我国实物商品网上零售增速继续加快。1—4 月，全国实物商品网上零售额同比增长 8.6%；实物商品网上零售额占社会消费品零售总额比重为 24.1%，比上年同期提高 5.5 个百分点。疫情防控期间，居民将部分实体店消费转向“云消费”，由此形成了“宅经济”。可见，新兴业态对消费的刺激作用十分明显。对于新兴业态，一方面需要借鉴欧盟等发达国家的经验，完善新兴业态税收制度；另一方面，要加强对电子商务商家中纳税人的识别，有针对性地采取税收优惠政策。电子商务商家很大一部分群体是个人、个体工商户、小微企业，我国针对这些纳税人已经出台了一系列税收优惠政策，对这部分已经享受到政府优惠政策的纳税人，应加强税务监管，严格实行税务登记制度，以便后续税务机关核实其经营真伪性信息及纳税动态，防止“假小微真大款”“拆整为零”的舞弊行为的存在。

2. 消费税。

(1) 适当降低高档消费品税率。随着经济的发展，居民收入的提高和消费观念的转变，化妆品、贵重首饰、珠宝玉石和高档手表等已成为居民的日常消费品。对已成为居民消费日常的应税消费品，可将其从消费税征税对象中剔除，或适当降低适用税率，使其与居民生活相适应。此外，针对“消费外溢、税基侵蚀”现象，需要适当降低奢侈品消费税税率，缩小国内外的价差，促进更多国内消费，激发更多消费愿望与潜力。

(2) 适当降低小排量汽车消费税税率，扩大汽车消费。中国汽车工业协会数据显示，4月份汽车销售量同比增长4.4%，环比增长43.5%。在我国，汽车已普遍存在于居民生活当中，且国内汽车品牌的质量和服务与进口汽车的差距也日益缩小。因此，为支持我国汽车产业发展，适当降低小排量汽车消费税税率，大排量汽车的消费税维持不变。这样既可以引导绿色消费行为，又可以扩大汽车消费，为我国扩大内需增添动力。

3. 关税。

(1) 优化关税结构，降低富有弹性的商品关税税率。例如：①“食品及饮料的制造”和“烟草的制造”为代表的消费品制造业；②最终产品无论是消费品还是资本品；③部分高档消费品、奢侈品；④纺织、服装类有比较优势的产品。尤其是降低后面两类产品的关税税率，有利于刺激海外消费回流，扩大进口规模。

(2) 适当拉开进口环节增值税的税率差。对国内短缺、采选业发展有限的稀有矿资源（锰、铬、铝、钴等），应考虑适时采取较低的进口环节增值税税率。适当降低与国内消费者生活息息相关的生活必需品（儿童服装、药品、食品等）的进口增值税税率。虽然在短期内，进口商品增值税税率的调整不太可能实现，但也应当将其作为中国进口贸易相关税收政策未来的改革方向之一。

(3) 合理调整进口征收消费税税目。考虑重新划分进口消费税品目，把包括诸如化妆品、服装等消费群体巨大的进口商品从奢侈品行列中剥离出来，根据国内外价格水平，适当下调消费税率，降低乃至取消这部分进口商品的进口环节消费税，确保中国制造产品的国内价格低于国际价格，以扩大国内市场的消费需求。

通过增值税、消费税和关税三个税种减税降费的配合协调，一方面可以降低一般性商品和服务的价格，增加全体消费者的消费能力和消费意愿；另一方面可以降低高档消费品和进口商品和服务的价格，发挥高收入阶层消费能力，防止我国居民消费能力外流。通过财税政策，促进新兴业态的快速发展，鼓励产业和消费升级，激发新需求，服务于脱贫攻坚和经济发展。

税制改革的渐进性、约束性与选择性

◇ 中国财政科学研究院　许　文

一、税制改革的渐进性

1994 年税制改革被普遍认为是新中国成立以来规模最大、范围最广、内容最深刻的一次税制改革。其后，按照不同时期经济社会发展的需要，税制也进行了多轮改革，朝着税制更为简化、公平和效率的目标在努力。总体看，相对于 1994 年税改的革命性，之后 25 年中的税制改革则呈现明显的渐进性的特点。

我国税制改革的渐进性，首先表现为现行税制尚未突破 1994 年确立的税制框架。1994 年税改构建了多税种、多环节的复合税制体系，从而奠定了我国现代税制的基本框架。在较长的一段时期内，我国基本上都是在此基础上进行税制的改革和完善。总结起来，税制以 10 年为一个周期，又经历了两轮改革。

一是 2003 年开始的新一轮税制改革。党的十六届三中全会通过的《中共中央关于完善社会主义市场经济体制若干问题的决定》提出，要按照“简税制、宽税基、低税率、严征管”的原则，分步实施税收制度改革，建立更加公平、更加科学、法制化的税收体系。按照上述要求，相继实施了取消农业税、初步统一城乡税制，基本统一内外税制的改革，对增值税、消费税、关税、个人所得税等主要税种的改革也取得一定突破。

二是2014年开始的新时期税制改革。党的十八届三中全会通过的《中共中央关于全面深化改革若干重大问题的决定》明确：推进增值税改革，适当简化税率；调整消费税征收范围、环节、税率，把高耗能、高污染产品及部分高档消费品纳入征收范围；逐步建立综合与分类相结合的个人所得税制；加快房地产税立法并适时推进改革；加快资源税改革；推动环境保护费改税。目前，除房地产税外，其他五个税种改革都基本完成。

上述两轮改革，解决了1994年税制的内外有别等遗留问题，并对部分税种进行了彻底的改革，最为突出的改革就是取消了农业税。根据表1可以看到，税制改革自1994年以来虽然从未停步，但现行税制并没有突破当时所明确的税制框架。实际上，这也与国际上包括增值税（货劳税）、所得税、财产税和资源环境税的复合型税制相一致。

表1　1994年税制与现行税制的构成内容比较

税种类别	税种内容	
	1994年税制	现行税制
流转税类	增值税、消费税、营业税、关税	增值税、消费税、关税
所得税类	企业所得税、外商投资企业和外国企业所得税、个人所得税	企业所得税、个人所得税
财产税类	房产税、城市房地产税、城镇土地使用税	房产税、城镇土地使用税、车船税
资源与环境税类	资源税	资源税、环境保护税
农业税类	农业税（含牧业税、农业特产税）	
其他税收（行为税类）	车船使用税、车船使用牌照税、船舶吨税、印花税、筵席税、土地增值税、城市维护建设税、固定资产投资方向调节税、契税、屠宰税、耕地占用税	车辆购置税、耕地占用税、船舶吨税、烟叶税、土地增值税、印花税、契税、城市维护建设税

其次，我国税制改革的渐进性还表现在部分税种改革的分步推进上。从增值税、消费税、个人所得税和环境保护税等税种的改革看，也呈现出明显的分步推进特点，部分税种的改革甚至需耗费10年以上。以我国税制的主体税种增值税为例，其在1994年正式确立后，在2004—2009年完成了由生产型增值税向消费型增值税的转型改革，2012—2016年完成了营业税改征增值税的扩围改革，目前仍处于增值税制度的进一步改革和完善中。再从个人所得税看，"实行综合和分类相结合的个人所得税制"是2003年就提出的改革目标，此项改革直到2018年个人所得税法修订后才得以实现。此外，涉及成品油消费税的燃油税费改革和涉及排污费改税的环境保护税的改革，自提出改革目标到改革完成都经历了10年多的时间。

在我国未来的新时期，与整个经济社会改革一样，税制改革也进入了"深水区"。未来的税制改革将涉及多方利益、多元关系的协调处理，部分税种的改革，如面向居民个人房产征收的房地产税等，由于税改涉及的利益面广、社会争议较大，因而至今仍难以实施和突破。

应该说，1994年税改的革命性是来自于我国经济体制改革的革命性，与建立由计划经济下的税收制度转向与社会主义市场经济体制相适应的税收制度相联系。随着经济社会的发展，其后我国的经济总量和结构都有了很大的变化，税收制度尽管会随着经济总量和经济结构的变化进行相应的改革，如根据农业在GDP中占比的逐步降低取消了农业税，根据第三产业占比的不断提高实施了"营改增"改革，但我国社会主义基本经济制度并未出现根本性的变化，因而税制的总体框架也不会出现根本性的改革。

随着互联网、大数据、云计算、物联网和人工智能等信息技术的发展，目前经济也呈现出数字化的特征，数字经济会对税制带来各方面的挑战和影响。但在数字经济没有实现对经济体制和制度的根本性变化之前，在较长的一段时间内，我国税制改革还将继续呈现出渐进性的特点。

二、税制改革的约束性

为什么要进行税制改革？根本原因是税收制度已经不适应社会经济形势发展的需要。这反映出税制改革的基本约束是经济社会发展水平。也就是说，税收决定于经济社会。经济社会发展水平决定了税制改革的方向和内容，税收制度需要实现与经济体制和制度变迁及社会发展之间的逐步匹配。

上述得出的我国税制改革渐进性的结论，就是经济社会发展逐步影响和决定税制改革过程的表现。经济社会发展的各种变化，都会对我国的税制改革产生影响，并提出相应的改革要求。我国未来税制改革的环境，在根本上是面临着“发展”问题。即“发展是解决我国一切问题的基础和关键，发展必须是科学发展，必须坚定不移贯彻创新、协调、绿色、开放、共享的发展理念”“必须始终把人民利益摆在至高无上的地位，让改革发展成果更多更公平惠及全体人民，朝着实现全体人民共同富裕不断迈进”。结合中国发展新的历史方位，即中国特色社会主义进入了新时代，税制改革必须适应和满足未来经济社会发展对税制改革的要求。

税制改革的另一个基本约束是税收征管。全面地理解税收制度，其应该包括税收收入制度和税收征管制度。前者属于税收立法，后者属于税收执法，两者相互依存，不可分离。我国和国际税制改革的经验都表明，忽视税收征管能力和水平来实施某一税种或税制改革，将注定是失败的。我国迟迟不能实施“建立综合与分类相结合的个人所得税制度”改革的原因，就是因为一定时期内的税收征管能力与水平尚难以为个税改革提供支撑和保障。同时，形式上优化的税收制度在具体征管过程中也可能因为征管而被扭曲，现实中出现的部分税收不公平的表现就是税收征管影响的结果。因此，税制改革必须处理好税制与税收征管的关系。

除上述经济社会发展和税收征管的基本约束外，现行税制改革也存在着其他方面的约束：

一是落实税收法定原则带来的影响。为实现2020年之前全面落实税收法定原则的目标，我国近期加快了税收立法进程，目前已完成企业所得税、个人所得税、车船税、环境保护税、船舶吨税、烟叶税、耕地占用税、车辆购置税、资源税9个税种的税收立法，但从其中部分税种的立法可以看到，基本上都遵循着税制基本要素平移的做法。这虽然有助于减少税收立法的阻力，但也使得对该税种所期望的制度改革难以实施，在一定程度上对税制改革形成了限制。

二是实施减税降费政策带来的影响。为应对经济下行压力和复杂的外部环境，我国近年来实施了大规模的减税降费政策。减税降费政策会带来部分税种的改革阻力，如为实现减轻企业负担的目标，部分增加收入的税制改革在一定时期内难以出台。同时，减税降费后的财政减收压力，也使得取消土地增值税、印花税等税种的税制简化改革难以提出。此外，部分减税政策的实施还可能会带来对税制的扭曲，如在增值税减税政策中，为保持所有行业只减不增，对生产性服务业和生活性服务业实施了按照当期可抵扣进项税额10%和15%的加计抵减政策，从规范的增值税制度看，该加计抵减政策在一定程度上是对增值税制度的扭曲。再如，将增值税一般纳税人的认定标准统一为500万元，其有助于对小微企业减负，但与培育更多一般纳税人的增值税规范管理目标有所背离。实施减税降费政策的短期压力，可能会对税制改革带来一定的扭曲，并使得改革呈现碎片化的倾向。

三是财政体制和地方税体系改革的影响。税制与财政体制之间是相互影响、相互制约的，因而税制改革也会受到中央与地方的税收收入划分、地方税体系改革的制约。例如，根据《实施更大规模减税降费后调整中央与地方收入划分改革推进方案》（国发〔2019〕21号），其中就包括“调整完善增值税留抵退税分担机制”和“后移消费税征收环节并稳步下划地方”的改革内容，可以看到，增值税和消费税的制度改革，不能仅仅从税种本身出发，还必须考虑中央与地方税收收入划分的相关要求。

三、税制改革的选择性

党的十九届四中全会公报中提出了坚持和完善中国特色社会主义制度、推进国家治理体系和治理能力现代化的总体目标。财政是国家治理的基础，在这个角度上，未来税制改革的目标就是建立与国家治理现代化相适应的现代税收制度。我国税制改革的社会性、公共性越来越强，因而税制改革的逻辑已不再仅仅局限于经济层面，应把税收置于国家治理的新思维、新理念之中。

结合中国发展新的历史方位，在未来的“十四五”或更长远的一段时期内，建立更为公平和更富效率，符合中国特色社会主义制度的税制是改革的最终目的。但在未来税制改革的具体内容上还是存在着多方面的选择，这里主要提出以下几方面的看法：

一是基于客观国情优化税制结构。提高直接税比重是我国税制改革的方向之一。随着我国税制不断完善，税制结构总体上也处于不断优化的过程中，间接税比重逐步降低，直接税比重逐步提高。但值得注意的是，税制结构的这种变化是决定于我国经济社会形势变化的调整，还是决定于政府期望的改革目标和措施。在根本上，税制结构还是取决于一国所处的发展阶段和发展水平，与政治、经济和社会等多方面因素相关。税制结构的合理性没有绝对标准，也没有国际惯例可言。从欧盟国家和日本等可以看到，这些国家在近年来的改革中是提高增值税税率和降低企业所得税税率，即出现了增加间接税比重的改革趋势。而从我国实际改革看，降低增值税税率水平有助于相对提高直接税比重，但个税改革实际上并未实现提高直接税比重的要求。因此，脱离经济发展水平和实际国情的要求提高直接税比重，一味夸大直接税的调节功能和强调对居民个人征税的需要，是混淆了税制改革与直接税比重提高的关系问题。因此，有必要以我国所处发展阶段和发展水平为依据，逐步合理地提高直接税的比重。

二是基于企业创新设计税制内容。我国未来的税制需要结合经济社会的发展需要，在促进科技创新和产业结构升级、区域协调发展、加快经济全球化进程、调节收入分配、生态文明建设、保障和改善民生方面发挥重要作用。其中，尤为值得关注的是科技创新问题。科技创新是国家竞争力的表现，为推动国家创新驱动发展战略，提高国家的科技竞争力，税收制度也必须发挥其在促进科技创新与人力资本等方面的作用。在这个意义上，税制的国际竞争力就不仅仅是体现在包括企业税负水平等税收营商环境等方面，而是要更为关注税制在科技创新和人力资本培育方面的竞争力。为此，基于促进企业市场主体的创新角度，加快重构科技税收制度和优化小微企业的税收制度等，促进我国的科技创新和人力资本培育，是未来税制改革的重点内容之一。

三是基于减税降费实施税制改革。减税降费政策是基于我国经济社会形势的必然选择，其在一定程度上存在着临时性政策的特点，但也有部分减税政策成为我国税制改革的重要内容，并实际上已推进了部分税种的税制改革。例如，增值税降低基本税率，实施期末留抵税额的退税等制度，都是对增值税制度的进一步改革和优化。因此，有必要将部分税种在实施减税政策过程中的部分合理化的政策固化为税收制度，从而实现制度的长期化和稳定化。对此，最值得关注的是小微企业的减税政策。对小微企业在十年中八次改革，层层加码过程中的特点就是具有很大的不稳定性。由于小微企业自身的特殊性，对其给予特殊的政策，实际上并不应该称之为优惠政策，而是一种税制差别化安排。因此，在经过一段时间的小微企业税收政策的运行后，有必要把现行增值税和所得税中有关小微企业的相关税收政策，通过税制改革进行制度化和固定化，从而能够借助减税降费政策的深化进一步实施和推进税制改革。

四是基于绿色税改保证宏观税负稳定。在现阶段实施减税降费政策的背景下，我国宏观税负已出现了下降的趋势。但减税降费不可能长期实施，需要充分考虑财政的可持续性问题。由于财政支出，尤其民生方面的支出具有刚性，宏观税负还需要从长期角度考虑公共服务提供的逐步扩大问题。在这种情况下，我们不能一味地降低宏观税负，而是要寻求宏观税负与经济社会发展之间的协调性，未来需要适度保持宏观税负稳定。在目前减税降费的背景下，包括开征房地产税等增收的相关税制改革都存在着较大的社会阻力。对此，可考虑实施税制绿色化改革的策略，降低改革阻力和保持宏观税负稳定。国外税改经验表明，利用绿色税改的双重红利效应和税收中性，即在降低部分税收的同时提高与绿色相关的税种的收入，在实现生态环境保护目标的同时保持宏观税负稳定，是一个较为成功的做法。因此，未来可考虑运用资源税、环境保护税、消费税等绿色税改来稳定宏观税负的改革策略。

五是基于信息化改革推动税收征管的突破。现代信息技术的发展和经济的数字化对税收制度带来了新的挑战，但其也同样有助于提高税收征管能力和水平。例如，随着区块链新型信息化技术的出现，税收征管领域合理应用区块链技术有可能会带来征管上的一些根本性变化，部分地区在增值税发票管理中也已开始进行实践尝试。因此，在运用互联网和信息化技术深化改造我国税收征管体系的同时，需要积极探索区块链等新型信息化技术的运用，从而尽快实现税收征管水平的突破。

税收应更加关注竞争中立

◇ 阿里研究院　谭崇钧

◇ 中 山 大 学　杨小强

在目前的市场经济背景下，改革开放的关键仍然是处理好政府与市场、政府与社会的关系。这是因为，市场靠竞争发挥作用，一个良性的竞争机制是市场经济体制改革的追求，各项制度的安排和改革应围绕让市场经济机制更健全的目标展开。而竞争政策是政府制定并实施的促进和保护竞争的重要选择，竞争政策制订适当与否，直接关系着市场发展的好坏。

政府税收与竞争政策密切相关。这主要体现在税制结构与税率高低、税收政策、国际税收差异等方面。目前，我国税收立法和税制改革对竞争中立的关注仍然不足。本文将首先梳理竞争中立概念的内涵和发展，然后剖析税收对竞争中立的影响，最后针对国税收立法和税制改革提出相关建议。

一、竞争与竞争中立

（一）竞争中立的起源

竞争中立原则首次出现是在澳大利亚《Hilmer 报告》，并在随后的《竞争原则协议》得以落实，其属于《国家竞争政策》的一部分。这一原则产生的社会背景是源于澳大利亚的国有企业改革。澳大利亚政府为了应对改革中的阻力，于 1992 年成立了全国竞争政策审查委员会，委托新南威尔士教授 Frederick G. Hilmer 为主席的调研小组调查《贸易惯例法》及其相关措施，对该法及竞争政策的适用提出修改建议，形成了《Hilmer 报告》。根据这一报告，应当实行竞争中立的原因主要有：其一，人为赋予的竞争优势是不公平的；其二，人为地赋予净竞争优势可能会限制或者阻碍私营部门更有效提供服务的机会，这样将会导致资源配置的错位。因为商品或者服务的价格会影响其需求，这又会进一步影响经济资源的流向，从而影响到企业的竞争力。

澳大利亚竞争中立政策的目标是消除国有企业由于其国家所有权而享有竞争优势。这些竞争优势的存在可能会对国有企业和私营企业之间的竞争产生影响，导致竞争不足的状况。实施竞争中立，是为了促进国内不同企业之间的竞争，促进资源向其能得到最大利用的方向流动，以获取更大的经济利益，从而提升国家竞争力。

（二）OECD 竞争中立的内涵

经济合作与发展组织（OECD）在澳大利亚“竞争中立”概念的基础上开展相关研究，形成了《竞争中立：维持国有企业与私有企业公平竞争的环境》（Competitive Neutrality：Maintaining a Level Playing Field Between Public and Private Business）、《竞争中立：各国实践》（Competitive Neutrality：National Practices）和《竞争中立：经合组织建议、指引与最佳实践纲要》（Competitive Neutrality：a Compendium of OECD Recommendations Guidelines and Best Practices）三份报告。OECD 对“竞争中立”给出的定义为：“在经济市场中运营的任何企业都没有不当的竞争优势或竞争劣势。”它将澳大利亚版的“竞争中立”加以具体化和扩张，归结为八项具体内涵，称为“八大基石”。具体包括：国有企业运作形式、成本确认、商业回报率、公共服务义务、税收中性、监管中性、债务中性与补贴约束、政府采购八方面的标准。

（1）国有企业的运作形式（Operational form of government business)，考虑的是参与商业活动的实体，其组织形式及公司化程度以及商业实体和非商业实体在结构上分离的程度。实际上，各国的公司化程度差别很大，取决于业务类型以及有关公共机构是否实现了非商业目标。

（2）成本确认（Identifying costs），考虑的是围绕企业成本结构的透明度和披露程度，不同功能的成本是否单独核算（例如商业活动和非商业活动），以及是否报告包括退休金负债在内的企业负债。同时，还需要考量各国如何处理在政府一般单位之外开展的商业活动的分摊费用。

（3）商业回报率（Commercial rate - of - return），要考虑国有企业是否如同类似的私营企业那样运作，以及它们如何与私营企业竞争共存，特别是在受监管的市场。国有企业和私营企业的竞争共存于各种受监管市场，最常见的是公用事业和传统网络行业（如邮政、电信、电力和运输）。

（4）公共服务义务（Accounting for public service obligations），考虑的是公共服务义务补偿的透明度和充分程度，以及政府如何支付这种补偿。对于欧盟（EU）成员国而言，透明度和充分性是根据欧盟的国家援助规则和透明度指令来确定的。

（5）税收中性（Tax neutrality），考虑的是国有企业是否与私营企业一样受到同样的税收待遇。

（6）监管中性（Regulatory neutrality），考虑的是对国有企业的监管待遇，以及这种待遇与类似的私营企业相比是否使这些国有企业处于监管优势或劣势。

（7）债务中性和直接补贴（Debt neutrality and outright subsidies），考虑的是商业企业的融资来源和公有制可能带来的任何好处。在大多数国家，国有企业都受到破产法规的约束；而大约有一半国家的国有企业受到明确或隐含的政府担保的支持。

（8）公共采购（Public procurement），考虑政府采购规则是否涉及竞争中立性，以及这些规则是否适用于国有企业内部或政府内部采购。

OECD 从 2002 年开始关注竞争中立原则，其各种研究报告、指引、意见基本吸纳了澳大利亚的理论和实践成果，《OECD 国有企业公司治理指引》是系统规制国有企业竞争行为的首个国际性文本。围绕完善竞争中立条款在国际经济活动中的运用，OECD 推出了许多研究报告，基本形成了一套较为完整的框架。其目标是推动这一原则进入竞争法以及其他法律法规中，以竞争中立原则限制不正当竞争行为，引导国有企业的改革。

（三）竞争中立的行为准则和判断标准

竞争中立作为一个学术概念，原初的内涵是强调“政府商业活动不得因其公共部门所有权而享有竞争优势”，避免国有企业在进行商业活动时因享有不合理优势而不能反映真实成本，进而扭曲资源配置并损害市场竞争。后来逐渐演化为对政府介入市场行为的要求，即政府无论基于何种目的、通过何种形式干预市场，都不能以破坏公平竞争作为代价，政府行为不应当成为损害市场竞争秩序的来源。

丁茂中将我国竞争中立的行为准则（核心是政府行为准则）体系设计为交易机会中立准则（包括市场进入中立和政府采购中立）、经营负担中立准则（包括课征强制性负担中立和消减协商性负担中立）和投资回报中立准则（包括价格规制中立和政府补贴中立）。

交易机会中立是竞争中立政策的第一行为准则，它要求政府在干预市场过程中应当公平地向所有参与市场资源配置的经营者提供交易机会。交易机会中立行为准则具体包括两个方面：市场进入中立与政府采购中立。前者要求政府在企业的经营资质赋予、业务市场拓展以及商业合同缔结上保持中立，确保它们能够公平地争夺市场“内在”提供的交易机会；后者要求政府在政府采购的开放对象、信息公开、参与方式和评选机制上保持中立，确保企业能够公平地争夺政府“外在”提供的交易机会。

经营负担中立是竞争中立政策的第二行为准则，它要求政府在干预市场过程中应当公平地处理各类参与市场资源配置的经营者的经营负担，包括政府方面单边施加的诸如税收、监管、社会责任等强制性负担与市场方面合意施加的诸如贷款融资、违约责任、侵权责任等协商性负担。具体来说，税收中立包括税收负担中立、税收计算中立、税收缴纳中立和税收处罚中立。税收负担中立要求税率的统一化、中央及地方税收减免与返还的平等化；税收计算中立要求细化明确入账、入税项目，细化明确税基的计算；税收缴纳中立要求统一企业税收缴纳期限、减少分期缴纳与延期缴纳适用情形；税收处罚中立要求压缩税务机关的自由裁量空间，减少自由裁量权限造成的处罚差异。

投资回报中立是竞争中立政策的第三行为准则，它要求政府在干预市场过程中应当公平地影响所有参与市场资源配置企业的投资回报。投资回报中立行为准则重点强调两个方面，即价格规制中立和政府补贴中立。

实施竞争中立原则在促进资源配置和高效利用的同时也伴随成本，譬如引入竞争中立引发的修改法律法规或改变行政政策的立法成本、监督成本。政府仍然可以追求社会和经济发展目标，但需要通过更透明的措施来实现。这凸显了竞争本身并不是目标，而是希望为社会带来更广泛的利益。

二、税收对竞争中立的影响

税收制度对经济有着重要影响，其中一个重要的解释理论为“税收楔子（Tax wedge）”理论。“税收楔子”是指政府税收在供求关系曲线之间打入一个“楔子”，使得供应和需求曲线的交点偏移，导致社会总收益减少。以劳动市场为例，“税收楔子”指税前工资与税后工资之间的差额。税率越高，“税收楔子”越大，导致劳动收入减少，使得员工可能做出不工作的决定。而“税收楔子”的缩小，反映了政府希望更多人参加工作，可以抵消人口老龄化等问题的影响。“税收楔子”的存在具有正当性，它体现了国家的税收职能，为政府创造了收入，但同时也可能导致市场效率降低，对纳税人与负税人形成税收成本与税务遵从成本，甚至对市场竞争产生扭曲性的影响。随着间接影响的不断发酵和扩散，税收可能会对包括竞争状态在内的诸多经济和社会现象产生更大影响。

（一）税制结构与税率高低对竞争中立的影响

税制结构是税收制度的重要组成部分。良好的税制结构使得纳税人易于遵从，降低遵从成本，保障市场公平竞争，促进经济发展。而不良的税制结构可能会造成高昂的遵从成本，扭曲经济决策，破坏公平竞争，阻碍经济发展。OECD的研究表明，企业所得税对经济增长最为有害，而个人所得税和消费课税的危害较小，不动产税对经济增长的影响最小。许多国家已认识到这个问题，并对税收制度进行改革，以保障竞争中立。在过去几十年中，OECD成员国的企业所得税与个人所得税的边际税率大大降低。大多数国家和地区都从薪资税和增值税等税种增加收入。如新西兰的个人所得税税率相对较低，同时也免除了资本利得税（最高税率合计为33%），财产税设置合理，增值税适用广泛。瑞典的企业所得税税率低于平均水平，为21.4%，没有遗产税和财产税，增值税与个人所得税设置合理。以增值税为例，增值税是一种多环节征收的消费课税，以商品与服务在流转过程中产生的增值额作为计税依据，只有产生增值才会征税。增值税符合中性原则，对生产者和消费者的选择，增值税的干预尽可能减少。相对于税前状态，由价格相对变化造成的经济扭曲减至最小。“增值税是一种高效、中性的税收”，“增值税的本质是中性的，如果使增值税变得非中性，这就损害了它的本质优点”。OECD专家特别推崇增值税中性原则，明确提出增值税应当采纳单一税率，其研究报告显示，减少增值税税率档次、减少增值税免税规定、采纳增值税单一税率，可以大量减少增值税遵从成本，并有利于经济增长。可见，增值税是一种中立性的税制，它对货物、服务、无形资产、不动产等课税，是税基最为宽广的间接税，可以防止某些纳税人在竞争中处于劣势地位，保障竞争中立。正是因为设计良好的增值税制符合中性原则，保障竞争中立，世界上越来越多国家通过广泛应用增值税来改善其税制结构。综上，在良好的税制结构下，税收有利于维护公平竞争，保持竞争中立，避免税收制度对企业经济决策产生扭曲性影响。

税率高低同样会影响纳税人的竞争地位与经济决策，从而对竞争中立造成影响。在当今全球化的世界中，资本高度流动，企业可以选择在全球任何一个国家进行投资。企业为获得最高的回报率，将寻找投资税率较低的国家，使得税后收益率最大化。例如，1992 年欧共体达成《增值税总体协议》，该协议规定成员国可以实行两档税率：标准税率不得低于 15%，低税率不得低于 5%，后者适用于具有社会、文化性质的商品与服务。欧共体委员会要求标准税率不得低于 15%，正是为了避免出现“逐底竞争”的现象，防止成员国设置过低税率，导致不正当竞争，影响经营者决策与竞争中立。由此可见，不合理的税率可能会产生扭曲经济决策的结果，改变竞争者的竞争力量对比，对竞争中立造成不利影响。

（二）税收政策对国有企业、私营企业竞争的影响

政府是税收政策的制定者，政府所管理的国有企业也是市场的竞争者。一般情况下，国有企业比私营企业更具有竞争优势。这些优势包括免税和收费、政府对债务的担保、较低的贷款利率，以及无需达到商业回报率。国有企业的其他优势包括交叉补贴、破产保护和有利的监管条件。国有企业所拥有的上述竞争优势，使得国有企业与私营企业的竞争存在非中立性。在缺乏竞争中立性的情况下，国有企业可能会利用其享有的任何竞争优势，收取与其全部资源成本不匹配的价格——这在资源配置方面具有经济后果。具体表现为国有企业可能会过高或过低地出售产品，使得需求不合理地增加或减少，释放错误的再生产信号，导致资源错配。总的来说，国有企业滥用竞争优势将导致经济无法正常运转或增长到其全部潜力。

同时，特殊情况下，税收政策可能会导致某些国家的国有企业处于不利地位。智利、埃及和以色列的情况就是如此，在某些特定情况下，某些国有企业或公共当局需要缴纳更高的企业所得税（智利、埃及），或者不能从适用于私营公司的税务注销或退税（以色列）中受益。

税收政策一般情况下会给国有企业带来不公平的竞争优势，特殊情况下也会给国有企业带来不利的竞争劣势，这都是缺乏竞争中立性的表现。因此，在国有企业与私营企业的竞争中，税收政策需要保持竞争中立，以求达到“与私营企业竞争的国有企业应在同样的基础上进行竞争：国有企业的商业活动不应仅因为其公有制而享有任何净竞争优势”。其中，最重要的是使国有和私营企业都受到同样的税收和监管制度的约束。

（三）国际税收差异对竞争中立的影响

各国（地区）间劳动力的流动是人才竞争的体现，税收在劳动力流动的过程中会产生重要影响，例如内地与香港之间采取的不同的个人所得税税率，会影响香港地区人才向内地的流动。事实上，各国（地区）针对劳动者的税收差异巨大，因此税收政策的差异对于人才竞争的影响难以避免，但在各国（地区）差异的税收政策对人才竞争具有影响的前提下，各国若对于本国居民和外国居民采取不同的税收政策则会加剧税收政策对人才竞争的影响，进一步扭曲劳动者自由流动的趋势。事实上，各国针对劳动者的税收政策的差异正表明税收必然会介入竞争，因此必然对竞争产生非中立性影响，但各国针对劳动者的税收政策差异应当局限在一定限度内，否则会将导致税收对竞争的巨大扭曲。

以欧盟为例，欧盟作为全球最大的统一市场，其对于商品、劳动者、资本、服务等要素的自由流动的追求已经写入相应的国际条约，并在司法实践中禁止税收歧视对于欧盟内部劳动者自由流动的进一步阻碍。《关于欧盟运作的条约》（TFEU）建立了四大基础性的自由：商品、劳动者、资本、服务的自由流动。伴随着这些自由的建立，这些自由代表着欧盟内市场的形成，并可以从中推导出税收的非歧视。例如，《关于欧盟运作的条约》第 45 条规定，劳动者的自由流动“要求废除成员国工人之间基于国籍的任何歧视，不论其就业、报酬以及其他工作和就业条件如何”。尽管第 45 条没有提及税收，但欧洲法院已将其解释为防止基于国籍的税收歧视。具体来说，一个成员国不得使用其税收制度歧视进入其领土工作的其他成员国的国民。成员国也不能使用其税收制度来歧视在其他成员国赚取收入的其本国国民。同时，欧洲法院也一再认为欧盟法律不要求税率统一，因为税率统一会侵犯成员国保留的税收自主权。

在欧盟（欧洲法院看来），各国税收政策的差异难以避免，但基于国籍的税收歧视不符合《关于欧盟运作的条约》所追求的四大自由，也不利于建立统一的市场，这表明税收歧视对于统一市场的妨碍作用，同时凸显了税收政策的差异对于市场作用发挥的妨碍作用。在欧盟禁止税收歧视的立场下，各国的税收政策对于商品、劳动者、资本、服务等的流动并未产生进一步的扭曲作用，欧盟内部的商品、劳动者、资本、服务得以在各国自由流动。从欧盟的有关禁止税收歧视的政策可以看出，税收政策对于竞争的影响必然存在，但税收政策对于竞争的影响应当被控制在一定范围内。

由上述税制、税率及国际税收政策差异对于竞争中立的影响可见，税收对于竞争的影响是多维度、多元化的。首先，税收的介入必然对竞争有所影响，即便是理论上中立性最好的增值税都会对纳税人和负税人产生直接的影响，并且随着间接影响的不断发酵和扩散，会对包括竞争状态在内的诸多经济和社会现象产生更大影响。其次，在不同情况下税收对于竞争中立的影响不尽相同。例如国有企业和私有企业在税收上的差异，可能为国有企业在市场竞争中提供了竞争优势或劣势，违反了竞争中立的要求，应当对于这种竞争优势或劣势予以消除。而国际间的税收差异尽管在客观上也导致了各国不同的竞争优势，但由于税收政策属于一国主权范畴，此时税收对竞争中立的影响便难以完全消除。

由此可见，税收对于竞争必然有所影响，会造成竞争状态的改变，而这种改变既可能带来积极影响，也可能带来消极影响；既可能具有可预测性，也可能难以预测，因此在确立税收政策时，需要综合考虑多方因素，针对税收政策带来的不同后果科学决策。

三、保持税收竞争中立的建议

市场靠竞争发挥作用，一个良性的竞争机制，即优胜劣汰并防止逆向淘汰的有效机制，是市场经济体制改革的必然追求，各项制度的安排和改革应围绕让市场经济机制更健全的目标展开。在税收立法、税制改革和税收政策调整过程中，应将竞争中立作为重要考量因素，对税收直接影响和间接影响的主体进行相关市场分析，处理好产业政策和竞争政策的关系，在税收征管落地环节加强税务协作，提高透明度，平衡有效分配资源与公平税负之间的关系。

（一）坚持市场化理念

保持税收竞争中立必须坚持市场化理念，发挥市场在资源配置中的决定性作用，对市场的自主调节保持一定的敬畏之心，政府在其中应当是更“好”地发挥作用，而不是更多地发挥作用。在经济社会发展出现问题时，总是认为能够通过政府税收调节来有效解决问题的“税收万能论”偏离市场化理念，在市场经济机制下应准确定位税收功能，避免落入“税收万能论”误区，在税负基本稳定条件下推进税收立法、税制改革和税收政策调整。

（二）落实公平竞争审查制度

保持税收的竞争中立必然要求合理制定税收政策，维持公平竞争的市场环境。落实公平竞争审查制度是其中的重要举措之一。落实公平竞争审查制度要求行政机关在进行税收立法、税制改革和税收政策出台前公开征求意见，排除行政行为对市场竞争程度的不当限制。在数字经济下，跨界融合层出不穷，公开征求意见的范围不应仅局限于相关行业，应当顺应形势发展需求，向更多参与主体征求意见，从实务界到学界、从税务征管机关到其他行政机关、从相关行业协会到各类企业。特别是要更多通过公开征求意见的方式，更广泛地评估相关立法或政策对市场竞争的影响，以利于增强透明度，有效减少信息不对称带来的不正当税收竞争，同时也有利于更好地推进税制改革和税收政策落地。

（三）建立事后评估和纠错机制

保持税收的竞争中立除了事前公开征求意见外，建立事后第三方评估和纠错机制，进行动态监管也必不可少。澳大利亚作为最早提出竞争中立概念的国家之一，曾出台多份竞争中立的政策报告，其中在针对国有企业的税收政策与竞争中立相关分析中提出国有企业应当审查并评估自身是否因享受竞争优势而造成市场竞争不公平，并负有向财政部门报告义务，如果国有企业的竞争者认为国有企业因为享受政府提供的税收豁免（Taxation exemptions）而造成了不公平竞争，可以通过向澳大利亚政府竞争中立投诉办公室（Australian Government Competitive Neutrality Complaints Office，AGCNCO）进行投诉，AGCNCO会对该投诉进行评估。未来我国可考虑借鉴澳大利亚的经验在相关部门成立相应机构，审查评估现有税收立法、税制改革和税收政策调整可能带来的社会效益、经济效益和竞争状态的变化，重点审查和评估税收介入是否会发生逆向淘汰，对其他重大战略的推进是否存在不利影响，并考虑建立纠错机制，畅通外部投诉渠道。

（四）注重普遍性和特殊性的统一

在考虑税收保持竞争中立的问题时，要注意把握普遍性和特殊性的关系，注重二者的统一。一方面，竞争中立要求贯彻普遍性原则，主张保持国内国际、不同所有制、不同区域等市场主体之间公平竞争。另一方面，对于小微企业、初创企业、个别行业应当特殊情况特殊对待，考虑到创业的艰辛、创新的风险、就业“容器”的需求等多种因素，对于特殊企业类型的税收制度应做特殊处理。普遍性和特殊性的统一遵循国际惯例，在中国的税收实践中也已得到充分体现，未来还应继续深化。

（五）营造协调统一的政策环境

应当承认有些成效显著的税收政策，是因为有其他政策的配套才得以有效发挥作用。重大改革或政策的出台，往往依托一系列的配套措施的推动，单兵突进，效果不佳，因此，为保持税收竞争中立，应当重视处理好产业政策和竞争政策之间的关系，形成综合性、多元化、统一的政策环境，相辅相成，最终实现维护公平竞争的市场环境，促进技术进步、鼓励创新，实现提升消费者整体福祉的共同目标。

四、结语

竞争中立为各类市场竞争主体提供一个平等的竞争环境，保护整个市场的公平。税收对竞争中立的影响重大，税收中立是竞争中立的内涵标准之一；税制结构、税率高低、税收政策以及国际税收差异影响纳税人的竞争地位与经济决策，影响市场作用的发挥效果。但是我国税收立法和税制改革对竞争中立的关注不足，应当将竞争中立作为重要考量因素，坚持市场化理念，落实公平竞争审查制度，建立事后评估和纠错机制，注重普遍性和特殊性的统一，营造协调统一的政策环境。

税收职能与现代国家治理

◇ 东北财经大学　谷　成

税收职能是税收本身具有的内在功能。受传统财政理论影响，目前有关税收职能的研究主要采用福利经济学方法，集中于对如下三个问题的考察：一是政府如何通过征税取得能够满足公共支出需要的财政收入；二是税收负担在纳税人之间如何分配；三是如何限制或避免税收的成本和负面经济效应。在实践中，税制改革更多地被视为一个技术问题，税收在提高国家治理能力中的作用则经常被忽视。本文在归纳传统财政理论对税收职能的定位及其局限性的基础上，分析政府与社会成员之间税收关系的构建对国家治理水平的影响，探讨发挥税收国家治理职能的政策选择。

一、传统财政理论中的税收职能定位及其局限

经济和社会发展的历史见证了理论界对税收职能理解和认知的深入。从税收产生到 19 世纪下半叶，以亚当·斯密为代表的经济自由主义提倡者反对政府对商业和自由市场的干预，税收被定位于取得财政收入的手段。随着自由竞争向垄断的过渡，资本日益集中，贫富差距开始显现，德国社会政策学派的代表人物瓦格纳主张将税收作为改善收入分配的一种手段，指出按照负担能力分配税收可以调节收入分配，矫正收入分配差距。20 世纪 30 年代的大萧条促使理论界对市场经济及

其自动调节机能进行反思。凯恩斯指出，政府支出和税收是实现经济稳定的重要宏观经济政策工具。此外，受到福利经济学派的影响，一些学者将效率原则引入税收政策分析，指出在完全竞争市场上，税收应当保持中性，以避免因课税导致产品和要素相对价格的变化扭曲经济活动主体的经济决策；相反，对于不完全竞争市场，税收应发挥调节作用，改善资源配置状态。

马斯格雷夫指出，除取得财政收入外，税收还发挥着资源配置、收入分配和经济稳定与增长职能。20 世纪 90 年代以来，中国财政理论在很大程度上接受了以马斯格雷夫为代表的西方财政理论，多数税收学教材都将税收职能界定为取得财政收入、调节资源配置、收入分配和经济总量。

值得注意的是，在马斯格雷夫搭建的传统财政理论框架下，对税收职能的考察主要基于经济学视角。实际上，税收作为国家依托政治权力对社会资源进行汲取的制度安排和分配过程，既包涵了提高资源配置效率、调整收入分配关系和经济总量的经济属性，也体现了既定社会历史背景和国家管理能力的约束条件下，具有不同利益和偏好的各级政府、社会成员以及其他社会组织之间因复杂的相互作用而产生的动态结果（谷成，2014）。在政府、社会成员和社会组织等多元主体基于正式或非正式制度，通过持续协调和互动共同解决社会问题的现代国家治理过程中，税收也超越了经济范畴，从保障社会成员广泛参与公共决策、提高社会成员的国家意识和社会责任意识、改善政府对公共需求的回应性和负责程度等方面发挥越来越显著的作用。当现代国家治理体系中的社会成员越来越多地以公民身份参与公共政策制定与实施时，将税收的职能定位拘泥于以社会福利最大化为目标取得财政资金和对市场经济进行的干预，忽略税收政策与制度在决定和实施过程中所具有的政治功能和属性，不仅难以全面、客观地揭示政府征税行为的演进轨迹和发展规律，也经常导致理论分析与政策建议脱离现实需要的窘境（谷成、蒋守建，2017）。因此，在现代国家治理背景下，对税收职能的分析不应仅局限于社会资源在公共部门和私人部门之间的配置及其对经济活动主体和国民经济总体产生的经济效应，还有必要从政治层面考察相关效应的形成机理和影响因素。

二、现代国家治理下的税收职能

对于现代国家而言，“治理”通常被用于描述有效提供公共产品的结果以及产生这些结果的决策过程，其核心要素是政府与社会成员的互动模式。当前世界各国的实践表明，治理能力的高低至少面临着两个维度上的约束：一是政府对社会成员需求的回应程度，即政府在多大程度上具有满足社会成员需求的倾向；二是政府对社会成员的负责程度，也就是政府能否通过制度化的机制回答社会成员提出的有关政府对国家权力的使用问题并使社会成员通过扩大或削减这些权力对政府进行奖励或处罚。这两个约束条件决定了政府在确定社会成员需求、协商并解决竞争性利益各方矛盾冲突的政治能力以及制定敏感政策、公共服务和实施国家权力的行政能力。

税收在国家治理中的作用机制主要体现在三个方面。一是一般利益机制。由于公共部门的运转依赖税收取得经济资源，政府希望作为潜在纳税人的经济活动主体拥有良好的收益前景，因此对于促进经济增长具有很强的激励。二是行政管理机制。对税收的依赖要求政府建立科学的税收征管机构并提供必要的税收服务。相应地，税收征管程序的优化可能使税务管理成为广泛改善公共部门绩效的前沿。三是负责和回应机制。税收使作为纳税人的社会成员参与公共决策，通过政治程序和决议要求政府提供公共产品或服务。与此同时，政府对社会成员的需求加以回应，旨在促进税收遵从和维持财政收入。前两种机制同属经济范畴，传统财政理论在税收的职能中已有所述及，此处着重考察税收对国家治理的第三种机制。

征税可以通过为社会成员和政府提供进行“税收协商”或者达成

"财政契约"的激励，从而促进政府回应性和负责程度的提高。在协商中，取得税收收入的压力可以使政府更加重视社会成员的需求，进而提高回应性和负责程度；社会成员接受并遵从税收法律和制度，以换取政府对公共产品和服务的有效提供。在实践中，政府、作为纳税人的社会成员及其代表之间的税收协商主要采用以下两种途径实现：一种途径被称为直接税收协商，即政府面临公众拒绝纳税的威胁而做出较为明确的让步；另一种途径则相对间接，主要指纳税人拒绝由回应性较差或负责程度较低的政府征税，进而影响政府运行的稳定性并迫使其进行改革或重组。理想的社会运行体系需要保持政府与社会之间关系的平衡。一方面，对于政府而言，税收是可以维护自身运行的一种关键资源。如果社会成员可以通过代议机关限制政府对收入的攫取，就可以避免面临专制和劫掠，保证自身拥有和行使现代社会公民的基本权利。另一方面，如果政府缺乏其他相对便利的收入来源而需要依赖税收弥补公共支出成本，就必须在政治上付出更多努力，至少通过代议机关与纳税人代表直接或间接地协商，而不是简单粗暴、强制无度对其课税。

简言之，从国家治理的角度看，在税收的确立、征管以及使用过程中通过对话和协商促进政府与社会成员的有效互动以及社会成员诉求和意愿表达机制的完善，提高公共部门的负责程度和资金使用效率，培养社会成员的社会责任意识和税收道德水平，使政府和社会成员之间形成良性互动关系，推进国家治理的负责性、透明性和有效性，是现代税收的重要职能。

三、完善税收国家治理职能的政策选择

（一）促进税收制度及其执行的公平性

社会成员对税收制度公平性及其执行的看法和认知在很大程度上影响着税收协商关系的建立和税收遵从水平的高低。一方面，要想使

税收遵从成为被社会成员普遍接受的道德规范，税制的公平性是社会运行体系中不可或缺的要素。如果在既定的税收法律框架下，社会成员不能被公平地对待，相互之间缺乏信任也不信任政府，有关税收的协商就很难建立。另一方面，税收制度执行的统一性有助于保证预算收入的足额入库，降低纳税人的整体负担。税制执行中的不公平会使逃税主体的法定纳税义务转移至遵从的纳税人身上，影响纳税人对税制公平性的认知和税收遵从意愿。完善税务管理人员的激励补偿机制、降低税负、提高查处概率和加大处罚力度、完善社会税收道德规范有利于弱化税务管理人员的腐败动机；简化税制、完善征管程序和监管机制、削减自由裁量权和去政治化有助于减少税收管理人员的腐败机会，提高税收执行的公正性。

（二）增强税收的可观察性

现代国家在税收依据上强调政府与社会成员之间的互利关系。这种基于市场经济“权利与义务相统一”原则的税收依据观对于提高社会成员的国家意识和社会责任意识，推进国家治理的现代化具有重要理论价值。尽管部分国家希望通过降低税收的可观察性避免社会成员对税收征收和使用方式的反对，且短期看可能是有效的，但从长期看，该策略无法使社会成员与政府间达成相对稳定的财政契约，导致社会矛盾的激化并在某种程度上瓦解国家治理的基础——在缺乏可观察性的情况下，纳税人往往认为税收是缺乏依据的，对税务机关乃至政府的信任也随之降低。提高税制结构中直接税的比重是改善税收可观察性的一种手段，但完全取消间接税在实践中是不现实的。对增值税、消费和关税等间接税在商品和劳务的零售环节采用价税分离的标识方式有助于使社会成员在购买商品和劳务时明确自身承担的税负，也是提高税收可观察性的可行办法。

（三）提高政府支出的效率和透明度

政府通常将取得税收收入和改善公共支出作为两个不同的目标，但从国家治理的角度看，这两个目标本质上是相互联系的。提高财政支出的效率将有助于税收遵从的实现，而缺乏透明度和存在浪费甚至腐败的税收支出方式也破坏了国家治理的有效性。要想提高税收遵从水平，政府不仅需要通过公共支出为社会成员提供相应的回报，而且还要保证公共支出的效率。政府支出透明度的提高有助于使社会成员更好地了解政府的收支行为并实施更为有效的监督，从而降低治理成本，改善治理能力。除直接支出外，税收优惠作为政府以减少税收收入形式间接进行的财政支出（即税式支出）在现代国家治理中受到社会成员越来越多的关注。成本高昂的税收优惠措施不仅减少了政府收入，也易于导致税收管理复杂化和腐败行为的发生。从国家治理的角度看，简化税收优惠措施并对受益主体以及政府放弃的收入进行追踪，定期评价税收优惠措施的成本与收益并对各项激励计划制定落日条款，是提高税式支出有效性的必要举措。

（四）拓宽和完善直接税

从国家治理角度看，完善直接税的设计与实施对于改善税制的公平性和可观察性，增加社会成员之间以及社会成员与政府之间的信任具有重要意义。受到税收管理能力的限制以及非正式经济的影响，在建立了所得税扣缴体系的发展中国家里，通过扣缴义务人代扣代缴征收的个人所得税占比更高，未能充分体现自愿遵从和自主申报在现代国家治理中的意义。未来的个人所得税改革应充分运用互联网平台和信息技术的发展建立自然人税收征管体系、推动涉税信息在税务与相关部门之间的分享，为政府与社会成员之间的良性互动搭建良好的平台，使税收在国家治理层面取得更多潜在受益。财产税涉及的纳税人数量相对较多且具有显著的可观察性，有利于促进公众在国家治理中的参与。此外，由于财产税适用于特定的辖区，因而更易于与地方公共支出尤其是公共基础设施相联系。这种收入与支出的紧密联系有助于通过鼓励公众参与和政府履行承诺使二者建立起信任关系。

（五）强化财政分权和地方税

财政分权对国家治理能力的积极影响表现为分散化的收入取得和

支出预算将改善中央以下各级政府的负责程度。如果在地方层面做出收入和支出决策并使其更具可观察性，分权就能使辖区居民支付的税收与回报之间的联系得以强化，并以税收为纽带促进辖区居民与地方政府间的协商。在一些发展中国家里，尽管中央政府将许多支出责任下放给地方政府，但作为辖区公共产品和服务的提供者，地方政府并不具备决定是否征税以及税基范围、税率水平等关键税收要素的权力，因此，这种划分给地方政府的税收收入实际上就成为政府间转移支付的一种替代方式，而不是真正意义上的地方税。为避免因支出责任与地方财政收入间缺口较大而导致的遵从成本和效率损失，地方税体系的构建原则上至少须满足两个条件。一方面，为使地方政府能够在辖区治理中更为充分地权衡公共支出收益与成本之间的对比关系，保证地方政府对辖区居民需求的回应性和负责程度，源于辖区内的税收至少应大体上满足最富有的地方政府支出需要，其他相对贫困地区的横向财政失衡问题可通过均等化转移支付加以解决。另一方面，中央与地方政府间事权和支出责任的合理划分是各级政府有效提供公共产品和服务的前提，也是构建地方税体系的基础。政府治理能力和绩效的改善要求中央与地方政府之间建立起相对稳定而明确的权责分工和协同治理机制，以避免财政软约束问题并保证财政资金的使用效率。

“十四五”时期税制改革的背景分析

◇ 中国社会科学院大学　张　斌

党的十九大报告提出：从2020年到2035年，在全面建成小康社会的基础上，再奋斗十五年，基本实现社会主义现代化。“十四五”时期是我国由全面建成小康社会向基本实现社会主义现代化迈进的关键时期，也是内外部环境继续发生深刻变化，世界面临百年未有之大变局，挑战和机遇并存的时期。在“十三五”时期税收法治建设、税制改革与税收征管改革取得重大进展的基础上，分析“十四五”时期税制改革面临的背景与环境，对于持续优化税制，更好地发挥税收的作用具有重要意义。

总来的来看，“十四五”时期，税制改革面临的经济社会环境正在发生深刻的变化，主要有以下八个方面。

一、国家治理体系和治理能力现代化

2019年10月31日，党的十九届四中全会对坚持和完善中国特色社会主义制度、推进国家治理体系和治理能力现代化提出了进一步的部署，明确提出：“坚持和完善中国特色社会主义制度、推进国家治理体系和治理能力现代化的总体目标是，到我们党成立一百年时，在各方面制度更加成熟更加定型上取得明显成效；到二〇三五年，各方面制度更加完善，基本实现国家治理体系和治理能力现代化；到新中国成立一百年时，全面实现国家治理体系和治理能力现代化，使中国特色社会主义制度更加巩固、优越性充分展现。”

财政是国家治理的基础和重要支柱，税收制度是现代财政制度的重要组成部分。因此，“十四五”时期的税制改革要在完善中国特色社会主义制度、推进国家治理体系和治理能力现代化的总体要求指导下，按照“进一步增强税收在国家治理中的基础性、支柱性、保障性作用”的要求加快推进税收制度现代化进程。实现由更加成熟定型向更加完善的转变，为到 2035 年基本实现与国家治理体系和治理能力相匹配的现代税收制度奠定坚实的基础。

二、经济由高速增长阶段转向高质量发展阶段

2015 年以来，我国经济增速开始低于 7%，到 2019 年降至 6.1%，预计“十四五”时期将保持在 5%—6%。而随着经济增速的下行，加上大规模减税降费政策的实施，税收收入的增速大幅下降，2015 年以来税收收入的增速均低于名义 GDP 增速，税收收入占 GDP 的比重由 2014 年的 18.6% 降至 2018 年的 17.4%，2019 年，全国税收收入的增速仅为 1%。

经济发展阶段的转变意味着税制改革的外部环境发生了根本性的转变，长期以来我国的税制改革是在经济和税收收入高速增长的环境下推进的，“十三五”时期，税收收入高于名义 GDP 增速，税收占 GDP 的比重持续提高的基本态势已经不复存在。预计“十四五”时期，税收政策要继续发挥以“稳增长”为目标的逆周期调整作用和推进供给侧结构性改革，激发市场活力，促进经济结构优化的作用，税收收入仍难以恢复高速增长。如何在经济增速下行、经济结构调整的大背景下推进税制改革是“十四五”时期需要重点研究的基本问题。

高质量发展阶段要求加快完善社会主义市场经济体制，完善公平竞争制度。因此“十四五”时期税制改革要以“竞争中性”为重要原

则，进一步落实"放管服"各项要求，优化"营商环境"，为各类所有制和各行业企业的公平竞争奠定更好的税制基础。

三、调节收入分配

党的十九届四中全会将按劳分配为主体、多种分配方式并存与公有制为主体、多种所有制经济共同发展和社会主义市场经济体制并列，作为社会主义基本经济制度的组成部分。同时，明确提出了"健全以税收、社会保障、转移支付等为主要手段的再分配调节机制，强化税收调节，完善直接税制度并逐步提高其比重"的要求。

"十四五"时期，人口老龄化带来的要素相对价格变化，生产自动化、职能化以及数字经济相关业态的发展对劳动力市场供求关系和就业形态的变化将使收入的初次分配出现新的趋势和特征。而收入分配状态的改善不仅是新时代发展成果更好惠及全体人民的必然要求，同时也有利于扩大居民消费需求，促进经济结构优化和高质量发展。

因此，"十四五"时期的税制改革要在兼顾逆周期调节作用的同时，更加重视通过税制结构优化充分发挥税收在收入分配领域的调节作用。要继续坚持"逐步提高直接税比重"的税制结构优化方向，在"综合与分类相结合"税制框架下进一步完善个人所得税制，逐步提高税制整体的累进性，实现税收负担更加公平的分配。

四、城镇化与区域均衡发展

"十四五"时期，城镇化将继续快速发展，而在缩小东西差距的同时还面临着南北经济增长分化的新问题，而这将对继续深入推进基本公共服务均等化，发挥好中央和地方两个积极性提出更高的要求。

党的十九大报告明确提出了建立权责清晰、财力协调、区域均衡的中央和地方财政关系的要求；党的十九届四中全会进一步提出了健全充分发挥中央和地方两个积极性体制机制的要求，包括赋予地方更多自主权，支持地方创造性开展工作，形成稳定的各级政府事权、支出责任和财力相适应的制度等。因此，从“十四五”时期财税体制改革的全局来看，中央与地方政府间财政关系的优化是改革的重点，也是难点。而在这一背景下，税制改革要在促进区域协调发展的同时，着力推进地方税体系的建设，通过赋予地方政府适当的税政管理权和税收立法权，建立健全地方公共服务成本与收入相匹配、有利于促进基本公共服务均等化和充分发挥地方政府积极性的地方收入体系。

五、人口老龄化

2000年，中国65岁及以上的老年人口为0.88亿，占总人口的比重为7.0%，到2017年底，65岁及以上人口的数量达到了1.58亿，占总人口的比重上升到11.4%，到2019年底这一比重进一步升至12.6%。“十四五”时期，我国的人口老龄化进程将进一步加速发展，这不仅对我国的要素禀赋产生重大影响，导致储蓄、投资、消费结构的深刻变化，同时也对财政支出总量和结构产生重大影响，由此带来的财政收支缺口将对财政可持续性带来较大挑战。

就税制改革而言，人口老龄化的加速发展首先要求“十四五”时期加快推进社会保险缴费制度的改革，在推进全国统筹和税务机关统一征收的同时，要处理好适度降低社保缴费名义费率与提高征收率的关系，适时研究推进社会保险费改税。此外，人口老龄化带来的劳动参与率降低、企业有机构成提高等动态变化将深刻影响劳动报酬与资本报酬、储蓄与消费以及消费内部有形商品和服务的结构，这将对增值税、个人所得税的税基产生重要影响，税收制度要适应这一变化进行相应调整。

六、新工业革命

“十四五”时期，以数字经济、新能源、新材料、量子技术、生物工程为代表的新工业革命将加速发展，世界主要国家在争夺新技术制高点上的竞争将愈演愈烈，这对我国既是机遇也是挑战。因此，“十四五”时期大力推进创新驱动发展战略，实现新旧动能转化仍是关键和重大的战略任务。

对税收制度而言，在继续加大鼓励创新税收政策体系的同时，要特别重视数字经济发展的影响。数字技术改变了工业经济时代的生产组织方式、生产要素的空间布局以及生产与消费的联结方式，正在重新塑造各国内部和国际利益分配格局，对以工业经济为基础的现行税制体系及国际税收规则产生了革命性挑战。世界各国目前普遍面临着迈向数字经济时代的税收制度转型、深化全球税收制度与征管协调等重大任务。与此同时，数字技术也为税务机关提供了崭新的涉税信息搜集和处理技术，带来了税收征管的数字化变革。

七、生态文明建设

生态文明建设是关系中华民族永续发展的根本大计，生态环境是关系党的使命宗旨的重大政治问题，也是关系民生的重大社会问题。生态文明建设正处于压力叠加、负重前行的关键期，已进入提供更多优质生态产品以满足人民日益增长的优美生态环境需要的攻坚期，也到了有条件有能力解决生态环境突出问题的窗口期。

“十三五”时期，为全面推动绿色发展，我国制订了《环境保护税法》，推进了资源税从价计征改革和征收水资源税的试点改革，适时调整了消费税的征收范围。“十四五”时期，要将绿色发展贯穿于生产、流通、消费的全过程，进一步深化资源税、环境保护税、消费税等税种的改革，推进各税种与各类税收优惠政策和财政支出政策的衔接与协调，构建和完善有利于绿色发展的税制体系。

八、全球化进入新阶段

2008 年国际金融危机爆发以来，经济全球化进程进入新阶段，表现为贸易保护主义抬头、逆全球化思潮涌动、全球化进程动力弱化。同时，世界经济的长期低迷、收入分配差距的居高不下带来了民粹主义和强人政治抬头，地缘政治格局的动荡，而新工业革命加速发展导致的民族国家之间在科技、创新领域的竞争不断加剧，世界正面临百年未有之大变局。

“十四五”时期，我国经济社会发展面临的外部环境可能更加复杂，不确定性和挑战更多。在经济全球化进入新阶段的背景下，我国将推动新一轮高水平对外开放，形成全面开放新格局。2013 年 8 月至 2019 年 8 月，中国已经分多批次批准了 18 个自由贸易试验区，已经初步形成了“1 +3 +7 +1 +6”的基本格局，形成了东西南北中协调、陆海统筹的开放态势。“十四五”时期，如何在自由贸易试验区和海南自由贸易港建设中推出具有国际竞争力的税收制度和政策是未来税制改革的重要任务。

此外，深化税收制度改革还应高度关注国际税制改革的动态。尤其是面对美国特朗普政府的大规模减税政策和世界各国为促进新技术革命发展推出的鼓励创新和吸引人才的税收政策，应审慎评估和研判国际税制发展趋势，提升我国整体税制的国际竞争力。而为适应数字经济发展和“一带一路”建设的需要，应以构建“人类命运共同体”的目标为指引，在提升我国税制国际竞争力的同时，应以全球视野加强国际税制的协调，为推动全球经济的互联互通和开放、包容发展奠定税制基础。

下一步减税降费何去何从

◇ 中国财政科学研究院　梁　季

从我国目前的宏观税负水平和财政风险来看，继续实施大力度的普遍性降税（费）的空间已经非常有限。未来国内外经济社会发展形势以及全面深化改革对减税降费提出了新的要求。从发展的外部环境来看，突如其来的疫情必将对世界格局产生深远影响，世界大变局加速演变，世界经济严重衰退，国际贸易大大萎缩，外部发展环境的不确定性大大增加。国内发展的风险挑战前所未有，“三期叠加”影响持续深化，疫情放大了发展的困难与挑战。为此，减税降费政策既不能缺位，也不能越位，更需要统筹考虑长远与当前、发展与稳定、供给与需求，科学稳健把握减税降费的节奏和力度，优化减税降费方式，在多重目标中寻求动态平衡。

一、在稳定宏观税负的背景下推进有增有减的结构性减税（费）

（一）宏观税负不宜再降

无论从哪个口径来看，我国宏观税负水平在国际上并不算高，且近年来其演变趋势与世界主要发达经济体呈反向态势。2017 年 OECD 国家平均宏观税负为 34.2%，创近年来历史新高，高于 2000 年的

33.8%和2007年的33.6%。我国宏观税负水平低于OECD国家，2019年小、中、大口径的宏观税负分别为15.9%、19.2%以及34%，各口径宏观税负均呈现明显下降趋势，中口径宏观税负比近年最高点（2015年，22.5%）下降了3.3个百分点，小口径宏观税负降幅更大。尽管我国大口径宏观税负与OECD国家基本持平，但因占政府基金收入大头的土地出让金收入波动较大，且相当一部分要用于弥补土地开发成本，扣除土地开发成本后，政府可统筹使用的财力占GDP的比重低于30%。

从财政支出的需求来看，无论从当前抗"疫"需要还是从未来其他改革需要财政兜底来看以及进入老龄化社会政府支出增加的国际规律来看，未来财政支出压减空间有限，难度大，财政支出刚性化必然要求财政收入规模和增速保持在一定水平之上，否则加剧财政风险，或会拖累我国经济社会的改革、发展与稳定。

因此，无论从国际比较还是从国内财政收支矛盾来看，未来均需要保持各口径宏观税负的相对稳定。

（二）推进有增有减的结构性减税（费）

保持宏观税负相对稳定并不意味着不再实施减税降费，而是在保持宏观税负相对稳定的前提下实行有增有减的结构性减税（费），即通过税费制度（政策）的结构性调整，实现我国税制体系结构、税费收入结构、税源结构以及纳税人结构向更加均衡的方向发展。

结构性减税（费）既是应对当前新冠肺炎疫情带来的暂时的经济"断崖式"下跌之需，也是我国当前所处的"三期"叠加阶段所决定的，更是全面深化改革，加快形成"双循环"经济新格局的要求。

新冠肺炎疫情给全球经济带来"停摆式"冲击，据国际货币基金组织的最新预测，2020年全球GDP增长为-4.9%。我国2020年上半年经济增速为-1.6%，尽管随着疫情得到控制，各项宏观经济指标向好趋势明显，但绝大多数微观市场主体经营困难，处于"生死"边缘，仍需要减税降费政策为市场主体保驾护航，共克时艰。

我国正处于转变发展方式、优化经济结构、转换增长动力的攻关期，周期性、结构性、体制性问题相互交织，需要减税降费政策以对冲经济周期性下行压力，更需要以税费政策调整顺应和引导经济结构性变革、以税费制度改革解决经济发展中深层次的体制性机制性问题。

形成和畅通“双循环”经济新格局的关键在于提高供需匹配度，提高供给体系的质量和效率，扩大社会投资和消费，这要求降税降费要有利于市场效率的提升，为市场竞争创造统一、公平竞争环境，促进小微企业发展，促进就业。

二、在寻求多重目标动态平衡中推进结构性减税（费）

税费的职能决定了税费政策调整要兼顾多重目标，结构性减税（费）要运用整体性思维，从系统论出发，统筹兼顾地推进结构性减税（费）。

一是未来要平衡好结构性减税（费）与财政风险的关系。在特殊时期，财政有必要成为经济社会风险的最后一道屏障，以财政风险为代价化解全社会风险，但财政风险过大也会影响发展和稳定，因此结构性减税（费）要充分考虑财政可持续问题，在确保满足财政支出基本需要的基础上，兼顾其经济社会效应。

二是未来要更加重视减税降费在解决结构性、体制性问题中的作用。随着我国经济发展进入新常态，逆周期调节成为减税降费的首要目标，而我国经济增长放缓的深层次原因在于供需结构性错配以及体制机制改革不到位，结构性减税（费）恰能在这方面发挥更大的作用，比如通过更科学合理的增值税制度安排，减少其对生产者、消费者决策行为的“干扰”，提升市场运行效率；通过优化所得税制度（政策），提高个人和企业的创新意愿和创新能力，增强微观主体活力，促进实体经济和金融的良性循环，扩大中等收入群体，激活蛰伏的发展潜能等。

三是未来减税降费要更加注重税费制度作为的制度环境变量于经济发展的长期动能作用。税费制度（政策）是市场运行的环境、外生变量，发挥着“制度搭台、市场唱戏”作用，这就要求税费制度要保持相对稳定，只有如此才能引导和稳定市场预期，将制度（政策）变动风险最小化，使经营主体专注于应对市场风险，避免市场风险和制度风险叠加产生共振效应。

四是未来减税降费要更加重视作为宏观调控体制组成部分的税费制度建设。1994年财税体制及其配套改革，初步搭建了在市场配置资源基础上的宏观调控机制，但内含于税费制度中的“自动稳定器”的逆周期宏观调控机制尚未建立，叠加税收收入考核机制，致使我国宏观调控机制在一定程度上表现出“顺周期”特点。因此，建立自动稳定的逆周期宏观调控机制是结构性减税（费）的重中之重。

五是未来减税降费要注重微观市场主体运行成本以及全社会制度性交易成本的降低。近年来减税降费政策无疑降低了微观市场主体的直接税费负担，但频繁政策调整以及政策的持续复杂化所引发的一系列管理、核算以及纳税成本不但降低了使市场主体所获得的“实在”好处，也会扰乱市场预期，增加全社会制度性交易成本。因此，减税降费要兼顾直接税费负担和间接成本，更要考虑对市场预期和环境影响的隐性成本。

六是未来减税降费要更重视全民整体性消费能力的增强。消费是人类生产的目的，也是经济发展的根本动力，社会整体消费能力既与个体居民收入有关，更与居民收入分配差距以及中等收入群体比重关系密切，因此结构性减税（费）不但要考虑减轻居民个体税费负担，更要考虑促进社会公平，有利于扩大中等收入群体。

因此，未来的结构性减税（费）更加关注解决结构性、体制性问题，更要着眼于建立自动稳定的宏观调控机制，重在创建公平统一制度环境，切实减轻微观市场主体各类直接、间接成本，降低全社会交易成本，提高资源配置效率。

三、在深化税制改革中推进结构性减税（费）

阶段性税费政策调整无法实现上述多重目标，上述结构性减税

（费）目标必须通过制度改革予以实现，即按照党的十八届三中全会以及党的十九届四中全会关于完善现代税收制度体系的要求，统筹整体设计“一揽子”改革方案，分步实施，协调推进，实现我国税费制度体系的结构性转换。

（一）构建以增值税和个人所得税为主体的“双主体”税制模式，实现我国税收体系的结构性转变

从收入功能看，我国税收体系呈现出明显的“一税独大、结构失衡”特征，这种税制结构特征的弊端愈发明显。

首先，增值税长期处于“绝对优势”地位，受到过度关注。尽管经过多轮减税，2019 年国内增值税收入占全部税收收入的比重仍达到 39.5%（占 GDP 的比重为 6.3%），一支独大，收入占比超过位居第二位的企业所得税 16 个百分点。目前，增值税已然成为各相关主体利益诉求的主要焦点和载体，各级政府收入仰仗于它，财税部门管理重点聚焦于它，纳税人的纳税事务和税费成本集中于它，任何一次政策调整都牵动各方神经，引发激烈博弈，致使改革推进异常艰难，或使改革迟迟不能完全到位，或为平衡各方利益而在改革中增加了诸多“补丁性”政策，影响税制的科学性与稳定性，进而影响我国市场配置资源效率的发挥。

其次，个人所得税长期处于“弱势”地位。2019 年个人所得税收入占全部税收收入的比重仅为 6.6%，占 GDP 的比重仅为 1.1%，而 OECD 国家个人所得税收入占 GDP 比重通常都在 6% 以上，这不但使我国税收调节收入分配的功能“缺位”，还造成我国宏观调控机制的自动稳定性能力不足，不利于中等收入群体的形成和扩大，进而影响我国消费市场潜能的释放。

为此，当前这种增值税“一支独大”的税收体系格局迫切需要改变，应建立以增值税和个人所得税的双主体税收体系结构，这既是深化我国宏观调控制度体系改革的需要，也是推进我国供给侧结构性改革的需要，还是增强我国微观主体活力、提升我国市场运行效率的需要，更是优化宏观、微观收入分配结构促进“双循环”新格局形成的需要。

（二）倡导纳税人间以不含税价签订合同，为深化增值税改革创造环境

增值税是我国最大的税种，覆盖全部市场主体，且参与初次分配，它直接关系到我国市场主体成本负担、市场配置资源的决定性作用发挥程度以及社会制度性交易成本的高低。

从理论上分析，消费型增值税的最大特点是“中性”，其具体含义是增值税负担不因生产环节多寡、分工粗细而增加，增值税对纳税人的收入、成本以及利润不产生影响，相应纳税人在其中承担着“代付”“代收”以及“代缴”功能，即增值税是“流经、穿透”纳税人而最终至消费者。

按照上述理论的分析，纳税人不会关心、关注增值税政策调整，不会对政策调整有“反应”，但事实上我国增值税政策调整或缘起于纳税人的诉求，部分改革或因纳税人反对而受阻。这种与理论不相符、与国外实践不一致的增值税改革的“国情效应”既与我国目前增值税税制不完善有关（具体分析见下文），更与我国纳税人间签订合同时价格标注的“国情特色”有关，即纳税人之间习惯于以包含增值税的价格签订合同。这种方式带来两种效应，一是纳税人（尤其是管理层）想当然地将合同价等同于其收入，认为缴纳增值税是将其经营收入的一部分让渡给政府，因此增值税是其缴纳，由其负担，增值税缴纳越大，其利润空间越小；二是因含税价在合同中已经相对固定，在增值税税率调整时，纳税人的销项税额和进项税额随之变动，客观上对纳税人的营业收入（含税合同价扣除销项税额）、成本（含税合同价扣除进项税）以及利润形成了实质性影响。甚至在极端情况下，增值税改革（如税率调整）还可能成为产业链上下游价格调整的“借口”或“导火索”，使得诸如希望让利于小微企业的增值税减免政策在实际执行中打了折扣，甚至“好心办坏事”。正是这个原因，我国市场主体对增值税政策调整非常“敏感”，进而阻碍我国增值税改革的顺利推进，比如税率调整、税收优惠政策清理等。

为此，应积极倡导纳税人间以不含税价签订合同，一方面可以有效纠正各界对增值税的认识误区，消除改革阻力，有效缓解增值税改革带来的短期不利影响，为进一步加快增值税改革、消除增值税对资源配置效率影响的制度性障碍创造环境。当然，改革必然会涉及利益调整，增值税改革会对市场价格以及供需关系产生短期影响，但以不含税价签订合同可以从制度上、机制上保证增值税改革对市场的不利影响最小化。

（三）优化增值税制度，提高增值税“中性”程度

科学合理的增值税制度安排是实现增值税“中性”特点的保证，如税基要尽量宽广，税率要尽量统一，留抵税款要及时、足额退还，中间环节没有税收优惠等。基于理想与现实的差距，未来我国增值税改革要从以下几个方面着手：

首先是加快实施增值税税率简并改革，形成“1档标准税率+1档优惠税率”的税率格局。尽管从税率档次上看，目前仅有3档税率，但三档并两档的改革并非简单地将其中一档取消。这是因为，我国两档税率改革目标是“绝大多数商品和服务适用标准税率，而少数商品服务适用低税率”的改革，而非简单地取消或归并一档税率。从目前我国增值税税率格局来看，事实上存在两档基本税率，即13%和6%。目前绝大多数服务适用6%的税率，且产生的收入占国内增值税收入的比重在40%以上。目前这种税率格局带来的问题较多，不但大大增加纳税人核算和遵从成本，更重要的是不符合增值税“中性”要求，不利于企业公平竞争。为此，增值税税率简并的关键在于商品和服务税率的统一。

其次加快建立增值税留抵退税制度。自2018年5月份我国开始实施增值税留抵税额退税政策，但目前仍实行增量留抵退税和比例退税，即仅与2019年3月底相比新增加的期末留抵税额按照60%的比例退税，并未真正建立留抵退税制度。对留抵税额实行100%退税是消费型增值税制度的内在要求，也是企业不承担增值税负担的必要保证，因此建立留抵税额退税制度不但是结构性减税的需要，更是优化税制的要求。

最后是大力清理增值税优惠政策。增值税为生产税，其最大优点在于“中性”，再加之税负转嫁特点，不适于在中间环节进行税收优惠安排，否则会导致抵扣链条中断，出现重复征税问题。而我国增值税在近30年的历次改革中，为形成改革共识，减少改革阻力，陆续出台了诸多税收优惠政策。在最新“营改增”试点改革文件《关于全面推开营业税改征增值税试点的通知》（财税〔2016〕36号）中，从营业税平移过来的优惠政策或改革过渡性政策，多达40多项，再加之原增值税的一些免征、即征即退以及地方的税收返还政策，预计可达百项。这些政策不但侵蚀了税基，减少财政收入，还不利于增值税中性特点发挥和公平竞争环境的创造，大大增加了征管风险。曾有企业谈到，“哪里有增值税优惠（返还），哪里就有增值税专用发票虚开”，因此必须下大力气清理增值税税收优惠政策。

（四）继续推进综合与分类相结合的个人所得税改革，充分发挥其对经济发展和社会稳定方面的作用

2019年我国个人所得税改革向“综合税制”迈出了关键性的一步，税制改革带来与其相匹配的征收管理方式的“颠覆性”转变，这为未来税制优化奠定了征管基础。

个人所得税“主税种”地位主要体现于构建自动稳定宏观经济调控制度体系、扩大中等收入群体、筹集财政收入以及调节个人收入分配四个方面。以此标准来看，目前个人所得税制度尚不完善，税制仍为“小综合、大分类”模式，未能完全体现量能纳税原则；扣除制度不完善，影响个人所得税覆盖面，进而影响其调节收入分配能力的发挥；资本性所得以及财产性所得的比例税率无法体现个人所得税的累进性特点；合伙企业比照个体工商户的征税办法与合伙企业的发展现状远不适应，合伙企业的“穿透税制”尚未真正建立，从而影响我国中小投资者的积极性以及资本市场的运行效率等。为此，我国未来个人所得税改革应在上述几个方面有所突破。

（五）尽快实施消费税部分税目征收环节后移和收入划分改革，充分发挥其筹集财政收入能力，缓解地方财政压力，提升地方财政收支的“匹配度”

从收入规模上看，消费税是我国第三大税种，2019年国内消费税收入为1.25万亿元，占全部税收收入的比重为8%，收入能力较强。党的十八届三中全会明确提出“调整消费税征收范围、环节、税率”的改革要求。为此，应尽快实施消费税制度和收入划分改革，充分发挥其筹集财政收入（尤其是地方财政收入的能力）的能力。

从消费税的税目来看，多数税目的“受益性”和“负外部性”特点，典型如烟酒。烟酒消费量大的地区，由烟酒消费导致的卫生支出相对较高，汽车和成品油消费量大的地区，其交通治理成本则会更高，而将烟酒、汽车以及成品油消费收入下划地方政府，可充分体现地方财政收入的“受益性”原则，提高地方财政收支的“匹配度”。

从消费税收入结构来看，卷烟消费税收入占比在50%以上，再加上成品油和汽车消费税，三税目消费税收入占比可达80%以上，同时我国卷烟消费税负担远低于其他国家，仍有很大提高空间，所以未来消费税后移征收环节和收入划分改革的重点在卷烟、成品油和汽车三个税目上。目前卷烟消费税收入下划地方的改革存有较大争议，认为卷烟消费税收入下划地方不利于“控烟”，无法实现“寓禁于征”的目标。实际上，将批发环节而非生产环节卷烟消费税收入下划给地方“控烟”影响较小，因为各地区批发环节卷烟消费税收入多寡仅取决于本地区烟民数量和卷烟价格，地方政府没有能力对千千万万烟民的消费行为进行干预，反倒是因收入归属地方调动了地方加强征管的积极性，实现应收尽收，在一定程度上有利于“控烟”。

现代预算制度与全面绩效管理

开启全面实施预算绩效管理新时代

◇ 中国财政科学研究院　王泽彩

一、全面实施预算绩效管理扎实有序推进

自中共中央、国务院2018年9月1日颁发《关于全面实施预算绩效管理的意见》以来，总体来看，31个省、自治区、直辖市党委和政府，以及中央各部委都转发并制定了贯彻落实具体措施，可以说，全社会“从让我有绩效到我要有绩效”的理念和意识基本养成，注重财政资金配置效能制度体系不断健全和完善，重点项目绩效评价和部门整体绩效评价范围逐步拓宽，绩效评价报告报送同级人民代表大会参阅已形成规范，政府新理财思想的公信力进一步提升，为后疫情时代落实“六稳”“六保”任务，切实做好财政“兜底”“三保”工作奠定坚实基础。突出表现为5个亮点：

一是基本形成全方位预算绩效管理“新格局”。在逐步深化传统一般公共预算项目支出绩效管理基础上，逐步扩大到政府预算、部门预算、政策和项目预算绩效管理。不仅对所有中央本级项目、中央对地方专项转移支付、中央与地方共同事权转移支付全面实施绩效管理，还督促地方开展了部门整体绩效评价，以及地方财政运行综合绩效评价等工作。

二是初步建立全过程预算绩效管理“新链条”。按照绩效管理与预算管理一体化要求，实现了“预算编制有目标、预算执行有监控、执

行结果要评价、评价结果要反馈和反馈结果要动用”的全过程改革意图。特别是，去年以来对财政扶贫资金、新增地方政府专项债，以及今年2万亿元抗疫特别国债和新增赤字实施全过程绩效管理，收到“用绩效对冲风险”的良好效能。

三是健全完善全覆盖预算绩效管理“新体系”。有序推动将绩效管理覆盖所有财政资金，延伸到基层单位和资金使用终端。自2018年以来，绩效管理范围已实现5个“覆盖”：中央、省、市、县、乡“五级政府”；一般公共预算、政府性基金预算、国有资本经营预算和社会保险基金预算“四本预算”；所有预算部门和单位；所有财政收支政策；所有财政性资金。

四是初步铸就预算绩效管理制度“新框架”。围绕建立“全方位、全过程、全覆盖”预算绩效管理体系的目标，在广泛征求意见的基础上，强化顶层设计，加强制度建设，目前已初步构建了覆盖精准扶贫攻坚、政府与社会资本合作、政府采购服务、政府采购、冷链物流、电子商务进农村，以及中小微企业发展基金等绩效管理制度体系。

五是公开透明绩效评价报告成为“新导向”，信息向人大报送及公开范围。2019年将所有共同财政事权转移支付和专项转移支付、大部分政府性基金项目的绩效目标，随同预算草案提交全国人大，其中70%转移支付项目的绩效目标向社会公开；提交全国人大审议的中央部门项目绩效目标数量大幅增加，预算绩效管理的社会公信力明显提升。

二、全面实施预算绩效管理面临严峻形势

一是亟待制订统一的预算绩效评价规范，标准科学的预算绩效评价指标体系。目前，我国预算绩效管理政策规定，预算部门和单位自评价为主体，财政再评价为监督，第三方评价为补充，绩效评价缺失统一规范。同时，分行业、分领域、分层级的预算绩效评价指标体系

迟迟没有形成全国统一认识“度量衡”，有质疑评价结果的合法性、合规性现象。

二是绩效目标动态监控规范需进一步扩大覆盖范围。近年来审计查处的地方挤占挪用预算资金问题，说明进一步扩大预算资金绩效目标动态监控范围势在必行，强化监管是公共资金的“守护神”和“安全阀”。

三是绩效目标和自评质量还有待加强。近年来，财政部门不断加强绩效目标管理和绩效自评，实现了绩效目标编报和绩效自评从无到有的跨越。但也不可否认，目前绩效目标填报不科学、不规范，绩效自评质量不高的问题还客观存在。尤其要防止评价指标体系“兵马俑”、简单照搬复制。针对这些问题需要继续强化绩效管理主体责任，健全完善预算绩效指标体系，督导部门强化绩效目标审核等。

三、经济下行、财力收紧背景下的绩效管理改革路径

一是启动研究预算绩效立法，实现有法可依，增强绩效管理的公信力。根据《预算法》“上位法”有关规定，研究探讨设立《政府预算绩效法》的可行性，成为深入推进预算绩效管理改革重要着力点，且急需廓清预算绩效管理的法理依据。

二是制定预算绩效管理“十四五”工作规划，积极推进预算绩效制度建设。明确后疫情时代的阶段性任务，一定将制度建设挺在前面，特别是部门整体支出绩效评价办法、政府债务绩效评价办法、分行业PPP项目绩效评价指标体系，尤其是要尽快出台绩效问责与挂钩办法等，增强其内生动力。

三是加快出台预算绩效管理工作规范，统一预算绩效评价操作流程。严格预算绩效评价目的、评价主体、评价客体、评价指标、评价时间、评价方式、评价结果应用等逻辑流程。同时，加快健全完善分行业、分领域、分层级预算绩效评价指标体系，成熟一个推出一个。

优先出台农业、科技、教育等法定支出，以及政府债务、精准扶贫、污染防控等重点支出评价指标体系，增强预算绩效评价高质量发展。

四是构建财政核心业务一体化绩效动态监管体系。根据财政核心业务一体化信息系统建设总体部署，探讨充分运用“互联网+绩效+管理”模式，明晰财政部门监管责任和绩效管理主体责任的界限，强化动态监管体系覆盖财政主体业务，充分发挥协同、整体推进作用，真正促进资源最优配置和资金产出效果最大化。

五是积极培育、引导、发展第三方评价机构，切实提高绩效评价质量。探讨组建“中国绩效评价协会”，组织、协调、指导绩效评价工作。根据改善营商环境有关规定，允许市场主体通过政府采购、招投标，积极引导独立、中肯的社会第三方公开、公平、公正参与对预算绩效评价业务，“绩效”的“绩效”方可实现。同时，适时推动“绩效师”进入“国家职业法典”。

全面实施预算绩效管理，建设高效、责任、透明政府

◇ 财政部预算司　郑　涌

说到预算绩效管理改革，党的十九大报告中习近平总书记提出，要建立全面规范透明、标准科学、约束有力的预算制度，全面实施绩效管理。当这项要求提出来的时候，相信所有的财政界同行，特别是搞绩效管理的同行当时确实是心潮澎湃，没想到在这个阶段把绩效管理提到这么高的水平，通过我们党最高的纲领性文件予以表述，为我们全国加快预算绩效管理改革指明了方向，这是一个纲领性的文件。

按照党的十九大的要求，也按照预算法的要求，落实党的十九大全面实施预算绩效管理的意见的要求，从起草到印发这个意见，共计一年的时间，我们5月份提交给国务院，国务院走程序，报中央深改委，又报党中央，所以，到9月1日，习近平总书记正式签署这个文件，9月26日见报。对预算绩效管理改革确实是非常重要的时期，今年到现在这个意见实施一周年。

在10年前，财政部出台第一个文件——《财政支出绩效评价管理暂行办法》（财预〔2009〕76号），经过10年的探索，党的十九大之后一年多到预算绩效管理改革突飞猛进，实现重大的跨越、突破。我

们最初探索从事后绩效评价开始，从广东到北京一些重点的项目开展事后绩效评价。现在的评价已经从事后转为全过程，包括事前、事中、事后。这两天办公室正在做的就是对2019年1—7月份的绩效执行监控情况进行分析和汇总，我们采用红绿蓝灯对一些有问题的绩效完成情况进行汇总，督促进行整改，应用到2019年预算调剂和明年的预算安排，每一项都在逐步的落地落实。

第二个跨越是从局部地区探索到全国范围内实施。我们国家有五级政府，自上而下全面推动难度非常大，我们跟国际同行交流的时候他们也觉得不可思议、不可想象。美国是联邦政府，州县自行探索，有做的有没做的，但是我们是统一推广。中央层面和省级层面现在全过程预算绩效管理基本落地，市县还在进一步的助力，我们还在进一步推动。

第三个跨越是我们从一些个别项目的试点发展到了覆盖几本预算，基本实现了三本预算全覆盖，即一般公共预算、政府性基金预算、国有资本金预算，还差社会保险基金预算还没覆盖，政府投资的项目还没完全覆盖，我们正在跟PPP中心，包括地方债务相关的机构同时合作推动这两个办法的出台。这是我们下一步工作的重点，下一步投资刺激经济增长，在地方债方面、在PPP项目方面规模越来越大，绩效管理如果跟不上会造成很多的潜在风险和不确定性。

中央深改委要求财政部在34号文件实施一周年的时候提交全国落实中共中央、国务院关于全面实施预算绩效管理意见的评估报告，为此，我们对中央一百多个部门的情况进行了汇总，多个部门党组书记、部长就《意见》作出了重要的批示，召开全系统实施预算绩效管理工作推进会议。包括外交部的党组书记都亲自召开关于落实预算绩效管理的会议，主持召开，并且做讲话，确实非常重视。39个中央部门印发了落实意见和实施方案，地震局是最早的，农业部出台了三年的工作规划，近100个部门成立了主要领导挂帅的预算绩效领导小组，70多个中央部门成立专门机构。中组部这样一个党的机构都出台了关于用第三方机构的绩效管理办法，很多工作在逐步开展，而且这种积极性、主动性确实是前所未有的。

5000 亿元的中央经济投资都实行绩效管理，现在每个下达资金的文件都要有绩效目标指标。网信办、卫生健康委、生态环境部、民航总局出台的一些制度办法，我们定期汇总，并进行每年考核，发现大家做了很多卓有成效的工作。目前全覆盖的工作基本上已经完成，这一阶段就是提质增效，发挥绩效管理的作用，发挥效果，这是一个新的考验。

中央财政层面已经实践了全过程的绩效管理覆盖，绝大部分省份也做到了，包括绩效目标的覆盖，最近领导还要求我们一定要简化、要优化绩效目标，现在确实到了提质增效的阶段，包括如何做好监控和自评，包括绩效评价，这些方面我们基本实现了全过程管理。

目前，我们对各个地方落实中发 34 号文件的情况也做了一个汇总，目前有 29 个省份出台了落实中发 34 号文件的意见，都是以省委的文号发的，即某某省省委省政府落实关于全面预算绩效管理的意见，四川省财政厅和省纪委、省监察委、省委组织部、省审计厅联合印发《全省预算绩效管理工作推进方案》，山东济南、四川成都都出台这样的文件，多个部门联合推动绩效管理，绩效管理确实不能单兵突进，我们财政部门只是一个统筹协调，各个部门协调配合是至关重要的。所以，在这方面很多地方做出了非常有力的探索，基本上每个省都有独立的绩效机构来推动。浙江出台了全面落实预算绩效管理改革的三年行动计划。

前一段时间在亚洲国际研讨会和亚洲绩效论坛上都有很多省介绍他们的经验，那些国际专家、国际机构，包括外国政府的一些财政同行们大家都非常感兴趣中国的经验。

给大家举几个例子，北京市的事前绩效评估做得很好，跟预算安排挂钩，应用的效果是非常突出的，全成本预算，很多事业单位，包括公交、供水，这些事业单位的补助都通过成本核算来确定它的预算金额，包括幼儿园、养老院，都做了大量的工作。广东省在分行业分领域指标体系方面有很好的探索，他们的信息系统也是同步开发，现在提取关键词，包括使用都带来极大的便利。浙江在前一段时间的国际研讨会上请许宁厅长做了专题的主旨演讲，介绍了浙江集中财力办大事，即在财政资源配置环节充分利用绩效管理的做法，按照绩效管理的要求配置资源，设定政策，重新对所有的增量和存量的转移支付政策进行梳理，共计100多项。另外，对大概6个省级部门，包括教育厅在内，设立部门整体的绩效管理试点，无论是事前的绩效目标和事后的绩效评价结果都和预算安排挂钩。浙江的做法是我们今后预算绩效管理的一个发展方向，从源头配置资源开始绩效挂钩。

市县层面，东部的一些市县很多做得很不错，包括广东、江苏、浙江、上海等，北京市几乎所有的区都做得不错，但是很多广大的中西部地区市县难度还是很大，包括我们对知识的宣传和普及，理念的树立都需要一个过程，扶贫资金绩效管理方面我们通过一年多的探索，在这方面取得了实质性的突破。所有28个有脱贫任务的省份的扶贫项目都要实施绩效管理、批报绩效目标，都要开展绩效自评，这些数据要通过财政扶贫动态监控信息系统予以呈现。初步解决了几个问题，一是摸清了全国各级财政用于扶贫项目资金的金额，把所有的绩效的产出效果都能展示出来，另外，基本解决了最后一公里监管难的问题。今年各地监管局在对2018年扶贫项目绩效自评结果进行抽查和复核。

在我们的办公室，每天可以看到各个省的扶贫项目情况，每个省每个县，信息化到这种程度，希望以后还可以进一步拓展，可以分析全国扶贫资金分项目的情况。

扶贫项目用于支持核桃种植的，包括土豆、石榴，包括养牛的数量、成活率，都有这样的指标予以体现。近期召开的两个国际研讨会上，我们也介绍中国的经验，包括整体的、中央部门的，也包括地方的，很多经验得到了国际同行的广泛认可。后续，我们会发布一个财政简报向大家介绍一下中国绩效管理改革的进展，包括国际专家对我们国家预算绩效管理改革的评价。

OECD 的乔恩·博恩达尔一直非常关注中国的预算绩效改革。他说中国引入全面预算绩效管理并加以推进，这是值得尊敬的做法。

IMF 东南亚区域公共财政管理顾问霍格·范·伊登提到，中国政府能由人大、审计、中央和地方财政以及专家学者等多方共同、开诚布公地讨论预算绩效改革的思路和挑战，充分体现了中国政府改革的决心和信心，对其他国家很有启发。

近几年的亚洲绩效评价论坛也基本上是审计署和财政部一起开会，财政部在说成绩的时候，审计署一直在问题。确实，我们存在很多问题，但是并不阻碍我们前进的步伐，我们一直在按照审计署的要求不断地整改，不断地改进管理。当然，我们总会有问题，这个我们也清醒地认识到。

为什么说现在实施预算绩效管理更加重要？现实情况不言而喻！刘昆部长和许宏才副部长这一个月都在说我们减税降费的预期超过两万亿元，说明我们的减收压力可能更大，财政收支矛盾更加突出。在这种情况下，无论是主动的，还是被动的预算绩效管理都是最佳的选择。我们一直希望应用绩效评价结果，包括绩效目标的情况、监控情况，无论是管中央部门支出的，还是管转移支付的同事都主动来找我们，说明他们也面临很大的压力。在减收的同时，是一定要减支的，否则我们的赤字就不可控了。而且我们分析了一些国家的经验，有很多种选择，包括减税的同时不减支，增加支出，相应的减少支出。从实践经验来看，最好的效果就是减收的同时要尽量的减少支出、压缩支出，而且我们国家通过这么多年来的高速增长，财政支出过快增长，很多支出中确实有一些低效无效或者存量支出中有一些绩效不高的，一个转移支付大概几百亿元的节余资金，最近做的几个绩效评价，部门整体的，这个方法不一定继续采纳，这个工作不一定继续推了。但是我们也发现一个问题，有一些大的部门每年都有几亿元的结转节余资金，大概 20% 左右，这样的支出如果现在还不压减，那我们只能扩大赤字了，赤字是有上限的。所以，现在到了一个应该通过内部挖潜发挥有限资金更大效益的阶段，即提质增效的阶段。中央财政可能回旋余地大一点，最困难的地方市县，一个三保问题，一个债务问题。

最近我们也在梳理如何充分发挥预算绩效管理的作用，部领导要求我们现在一定要通过绩效管理把支出压下来，把效益提上来。从预算绩效管理本身来讲，要全过程做优绩效目标，2020年起我们要进一步优化、简化核心的。我们力争在梳理，分行业分领域，要通过信息系统放到预算编制的软件里，这样以后年度可以比较，不同部门之间可以比较，大数据逐步就形成了。同时，绩效监控是非常有必要的，福建省的做法给我们很大的启示，很多真知灼见来自于地方实践的。我们站在财政部平台上发现更多好的经验，并把它归纳整理进行总结，也希望各位专家能够凝练出更加好的理论，然后再指导实践。全国人大、审计部门对我们绩效自评诟病是非常多的，明显虚高，分数太高，有的时候差距太大，确实不客观。但是现在，绩效信息公开的范围越来越大，很多项目无处可藏，无论成绩好坏都要公开，通过绩效自评，倒逼绩效结果提高。另外，审计署每年要对中央部门绩效自评结果进行复核，审计的时候这些都是证据，每年都会提出一系列的关于自评的问题。每年培训的时候我们都要把这些问题讲出来，审计署提出的问题，我们要依样进行整改。

另外，外部评价方面，我们现在广泛利用第三方，还有专家，外部评价如何做深做优、做得有价值，结果能应用、能公开，得到社会公众的信服，确实对我们第三方机构，包括专家提出了很大的挑战。在这方面我们要进一步加强培训和指导、从绩效管理工作来说，我们列出了下一步要重点推动的一些工作。例如，推动部门整体预算绩效管理试点，要编制部门整体的绩效目标，进行监控，年终进行自评，审计进行复核，这样的一个结果每年报国务院报人大。看看明年能不能选几个部门做一个突破。

另外，事前评估事后评价并举，共同大幅压减低效无效支出。包括今年，包括前几年绩效评价结果应用，包括今年事前绩效评估，我们都要应用到2020年，预算编制就在眼前了，而且要不断地压减任务，这个目标逐步推送给大家，包括党中央国务院要求。现在中央部门明确的要求是压减10%，非重点的项目支出压减10%。怎么压？是一刀切的压还是有重点的压，还是按照绩效管理方式来压？我们希望通过事前绩效评估，包括事后绩效评价，通过绩效管理的方式来压，排好优先次序，这就要求各个部门财务司，包括各级财政，各个业务处室发挥其主管、统筹及审核作用，以及制订下一步的完善制度办法。

成绩确实是值得骄傲的，但要戒骄戒躁。成绩是代表过去，不代表未来，今后有很长的路要走，而且改革永远在路上，要持续推动。不能过于急躁，一下子把绩效管理推到极高的水平，要考虑现实情况，包括整体的水平，包括市县人才队伍方面，戒骄戒躁，时刻提醒我们。另外，蹄疾步稳，跑得要快，步子要稳，要有危机意识，特别是在现在财政困难时期充分发挥绩效管理的作用，几十个国家的经验都是在危机时刻推动改革，我们不能说现在是危机时刻，但是确实是财政困难时期，更加有利于推动改革，凝聚共识。另外，步伐要稳，要稳扎稳打，我们也有一些失败的经验教训，这些我们要摒弃，选择合适的办法继续前行。

科学划分预算主体职能，确保部门整体支出效果

◇ 中国财政科学研究院　白景明

未来的工作要搞整体的预算绩效管理，各部门特点不一样，是不是应该有一个分类原则来推进这个事儿，因为各部门不一样，各部门的性质、职能、资金来源等都不一样。绩效管理有一些通则是全适用的，但是到一些具体的情况，尤其目标设定的时候，特别是绩效目标里要再往下设定效益目标的时候，各个部门就不一样了。通则、管理的流程可能差不多，而且说到管理的流程角度，有的部门有其部门的特点。我们要搞部门整体基础性工作要做。从几个角度划分一级预算单位。首先，在中国预算管理角度，把它分成几类预算单位，所谓一级预算单位，是我们政府，或者是国家机器里部级单位这个概念。我们在财政预算管理上它是分为一级预算是对着一个部门，部门下面有二级预算单位、三级预算单位，一直到四级预算单位，这样一个管理层级。

但是实践当中，一般来说，一个部门是一级预算单位，但是有的时候又不完全是。一级预算单位可能不是一个部级部门，可能没有行政级别，比如群团组织、记者协会是一级预算单位，而且同是一级预算单位，部门级别也不完全一样，有的是正部，有的是副部，还有的

是副国级，检察院，高检、高法。首先我们从职能角度可以进行分类，部门的职能不同，它的绩效目标基本属性就不一样。从职能上说，一级预算单位可以分为三类：一类是属于行政部门，它更多的职能是设计公共产品。教育部更多的是设计教育政策，工信部更主要的职能是设计工业发展的各方面政策。还有一类是提供公共产品，这种部门有很多属于事业单位，这在基层来讲，到地方政府比较突出，有的是一个大学，有的学校是一级预算单位，提供公共产品。提供公共产品要说绝对的划分，只设计不提供那是没有的。所以，中国的绩效管理特别复杂，如教育部光设计公共产品，不提供公共产品也不是，管那么多大学呢。所以，高等教育可以说是半公共产品，不完全是纯公共产品，主要的职能是设计，不是办教育，就跟卫生部似的。

第二个角度，资金来源的角度，中国一级预算单位资金来源都是几块，财政拨款、事业经济收入，有的部门以财政拨款为主，有的财政拨款可能占比较低。我们国家的资金来源，各预算单位，职能属性里，有的中央部门资金来源是事业单位属性的，它的资金来源就是事业收入相对高一些，还有一些群团组织。我们现在要求一些群团和国家脱钩，脱钩以后要自筹资金。我们还有极端的例子，从中央来讲，资金来源没有财政拨款，人民银行外汇管理局不是财政拨款，它是什么？俗话说是发行货币的收入。

资金来源不同，绩效管理目标的设定到管理的流程可能还不唯一，特别是到地方政府，到地方财政这一块，很多一级预算单位的资金来源于事业收入，其他收入更多一些，我们现在说绩效管理要延伸到基层，实际上中央部门好设计一些。到基层政府资金来源就更复杂了，转移支付下来最后列在部门预算支出到县里，上级转移支付的资金，还有这块，这个绩效管理怎么设计不完全一样。

我们绩效管理部门整体要分类，在分类的基础上设定绩效目标，产出和效率目标不一样。部门整体绩效目标里面有投入产出率。项目支出没有完全的投入产出率的概念，项目本身投入什么，产出什么这是可以有的，但是部门总体来说应该有个投入产出率。绩效管理一个核心的问题没有解决，投入产出率核算，这实际上是学术界一直在探讨的问题，难点就在于公共产品不好定价，如果解决了可以算投入产出率，因为真正的绩效管理是投入产出。

我国财政国库预算绩效管理改革进展及思考

◇ 财政部国库司　刘跃峰

我们国家实施国库改革是在2002年，这是1994年分税制以后中国的财政领域改革又一项比较重大的改革，应该讲它改革的一个首要成效就是整个管理理念得到了大的改变。过去国库实际上是一个实体的概念，现在的国库实际是一个管理的概念，代表政府来控制预算执行的一系列管理制度。所以，国库预算管理是一个综合说法。

跟这个理念相适应，我们建立了这样一套机制体制，国库单一账户体系为基础，整个预算资金的制度是以集中收缴支付为主要形式的制度。到现在为止，国库改革将近20年，国库制度也是我们现在财政财务管理的一个基础。总的来看，中国的国库改革有两个比较突出的特点，第一个是强调规范化，主要是强调管理的规范化；第二个是强调预算执行的绩效性。首先，规范化，因为规范化是公共制度设计的首要目标，实际上作为财政来讲一直有一个说法叫重分配轻管理，财政国库改革很重要的一点就是表现在管理制度，因为从理论的角度来讲，党的十八届三中全会说财政是基础、是支柱，它是一项公共权力的设计，和私人的市场经济行为完全不一样。所以，一个分配效果也好、政策的产出也好，很难有一个准确的计划。所以，规范化首先保证我们能够有基础。基于这样一种理念，国库改革包括了三个方面的内容，第一是建立一整套的单一账户体系，包括国库的单一账户，包括部门的单一账户，包括财政专户，所有的财政性资金都在这个体系里。第二是收入，规范了一系列收入，包括集中汇缴、直接缴付等一系列的收入上缴的程序。第三是支出，集中支付，目前两种主要的形式，一种是直接支付，一种是授权支付。直接就是财政部直接支付令，从国库单一账户直接支付给具体的最终的收款人，授权支付是财政授权给一级部门，即由一级预算单位来开具支付令。但是最终的结果是单位不见钱，这个钱直接支付给最终的供货商了。这样一套制度设计，规范性跟以前相比不可同日而语。这是第一个特点。

第二个特点是加强绩效性。它是一个大的绩效性的概念。因为规范化到了一定程度以后，绩效性目标肯定就被提到一个更重要的位置，财政资源稀缺，尤其现在的情况下，前些年财政收入百分之二三十的增长的情况下可能还没那么突出，现在收入增长肯定是个位数，这种情况下大规模的减税降费绩效性目标更突出一些。

绩效性目标我们是从两方面看，一是总体的绩效性，财政资金总体的绩效性的目标。二是一些部门项目的个体化的要求。应该讲，财政国库在这两个方面都会发挥他自己的一些作用，或者说它奠定了一个前提和基础。对于一个国家国库制度评价的标准，一般来讲国际货币基金组织有标准，第一是效率，第二是透明，第三是监控。财政国库对绩效的保证也是从这三个方面来分别做到的。

首先是效率，提高财政资金运行的效率以及它的使用效率，这是一个总体性的概念。这也是从三个方面来做。第一，整个国库制度设计是简化了过去整个收支，因为国去都是层层的，无论收还是支都是一层层上来，一层层下去，整个资金在这套体系里运行，运行效率提高。第二，因为财税也好，或者国库也好，首先要保证的是支出，保证公共部门的基本运转。所以，在保证这个的前提下，实际上还有一个国库资金或者叫预算资金的保值增值的问题，现金运作。因为我们的收入跟支出并不是完全对应的，比如支出上半年少，下半年多，上四下六，过去是这样，现在抓进度可能上五下五了，收入一般上半年多下半年少，会有一个时间差，这个期间过去的收入资金闲在那儿，现在有些运作是一个保值增值的问题。还有国库司职责包括预算执行、国债、政府采购三大块。这三部分有一个内在联系。为什么说效益这块提到这个呢？投资除了国库资金的运作，短期债发行，这两个之间跟国库司之间是有衔接的，通过这种运作降低我们筹债的成本。第三，整个财政的宏观调控，人民银行的货币政策，财政的财政政策，还有发改委的产业政策，财政政策实际就是资金的投放。在过去，资金的收和支都是分开的，收入上来会停在各个过渡户里，支出也是一层层拨下去，财政拨出去了，从财政这儿看支出了，但实际这些钱是停在各个单位的存款账户里，财政政策效果大打折扣。现在的情况下给财政的宏观调控奠定了非常好的基础。这是第三方面的概念，这是一个整体性的。

其次是关于透明的问题，透明指两个方面，一个是程序上的透明，第二个是部门的资金使用上的透明。整个透明归结成一个财政支出的信息的反馈和披露。而数据是我们所有的政策，包括绩效管理的一个前提和基础，首先这个数据是准确的、及时的，这种情况下我们才可能做下一步的管理。因为国库的反馈机制跟以前相比有一个很大的提高。实际上，以前财政无论是收也好，主要是支出这块，以收做支，这个钱一旦出了财政之后，基本上就脱离了财政的视野，到各个部门的存款账户上，他用还是不用我们是不知道的。如果想收集这些支出的信息，大家层层上报，一层一层的汇总上来，无论是从准确性、及时性，还是各个方面，都没办法得到一个保障，但是国库改革之后首先有单一账户体系做保证，还有相应的信息系统，它所有的反应都是实时的，这样无论是政策的制定，还是我们对项目执行的管理，绩效的管理，就有一个可靠的信息基础。

这里稍微引申一下，我们国库，尤其做具体的预算执行工作，有时我们也会做一些执行方面的分析，有相应的数据以后，这种分析与以往相比更多的是做一些探索，这种探索也是比较初级的。实际上我们现在的财政支出，大的有两个方面，一个是基本支出，一个是项目支出，基本支出都是人吃马喂，一般人员经费，包括部门运转经费，这个方面相对来讲是比较均衡的，要求更多地强调规范化和标准化。第二个更重要的是项目支出，项目支出里部门实现一些特定的目标，来申请各种项目报预算。项目支出里可以分成几类，基建可能是最大的一块。基建的一些项目可能会受到施工条件的限制，比如北方的冬季，南方的汛期雨季，包括高寒边远地区，季节的影响特别大。另外，我们国家对基建管理是很严格的，整个一套流程，前期包括项目论证、方案设计、评审这些东西，它前期支出很少，后期项目完工以后也不大可能把钱完全给你，要留保证金的，一年以后再给。整个基建支出是一个前低后高的情况。

政府采购，对于一些发达国家，政府采购是整个预算编制和执行的基础，如果按照国际上世界贸易组织的标准，只要主体是公共部门，使用了公共资金，或者为了公共目的，这三点符合一点，我们国家政府采购法、招标投标法要求也是很严格，有一套程序。

除了这些，还有其他项目的科研业务费，包括其他一些费用，这里面有一个前高后低，实际上很多并不是突击花钱，它是有一定规律的。第二，我们考虑的是财政预算资金管理，把握这些规律，是我们深层次的研究一些绩效或者其他方面目标的一个基础。

第三个标准是监控。监控是对整个预算执行进行一个控制和监督。这应该是整个财政有效管理的制度保证。这里面主要有两方面工作，一是制度的设计，二是信息系统。比如截流挪用的违规情况，过去没有这种制度设计，没有信息系统做不到有效监控。现在国库司有一个动态监控的机制，它是对于整个预算执行全过程实时的监控，包括明细的，包括各个项目，包括预算项目，指标，使用人，收款人，账号等几十个项目的信息都是可以实时看到的。建立了这种动态监控系统之后，所有的疑点信息被及时发现，然后被预警。预警就是核查，部门纠正。这样的话就把很多问题消灭在初级阶段了。

很多中央部门也是依托我们这套系统建立自己的部门和体系，也促进了自己的管理。所以，整个国库制度起到源头防腐的作用，包括现在的纪委系统、国家监委系统也是将国库系统作为一个体系建设的重要内容。从目前来看，整个国库业务运行基本实现了三化，即信息化、电子化、网络化，包括财政系统运行的，上下级之间，包括从指标、计划到支付，到后面的会计核算这一流程，还有政府采购系统，整个财政自己的系统内部是一体的。此外，跟其他的部门之间，比如跟海关、人民银行，包括上税务收和支的联网，横向网络化。第三，电子化，支付的电子化。过去开很多单子，因为现在所有的支付，中央的整个一级预算单位是大数 160 个。所有的中央的支出都是通过直接和授权两种方式在走，过去我们有大量的审核人员，单据无纸化、电子化以后，大大节约了资源、提升了效率。

下一步实际上国库改革怎么走，有两个方面的指导：一个是党的十九大报告提出全面实施绩效管理，约束有力的预算制度。第二个是财政部在 2020 年的 6 月提出的构建财政核心业务一体化。财政核心业务一体化是包括预算编制、预算执行、客户端的决算，还有会计决算一套横向的财政业务。国库司在业务一体化里是牵头业务，因为国库是跟着预算走的，前端预算编制，后端预算执行，后面整个决算，这样一个完整的过程，也是系统化的做这样一种改革。目前这是我们一个比较重点的任务。

从数字化转型视角看财政预算的实践

◇ 北京用友政务软件有限公司　王光伟

用友成立于1992年，前身叫安易软件有限公司，当时成立的初衷是推广会计电算化，2002年成立了今天的政务公司，成立之后公司主要的业务聚焦到公共财政管理领域，通过信息化的手段服务全国从中央到地方的各级财政，还有行政事业单位。所以，我跟各位汇报的就是从数字化转型视角看财政预算的实践。

绩效管理起源于西方，2000年左右进入到中国，尤其标志性的事件是2017年写入党的十九大的报告，要全面实施绩效管理，这是政策上从全局视角来看的一个演进。

在计划经济时代，中国更多的是一个考核。在改革开放初期有一些投资项目评审，标志性还是从2000年以后进入到绩效管理的试点阶段，还有党的十九大以后的全面推广阶段，绩效管理作为财政管理里一个比较新的改革，财政管理到今天已经离不开信息化、数字化的支撑。同样，绩效管理也离不开。

我简单做了一个财政信息化发展的趋势，20世纪80年代的时候，财政信息化的辅助管理手段，更多的是通过电子表格这样的工具做一些辅助的管理。到了90年代初，开始有一些单系统的建设，以会计电算化为标志做一些单行的建设，2000—2001年，随着部门预算，国库集中支付，政府采购这样一些改革的推进，业务系统的要求越来越高，因为单纯靠我们的手工很多已经无法支撑了，而且从预算到支付，像采购这样的业务系统内部关联，业务的衔接非常紧密。所以，这些系统之间当时出现了很多问题，像接口不一致，数据标准不统一，不规范等这样一些问题，相应的2008年财政部推出了金财工程应用支撑平台这样一种手段建设一体化，当时也是首次提出财政一体化建设这样一个阶段，五统一这样的一些要求。

到今年，财政部许宏才副部长提出三年规划的要求，明确提出里面12个字，一体化、大数据、大集中、云计算，实际上是从新的技术手段或者技术供给侧的一个创新推动财政改革向纵深领域发展。这是财政信息化建设大概的一个趋势。我们理解的预算绩效改革信息化发展始于业务系统互联的阶段，我们理解预算绩效的一个难点在于评价对象数字的准确性。如果还是在纯手工阶段，这个数据本身的准确性如果缺乏一些科学严谨的话，评价的结果要打一个大大的问号。到了业务系统互联阶段，系统之间的数据不一致，必须要通过系统之间统一的接口规范等标准解决，只有解决了数据一致性以后，我们才开始启动这样一个预算绩效的信息化建设。

在未来的三年规划，财政部明确提出以一体化为目标，而且还是横向一体化，纵向一体化这样一个全面一体化的目标以后，为我们预算绩效改革工作数字化转型奠定了一个很好的基础。

全面实施绩效管理还存在一些不足，我们理解部门和单位在绩效意识上存在偏差，好多地方重分配轻管理、重支出轻绩效的现象还是普遍存在，尤其在一些区县，但事实上区县就是我们财政的最核心，包括绩效管理的广度和深度、覆盖的范围，以及绩效管理是否是完成了全过程还存在一些不足，以及绩效评价的结果如何使用，还是有一些断链。

从数字化角度来看，我们要建设数字化的预算绩效还存在一些问题，首先这里的法规制度指的是预算绩效这项改革数字化配套的政策，我们感觉还是有待完善，各地建设预算绩效评价系统的时候，用哪些标准，有哪些行业标准，哪些指标，各地还是缺乏一些指导，包括管理部门的规范，以及人员意识的提升。同时，预算绩效系统涉及的范围非常广，从用户来讲，既有财政部门，又有行政事业单位，还有第三方的机构、专家，公众等，涉及的用户范围非常广。所以，这样一个系统要想构建起来，不仅仅是一个财政内部的，可能是全范围的。同时，业务数据量非常大，不仅仅是资金一条线，还涉及很多项目文件、佐证的资料，数据的量非常大，标准也不太一样，有结构化的数据，还有非结构化的数据，以及对绩效评价分析的模型和工具还没有固化下来。今年财政部在大数据领域里已经提出了11项主题分析模型，我们相信未来预算绩效相关的评价模型也会继续完善。

第二部分谈谈我们在预算绩效数字化转型方面的一些探索。我们做了一个对财政数字化蓝图的构想，是从数字化角度构想的，核心是业务的一体化，从预算编制环节到执行环节、电子化支付环节、会计核算环节与决算环节。这里我们可以看到，最下面是预算绩效管理的过程，预算绩效环节和我们的业务环节是完全匹配的，预算编制与目标，预算执行的时候有监控。预算结果有评价，评价的结果还要反馈，反馈还要看里面的应用，只有财政业务形成一个闭环，我们预算绩效的全过程才能真正落地。

从预算绩效来讲，最底层是公共基础的数据和资料，指标库、案例库、专家库、标准库等，公共部分在下面，然后右边是我们要抽象出来的一些绩效的分析模型，为了更好地支持我们的评价工作，通过事前的绩效评估、绩效目标管理、绩效的跟踪管理、评价管理、评价结果的应用全过程来支撑项目绩效管理、政策绩效管理、部门的整体绩效管理，以及政府财政运行的绩效管理这样一个全方位的绩效管理的整体框架。在这个框架下我们认为项目为核心的全方位预算绩效是数字化转型的核心，从信息化的角度来讲，不管是一个项目，还是一个部门的一个大项目分成多个小项目，又或者是一个政策下面涉及多个部门、多个项目，最终都是项目的累积。所以，信息化、数字化核心是抓住这个最小单元，即项目的预算绩效管理。

对于部门来讲，部门也是我们绩效未来的一个重点，对部门来讲，我们实际上是围绕资金投入、过程管理、目标实现，以及社会满意度几个方向，利用我们前面的预算绩效公共的指标库、模板库、案例库、专家库等实现，也通过项目绩效管理最小单元支撑实现。

有了前面项目绩效的结果，包括我们政策绩效、部门整体绩效和运行绩效以后，运用大数据的方式，在宏观像一些政策、投资、预测方面，以及微观的标准定制、执行调整方面给予数字化的支撑，希望通过这个数据的支撑，目前我们在有些地方也在探索，原来我们在执行过程中数据的反馈比较难，因为结果可能是一张表，和系统的关联性很小，而通过一体化系统以后，当希望批准一个预算的时候，或设计编制预算的时候，标准上一年的评价结果就在同一个页面显示，这样对我们管理人员非常方便。

我们也服务了包括北京、四川、山东等一些地方预算绩效管理的建设，北京财政做得一些指标的情况，包括广东的佛山的预算绩效管理方面的做法。无论是北京也好，广东也好，他们做预算绩效有成功之处的基础就是他们都是先建设财政业务一体化系统，有了这样一个财政一体化系统数字化的基础工作的支撑，它的预算绩效在数字化转型的时候就提供非常好的便利。

通过预算绩效数字化的转型带来“两提高、一重塑”的价值，提高了预算透明度，提高决策民主化、科学化水平，重塑了体系。

最后是我们对预算绩效基于现有的基础，未来数字化发展的展望做一个汇报，底层是有了物联网、大数据、云技术、人工智能等信息技术，今天技术供给侧通过积累已经可以反向驱动一些业务的创新。首先，数据资源的积累与完善，我们会通过这种预算绩效的管理，把各行业财政内部数据、外部数据关联互通起来，朝这个方向发展，包括指标体系的建立，以及全方位跟踪，预算绩效的监控不仅仅是事后的一个接口，而是预算编制到执行、执行到核算、核算到决算每个业务节点，我们需要在哪个节点上做绩效评价，我们就把评价的规则放到这个节点上，包括优化机构的专家，专家的一些遴选考试培训管理，加强监督管理，预算绩效内部如何应用，以及借助"互联网+"的技术，外部公众也好，机构也好，他们如何参与进来。还有结果的应用如何强化，也是未来一个重点的重中之重。

绩效数字化与政府的决策可以看成是这样一个相对完整封闭的流程。我们每一项预算出台背后都是一个政策，这个政策的合理性来自哪里？通过我们这样一个执行过程的反馈，通过这样一个预算执行闭环对它进行一个评价，它的结果反向应用，最终形成一个预算绩效对政府决策的良性支撑。

预算绩效数字化的转型也将会带来以下几方面的发展。预算绩效既有内部数据，也有各行业的，所以，首先推动财政大数据发展，也会带动智慧财政、电子财政的发展，它的评价结果要反向应用。我们原来很多财政决策，尤其在一些地方可能是我们原来讲的拍脑门也好，未来数字决策，包括财政决策支持系统的发展，通过绩效系统的数字化转型，未来的财政系统更高一个层次是管理层或者领导层支持。

绩效既有结构化的数据，像预算指标、支付凭证，又有非结构化的数据，电子档案，工程的文件，通过数据处理，把这样一些数据分类进行存储。再通过一些互联网的技术，网络爬虫把一些行业的数据，甚至国际数据取过来，进行大数据模型处理分析，然后反向辅助我们做绩效的应用、目标的制定、资金的安排，等等。

最终，预算绩效数字化的转型也将带动我们财政向智慧化发展，无论从管理方面，还是监督方面，还是最终的服务方面，都将带来一个质的变化。

预算绩效管理改革在路上，用友希望通过二十多年在技术供给侧的储备、积累和努力，促进预算绩效走得更高、更快、更远。

预算绩效管理与国家治理现代化

◇ 清华大学　于　安

我先讲两个认识。整个国家治理水平的提高，去年中央发的《关于全面推进实施预算绩效管理的意见》是一个标志，是整个国家治理现代化的一个标志，有一个很强的背景就是全球的管理制度竞争，原来把对于财政的监督一直都是作为在宪法上和国家治理方面非常重要的一个手段，但是它是通过民主和社会监督完成的，全球化以后，预算绩效问题变成了国家治理理念的一个中心问题。因为进入全球化以后，世界各国之间的竞争与市场联系起来以后，这个事情可能就以 19 世纪以后逐渐建立起来的整个国家治理系统，位置发生了变化。所以，我们大致上是不是可以认识，第二次世界大战以后国家治理理念最大的一个变化就是使积极财政的绩效管理进入到整个国家治理的中心位置。所以，党的十九大和去年中央发的关于全面实施预算绩效管理的文件，作为我们国家治理现代化，大家知道这是十八届三中全会提出的整个改革的落脚落脚在国家治理体系和治理能力的现代化，这估计是一个中心的环节。

相应的财政的作用也将会极大提高，因为按照这个要求，财政所获得的预算绩效管理进入到全过程全方位，全覆盖，它就远远不是一个资金分配的部门，而是要介入到使用资金的整个国家管理系统里，介入到这个系统里以后，财政的地位将发生一个根本性的变化，具有全局的意义，不仅在于提供资源，而要来监督资源使用的效果。所以，它成为一个监督者，一个管理者，一个执行者。

法治是国家治理的一个基本方略，无论国家治理体系发生多大的变化，法律上这个变化也是相应的非常大的。所以，自从20世纪80年代世界性的行政改革以后，法律的变化基本上是相伴而随的，到什么程度？大概绩效的问题进入到了法哲学的程度，对整个法律体系产生了一个自19世纪以来最大的挑战和变化，但是这种变化不一定全部被接受。一个标志性的，我们的法治传统影响很大的是什么呢？就是德国的变化，德国系统地提出了新行政法的概念。推行这套概念体系的人是它的宪法法院院长，宪法法院的院长来带头推行。这个问题就比较大了，它就会对传统法的效率结构提出要求。为什么？因为传统的法律的概念是来调整人们的行为的，你可以做什么，不可以做什么，你必须做什么，它通过来规范人们的行为对社会产生调节作用。所以，它过去的效率结构你是不是按照规则的要求来从事你的行为。绩效的问题提出来以后，这个结构就变了，不仅仅调整你的行为，而在于你的行为对社会发生的影响。所以，对整个法律体系的效率结构的改变，对整个法律体系对法的哲学，法的精神是什么都产生影响。所以，大家从法律体系的变化就能够感受到这个绩效，特别是经济绩效，财政绩效对整个国家治理体系的变化。如果我们的认识能够达到这一步，这样的话执行绩效管理的必然性、必要性将会得到极大的提高。

下面我来说一下政府采购。去年11月中央深改委做了一个决定，对政府采购实施全面的改革，这个改革方案已经通过了深改组的会议，现在一直都在做落地贯彻的工作，我们部里负责协调主导这项工作。按照中央的要求，修改《政府采购法》是一项重要的工作，要建立一个完全绩效导向型的全新的政府采购，改变现行的程序导向型的政府采购。这个任务找不到一个成型的可借鉴模式。我为什么加了一个成型的意思呢？这件事儿有，在别的国家的经验里搞绩效型的政府采购制度有，它根据本国各级政府的职能更多的发生在中央以下，它有绩效原则，但是制度没有普遍性。我们现在的《政府采购法》，当时我也是起草参与人之一，它有一个基本的模型，这个模型就是联合国的示范法。现在做这件事情缺少一个整体的模型，有观念，有经验，有案例，但是没有可以拿过来修修补补就可以的，我们做了文献的搜索，没有这样的。当然，非常幸运的就是中央决策的水准调的非常快，我们仔细地研究中央的方案，对政府采购的各个主要的环节，除了整体框架都非常有针对性地提出了方案，现在我们按照中央的方案来做这样的制度实验，把绩效完全落实在一个领域里。现在我估计有可能成为第一个制度实验的案例，现在正在积极的推进这个工作。

要按照绩效重构政府采购制度，这是中央提出来的，2018 年政府的《意见》里其中一个讲了政府采购。深改方案里非常明确地提出来怎么做这件事儿，把原则说得很清楚，结果导向，用户反馈导向，这两个导向实际上就把现行政府采购中的原则就基本上做了改变，现行的东西非常强调程序的问题或者是一个程序导向，这样政府采购制度面临根本性变化。

我们做这种改革，方案的提出部里是一个非常重要的贡献者。2015 年刘部长的报告已经提出来要从程序导向向结构导向的重大变革，而且财政部已经在贯彻改革的意见，2016 年就发了关于管理环节，对绩效导向非常重要的两个文件。所以，绩效导向我们现在已经积累了一些经验，这是有可能在政府采购领域里作为一块制度实验田具备的基本条件。

我们看到的改革，我分两个部分来分。第一，从整个制度的价值层面来看，如果我们引入了结果导向的绩效原则，这个变化非常大，即原来讲的公平公正可能就不是唯一的了。因为绩效本身可以构成一个价值目标，而公平公正原来更多的是指的市场的运行原则，更多的是导向对采购过程当中竞争过程的原则和对供应商的权利保护。现在实践证明，政府采购高度依赖市场本身的竞争性不能解决绩效问题。当时有一个基本的观念，假定有了竞争，经过竞争的价格是最合理的价格，经过竞争的选择就是最恰当的供应商的选择方式，这是当时十几年前我们起草政府采购法的理念，现在经过十几年的实践证明，这个假定不能成立。所以，整个政府采购用的钱是公共资金为主，还有目的原则，使用公共资金向社会，向纳税人负责的情况来看，只是去把整个制度都放在市场运行上，公共市场的运行上，放到对供应商的保护上，显然这个制度本身是需要改变的。

所以，我们看到如果我们把结果主义的绩效原则作为我们政府采购制度的改造或者改革的原则，这对整个政府采购相当于做了一个彻底的改变，改变太大了。讲到这个地方我说一下合规性的问题，据我所了解的情况，20世纪80年代以后所进行的以绩效为中心的国家治理改革，或者说以行政为主要方式的国家治理改革，当时主要的对象就解决合规。说你强调合规性，强调依法行政，但是这个法的结果和目的是什么，当时改革的前提是批评不足，问题，就讲花很多钱没有达到目的，虽然看起来是合法的，有争议的时候法院也判你是合法的，监督的时候也判是合法的。所以，当时搞绩效改革的时候就是针对合规性本身是不是充分。所以，我跟大家讲的绩效改革的第一个领域就是法律的改革。改革的结果是什么呢？就是绩效本身就是准则，而且绩效本身是优先项准则，终极项准则，这样就把19世纪以后的整个法律体系，特别它的结构给拆了，给改了。所以，这样就出现了我刚才讲的德国人叫新行政法，美国人用了一个词，它叫做21世纪的行政法，在美国叫做管理分级行政法。基于以绩效为目标的管理上的分析是基本准则，分析出来的东西就是评价你的标准，这个就是准则。如果这样的话，财政部门和审计部门就变成了法官。这篇文章的名字大家都可以找到这篇文章，名字叫《21世纪的行政法》，它的作者是斯图尔特，是在世的美国资深的行政法专家，是纽约大学法学院的教授，以前是从哈佛调到纽约大学，在世的最有代表性的人物。所以，他讲绩效管理，或者基于绩效目标的管理改造了国家的治理体系，改造了法律体系，尤其是涉及国家管理行政法。所以，这个意义就非常大，一定不是只是说把资金效率提高了，它对整个国家整个法律体系的改造是非常巨大的。合规性的问题非常重要。

下面我讲讲现在根据中央的政府采购制度的改革方案，基于绩效目标的要求，对制度改革会在哪几个方面变化。改造制度的切入点就是重构它的基本体制，重构体制就是预算单位进入中心位置。现行的《政府采购法》，当时说是为了廉洁的考虑，构建了一个高度制约化的体系结构，那就是让采购方式主要是集中采购，主要的机构变成了集中采购机构，决策是以评审专家为主要的决策人，方式是通过竞争方式，这样的话预算单位哪去了？它只办授权手续，它变成了一个高度边缘化的采购人。中央的改革要求的第一条就是要重构这个体系，体系重构的第一个方法就是让采购人承担起预算绩效责任。原来主要负责采购的采购中心是个代理人，它不对预算绩效承担主体责任。所以，整个改革的出发点就是让采购人回到体制的中心，不但回到体制的中心，而且回到整个制度的中心。因为什么？因为它对预算的执行承担主体责任。这样的话就把责任主体和采购主体统一起来了，并且根据这一条来重新构造这个制度体系。

为什么说这是一个执行绩效目标非常重要的改变？因为根据现在绩效管理的基本理论来讲，最具绩效推进潜力的就是主体的分散化和对主体的宽松授权。因为它认为能够产生绩效结果的是人，是机构，而不在程序。因为只有人和这个机构能够对市场做出最灵敏的反应。但是要让它这样必须给他决策权，如果给他决策权，那么这个主体必须分散，让他能够根据当地市场的变化做出反应才能取得绩效。你高度集权以后就会忽略掉市场微小的变化，只能执行一个大原则。所以，我觉得我们中国政府大政策的决策水平就变的非常非常高了，他抓得非常准，第一搞绩效，绩效抓谁？抓责任主体。责任主体具体到政府采购来讲就是采购人，采购人在我们预算当中预算单位，他执行预算要对预算执行的绩效负责任。这样一来，整个体制的格局就要重新布局。根据中央的要求，集中采购就跟过去不一样了，过去集中采购是一个法定代理事项，现在要求他们要在全国竞争，你自己竞争去拿项目，就不再说我到处给你一个“皇粮”吃，这个结构把它核心的地方替代了。由于决策的分散化，原来的集中采购也要发生变化，根据中央的要求，集中采购要提高它的集中度，包括提高它的门槛的资金限额，把集中度从基层提高到全国，实际上把集中采购的范围压缩。

这样的话，体制首先发生了变化。第二，大家看到采购方式，因为现行的政府采购制度，大家都知道，一搞政府采购就是招投标，程序导向，合规化导向，而不是绩效导向，如果绩效导向的话，你的招投标只是合同订立的一个环节，至于合同订立好不好你自己不能说了算，好不好靠绩效来考虑，现在谁是绩效的执行者呢？采购人。所以，根据中央的改革方案，采购方式以后要由采购人来选择，他根据需要来选择采购方式。当然，现行的还有一个很大的问题，评审专家作为主要的决策人，评审小组专家占到绝大份额，现在把这个份额拆了。以后怎么选专家？以采购人为主的选专家，这样专家的产生和专家的作用就发生变化了。所以，集中采购为主要方式的，评审专家为主要责任的格局就基本上都改变了，改变的原因都是服务于绩效的实现。当然，由于绩效管理的需要，现在我们必须要增加一块需求方的管理问题，因为原来它是围绕着供应商的。所以，采购方的管理问题就没有进入到法律的视野。现在大家看到部里根据这个要求，已经把需求管理和履约验收管理一头一尾已经都发了文了，国库司发的，这是非常好的一个制度设计。你的绩效目标必须在需求阶段就要确立下来，而且你要把你一头一尾验收必须要按照绩效目标进行验收，把绩效落到实处。这样就把中间的环节，以招投标为主的程序环节淡化掉了，让它服从于我们的绩效管理。所以，这是一个革命性的变化，这完全都是服从于绩效管理的。

第四，我们确立的新的交易规则。大家知道过去的交易规则是以价格权重特别重，低价中标是一个常用的主要的方法，或者综合指标里要么赋予价格特别高，现在改了，中央文件里叫优质优价，这比较符合市场的规律，好的东西怎么可能会是便宜的呢？这两个东西是矛盾的，但是就这么一个常识却成为原则。优质优价是非常符合市场基础上的绩效评价。这个都写到中央深改委的文件里。

后面还有打官司的方式，打官司如果时间长了，你采购效率就降下来了。所以，要来设计争议解决，快速解决方式，是不是一定要进法院，进了法院，法院是不是会有好的快的解决方式。我跟南开大学的老师商量，南开大学法学院办会讨论改革问题，我们把最高法院刑庭的庭长都请去了，以后的争议解决的问题，能不能按照绩效的要求设计一套制度，这样的话我们从整个制度设计上，一直包括最终的司法解决的问题，我们现在一并纳入考核。有困难，这个困难可能还比较大，实际上白院长的发言我觉得他是非常到位的，讲了很关键的事儿，实际上这个体系的中心还是投入产出，进一步来讲还是成本效益分析这一核心。没有这个你的绩效水平是比较低的，只有这个产生了，你才能做到真的绩效管理。

现在问题就来了，成本怎么计算，采购的成本是我们自己可以计算的，问题是供应商的成本，因为这个要计算价格，你政府采购不可能成为一个暴利的行业，什么叫暴利，什么不叫暴利，你这个利润怎么产生，要靠计算价格。所以，王总刚才讲大数据，有一个数据的可获得性的问题。你这些数据怎么获得，法律上怎么提供保障获得数据，没有这些基础数据没办法评价我的产出，我特别高的一个成本去获得产出不能符合绩效的要求，我事儿是做了，但是我的成本太高了。第一，成本效益在进入我们绩效进到哪一个部或者它的地位怎么确定，第二个问题是计算成本信息如何取得，还有一个就是绩效收益的构成怎么构成。我们讲绩效，它不仅仅是活动本身的工作量完成，而是要看你的经济社会效果，这样的话就会涉及政策标准、施政纲领、用户反馈这样一些综合因素来构建你的收益结构。

对预算绩效中公平性的解构

◇ 浙江大学　李金珊

财政，国家和社会是一对关系，财政在里面起着核心作用，关于这个理论的根源可以追溯到恩格斯的家庭私有制和国家的起源，里面讲到社会和国家关系是一种什么样的契约。

财政是国家和社会的契约，这种契约关系当中的几个要素大家都知道，税收是国家和社会的一种契约关系，因为国家提供服务，社会提供收入，这是一种交换，支出同样的，政府购买服务等。无论是预算也好，政府间关系也好，其实说到底都是一种契约。根据社会契约理论，契约分为四个性质，就是它的社会性、未来意识、专业化和交换、意志自由的选择等。所谓的契约就是关于过去、现在和未来的交换，以及关系人的关系。所以，财政对这四个性质的应用是什么呢？财政在社会性上的应用集中体现于满足社会的共同需求上，社会共同需求其实是界定财政职能范围的唯一的科学依据。凡属满足社会共同需要的活动都属于财政范围之事。这是何振一 2005 年的论著里的观点，我也很认同。

关于财政的未来意识主要是指对未来制度的安排，也就是国家和社会之间所有的结合关系其实都要求面向未来的合作跟计划，因为我们的预算其实就是面向未来的。所有的税收支出、预算、政府间关系等，都应该反映出对国家持续性发展的考虑。所以，财政对未来意识主要是指未来制度安排，我们换句话说，第三个性质是专业化和交换，在财政上怎么体现呢？财政的专门化与交换侧重于过程的考察，是我们说的全过程，在预算执行的过程当中，从交换的角度来看，现在技术导致产品和服务的高度专业化。因此，在现代关系性的交换当中要求高度的精确性，这跟我们绩效的管理、精细的安排准确的计划等都是一致的。契约关系中一些常有的社会性交换很难直接度量或者不能度量，国家跟社会这个契约里财政体现出来的有的东西很难度量，比如获得感、幸福感、心理上的满足等，这些不是其他的市场契约能够解决的，财政作为国家跟社会的契约，需要从这个角度做这个事情。

财政要体现契约的关系人之间的利益依赖性。例如，国家的财政支出活动，或者财政的实际效果对社会公众期待的回应，并争取社会成员的满意，从而更好地支持国家财政收入的获取。提供的多，反馈多。所以，这是意志自由的选择。

这样，根据关系契约下国家跟社会之间财政的核心阐释，我们可以生成财政的绩效价值。绩效是可以成为一个独立的价值维度的，我们再给它拆开绩效又可以分成很多个维度，价值分析框架理论起点，国家和社会，财政是国家和社会的契约。财政契约有四个维度，社会性、未来意识、专业化和交换，以及意志自由的选择。社会性就是社会共同需要，也就是我们说的需求。未来意识是面向未来的安排，而面向未来的安排，我们用指标来体现的时候就是可持续性。社会共同需求用指标来表述的时候就是公平性。第三个专业化和交换，实际上我们可以把它理解成是可度量的一个交换过程，这个交换过程我们用指标来体现就是效果性。最后一个意志自由的选择，实际上合意的公共产品到底有多少。我们可以把它体现成效果性。所以，价值上面做的四个维度的性质，我们可以把它转化成四个维度的绩效维度。第一个公平性，这个公平性除了理论上的解释之外，我也希望通过我们做的很多的项目来验证它，这个公平性怎么体现，怎么验证，缺乏公平性的一些项目或者是财政支出，它的绩效其实是不会太好。虽然绩效强调的是效率、效果，是它的结果，但是财政作为特别的，我们用投入产出计量的时候，它是很特别的，我们不能完全用企业的、市场的那些投入产出来衡量财政的投入产出。所以，财政的投入产出里如果不包括公平的话，它的产出效果是不会太好的。

社会导向的公平性应该是财政活动非常重要的核心价值。之所以要把公平维度的考察引入财政实践，是因为在财政分配过程中，其实我们无论说和不说都体现了公平的意志。比如像一般性转移支付、专项转移支付，很多项目的分类别、地区的分级别等，这些都是一种公平的体现。不光是我们国家的绩效评价指标上没有公平性的体现的，其实国外的很多国家，包括美国，以及欧洲很多国家他们的绩效指标里也很少体现公平性，有很多因素。之所以指标里不体现公平性，只是把公平性当作原则，最重要的原因就是公平性特别难衡量、特别难量化，也特别难测度到底什么算公平，他们只是在分配的过程中尽量公平，结果公平是很难度量的，这是一个很重要的原因。另外，他们认为他们已经很强调公平了。所以，他们绩效的重点并没有放在后端。后端评价的东西里公平性也很少体现。我们这里要引入第一就是只有基于对分配模式的了解才可能实现财政收支分配的正义，我们讲公平正义，其实财政是最需要讲公平和正义的政府工具，除了法律之外。第二，征税和支出的公平对保持政府的稳定性非常关键。税收的公平当然也是，支出的公平对保持政府的稳定性非常关键。

公平性作为一个指标维度，我们可以把它拆成两个二级指标或者两个子项，一个是公共责任，如何体现公平性我们从两个方面体现：一个体现在公共责任上，另一个体现在差异化公平上。所谓的公共责任，我们财政除了维护基本的机构运转外，还要维护社会的稳定，要维护一个国家的稳定。所以，它体现了基本责任，发展项目的支出也需要体现它的公共责任。公共责任一方面财政承担着一些不可或缺的公共服务或者产品供给的责任，这是一种制度底线。你必须要提供不可或缺的公共产品，虽然这个不可或缺的公共产品和公共服务在不同的时期、不同的财政条件下它有不同的要求。另一方面，公共责任跟财政资源分配有关，这是一种程序公平或者分配正义。

第二是差异化公平，差异化公平强调财政通过补偿效应来缓和地区间的财力不平衡，比如我们的一般性转移支付，它是用来缓和地区间的财力不平衡的。具体的财政政策往往指向异质性的政策目标受益群体，不同的受益群体它所需要得到的财政政策是不一样的。即便是低收入群体，残疾人和退伍军人的政策要求是不一样的。所以，受益群体的异质性也需要财政的差异化公平来体现。

我们想验证公共责任和差异性公平。我选取了 9 个项目，这 9 个项目有中央的全国统一的项目，有地方的，政策领域包括了农业、文化、环保、民生、教育等。另外，从项目的资金来源归口管理来看，我们设计了三本预算，即一般公共预算、基金预算、社会保险基金预算，没有涉及国有资产。项目的目标对象也是非常众多的，拿不同的项目我们来检测这几个公平性做得好不好，对项目绩效的影响如何。

首先，从公共责任的角度，先来看需求识别与服务的可及性，它对公共责任的影响非常大，这是财政能否很好地履行公共责任，或者财政资金执行结果是不是能够很好地履行公共责任，需求识别得好不好，服务能不能很容易地获得这两个因素。特定的社会需求能够很好地识别，也就是我很清楚它需要的是什么东西，而且产品服务的可及性也比较好的时候，毫无疑问，这个时候的公共产品或公共服务的供给责任是可以很好履行的，公共责任会完成得非常好。这种非常好的情况两边都做得非常好，有两种情况，一种是内生需要，例如，有线电视村村通，这个项目已经不是地方项目，而是全国性项目，它对需求的识别，服务可及都很好。所以，他做得很好。还有一个环保项目，地表水断面的监测，它对需求识别得非常清晰，即做这个事情到底是要干什么，这笔钱花出去到底想要得到什么结果、达到什么目标。所以，这个事情它也做得很好，有需求的地方服务都提供了。因此，这两个项目在公共责任的履行上非常好，得分就很高。

另外，外生需求、技术推广跟行政考核。广州市的基础教育事权跟支出责任这块，他们有自己的内生需求，想把这个事情做好。所以，他们把基础教育的支出、绩效做得非常好，因为它非常清楚基础教育需要怎么做，各个学校需要什么样的服务，包括资金的分配和资金的使用，这块整个下来他们的绩效非常好，这是第一种情况。

第二种情况，当社会需要没有得到有效识别但服务可及性较好的时候，这是一种供需脱节的状况。我不需要讲案例，基本上有的时候提供的是不需要的服务，有的是需求不足。举个最简单的例子，提供的是不需要的服务，比如前阵子全国各地都在做，浙江做的轰轰烈烈的农村污水处理，很多农村连自来水都没有，而给它接污水管道，这是供需脱节，他对需求完全识别不清楚，农村需要的到底是什么，他们需要的是把自来水管接过来，而不是挖地把污水管接起来。类似这种项目特别多，真正的原因就在于供需脱节的问题，这种供需脱节的情况大部分来自于上面。我们调研的结果显示大部分来自于上面的政策要求执行的项目到了县乡，造成了一大半县乡的债务，要我做事又不给钱，甚至债务额度都不给，他们污水管道铺下去了，有的根本就是挖开放下去，都没埋起来；有的埋起来了，但是问他们有没有用？他说没有接过去，村里都埋起来了，但是接不到家里，这种情况挺多的。

第三种情况，当需求没有得到清晰的识别，而且可及性很差的时候，这个时候财政供给产品或服务的公共责任也是难以实现的。大致也可以分为两种情况，如对政策性水稻的保险补贴，中小农户跟种植大户对补贴的需求不同。种植大户需要有这种保险补贴，其实小农户根本不需要，但是补贴需求不同了以后，造成了最后这项政策经常进行不下去。后来财政自己强行帮农民买了，农民自己不买财政帮你买。因为上面的政策要求你要普及的，让农民去买，但是农民就不买那怎么办？财政帮你买单。而且地区间的异质性需求也存在。比如浙江，沿海地区经常有台风，所以，他对买农业保险有需求，但是非台风地区对农业保险完全没需求，可是却“一刀切”切下去了。类似这种对需求的识别，我觉得我们财政在分配资金、确定项目的时候特别需要重视，因为当这个环节不重视，只是这样“一刀切”切下去，基本上可以想象它的绩效会如何，因为这是第一步的东西。

三种情况，无论什么样的情况下，如果实际需求没有得到识别，财政活动的绩效价值是难以实现的。其实这是一个常识性的东西，但是我们需要通过这么多的案例，这样所谓的理论来分析它得到这么一个结论。就像于安教授说的，优质优价也是一个常识，但是我们把它作为原则了，这也是常识，但是我们需要特别重视。

预算绩效管理运行流程存在的问题及改进建议

◇ 河南省财政厅　胡兴旺

我想从省的层面，从事过预算绩效管理和长期关注预算绩效管理的方面就预算管理流程谈点思考。

第一个问题，谈谈预算绩效管理流程及运行存在的问题。从绩效目标管理方面来讲，绩效目标设立的随意性、审核的不规范性、评估的非专业性，这在基层还是比较普遍的。同时，从绩效目标设立的总体看，项目支出绩效目标要优于政策绩效目标和部门或单位整体绩效目标。这可能与绩效支出评价在 2003 年前后我们做这项工作有关系，感觉到实践给我们提供了很多宝贵的经验。

绩效运行监控方面从四个方面来讲。一是范围和数量有限。二是运行监控的重点还是不突出，监控手段不够先进，包括不少地方采取预算执行监控代替了绩效运行的监控。三是指标赋值，即我们的权重，地方的评价指标，包括一些机构随意性很大，基本上无论什么项目或者政策，基本上都是赋值一致。四是人才队伍、专业机构需要加强。

在应用方面，一是公开、透明度不高。二是被评单位整改责任落实不够。从财政部门来讲，仍然存在着“两张皮”的现象。主要的原因有：一是绩效意识不强；二是目前我们学习借鉴和实践创新不够，最后是理论支撑还不足。

我想谈的第二个问题是流程优化的问题。包括四个方面：一是强化绩效目标的管理；二是有效实施运行监控；三是科学评价；四是公正运用绩效结果。

目标管理或目标设置方面，还是“谁主张、谁设立目标”的原则，还是要分类设置绩效目标，绩效目标设置过程要做到三个衔接，四个结合。三个衔接，即要跟部门职责相衔接，同中长期行业规划相衔接，同中期财政规划相衔接。四个结合，即宏观微观相结合，预算管理和业务管理相结合，定量定性相结合，可接受性与挑战性相结合。

预算绩效目标的审核评估，特别是财政部门审核方面一定要有效评估，按照不同标准，由部门预算管理部门牵头，预算评审机构牵头，强调专业机构第三方评估。在审核评估中坚持几个方面，即合理性问题，目标的合规性，目标的相关性，目标的可实现性和目标的可考核性这几个方面要加强。预算绩效评估要做到谁批复预算谁批复目标。

有效实施绩效运行监控，一定要突出专业部门发挥好就近和专业的优势，财政部门要更好地运用大数据和预算执行系统这些条件建立机制。还是强调不能预算执行监控绩效运行，毕竟绩效运行监控更多监控的是绩效目标的实现，而预算执行更多的是年初预算进度的问题，包括合规的问题，这两个还是有很大的区别。

开展绩效评价，为什么部门要开展自评?《预算法》第五十三条非常明确，部门单位要对执行结果负责，所以，自评非常有必要，自评是有法律依据的。主要包括三个方面：首先，建立指标体系方面，特别要分类型，我们更多强调分领域、分行业、分层次。现在要分类型，特别注重整体部门和政策预算绩效的指标体系建立。同时，加强支出的标准，公共服务的标准更好地衔接。绩效指标的设立要坚持整体性、相关性、重要性、可比性、经济性原则，避免将评价指标作为绩效目标的细化、具体化，下一步制度设计过程中还要考虑。其次，合理确定权重，要根据不同的部门、政策、项目共性指标和个性指标按照其重要性、相关性进行设置。最后要确定一个合理的评价方法。

绩效目标和绩效的评价结果同预决算的形式公开接受社会和人大的监督。要建立约束激励机制。我们一定要实现绩效评价结果和预算安排与部门挂钩、与资金保障挂钩，最关键的是在管理方面的激励，可能有些我们给予了一些资金的保障，现在资金到位不到位无所谓，最重要的还是要把绩效结果纳入政府绩效和干部政绩考核体系，这是推动预算绩效管理重要的举措和抓手。

第三个问题谈谈健全运行机制，主要从四个方面，即责任确认机制、协调配合机制、信息共享机制和监督问责机制。

部门内部有关责任机构要明晰责任，现在不少预算单位把预算绩效目标的确定，包括管理相关工作全部交给财务部门，实际上我们现在有关业务部门的重要性非常大，特别像计划目标，财务部门要发挥牵头作用，业务部门要发挥责任主体作用。我们财政部门，包括河南也建立绩效管理处，实际上现在有关设立绩效的财政部门内部处室，如绩效管理处、预算处、部门预算管理处和监督评价局、预算评审等，必须要明确分工，提高绩效管理的效率。

协调配合机制，党委政府、财政部门加强绩效工作的顶层设计和制度建设。我们地方推动一项工作成熟的方法是建立工作组织协调议事机构，统一组织、领导、协调、推动本地区、本部门工作。

信息共享机制，实施全面预算绩效管理会产生海量的数据，我们现在一定要加强信息化建设，利用现有信息资源建立全国性的或者区域性的平台，做到适当的信息共享。

监督问责机制，主要建立预算绩效管理的人大、纪检监察、审计、社会监督机制，营造花钱必问效，无效必问责的绩效氛围。财政部门考核结果，我们要更好地运用这个考核结果。

最后结合自己的实际工作和思考的问题，提四个方面的建议。第一是加强理论支撑，让我们从事这项工作有理论指导、制度规范和实践探索。第二是加强信息化和标准化体系建设，这是开展绩效管理的重要的基础性工作。第三是加快推动实施部门和单位预算绩效管理。我们现在的单一政策、项目在绩效评价过程中有其短板。第四，推动落实将预算绩效结果纳入政府绩效和干部政绩考核体系，加强干部队伍和人才队伍建设。

地方政府债券绩效管理的问题与对策

——基于财政与金融协同、公共与市场绩效协同的视角

◇ 中国财政科学研究院　王泽彩

◇ 中国财政学会绩效管理研究专业委员会　徐军伟

一、引言与文献综述

《中共中央　国务院关于全面实施预算绩效管理的意见》（中发〔2018〕34 号）是党中央、国务院对全面实施预算绩效管理作出的顶层设计和重大部署，对于深化预算管理制度改革、推进国家治理体系和治理能力现代化具有重要意义。党的十九大以来，打好防范化解重大风险、精准脱贫、污染防治三大攻坚战是以习近平同志为核心的党中央为决胜全面建成小康社会、保障高质量发展作出的重大决策部署。这三大攻坚战都离不开地方财政的大力支持。那么在当前减税降费的大背景下，如何打好这大三攻坚战，对财政提出了更高要求，即：如何能够提升财政资金的预算绩效水平，如何能够促进地方财政治理的现代化，是我国当前面临的重要财政问题。

Grizzle（1982）认为，政府绩效是一个多维概念，包括效率、成本—效益、服务提供的质量、政府财政的稳定性和政府政策的一致性。

而高质量的预算绩效管理是实现政府绩效的关键。马国贤和任晓辉（2018）从财政改革、行政改革和政府治理三方面解析了“全面实施预算绩效管理”的重大意义，并进一步明确了全面绩效管理的范围、模式和原则。王泽彩（2018）从新时代政府绩效的全局考虑，将预算绩效看作一种约束决策机制，认为行之有效的预算绩效管理有利于科学编制预算、规范执行预算和妥善编审决算。夏津津和夏先德（2018）提出构建“预算编制必需要目标、预算执行必需要监控、预算完成必需要评价、评价结果必需要应用、无效结果必需要问责”的绩效管理新机制，实现从“有”到“要”，再到“必须”的转变。

通过部门整体绩效评价并以结果为导向的基本模式是新时代绩效管理的重要特点，并关注管理学和心理学对预算绩效评价结果的应用（李红霞、周全林，2019；姚东旻、任芳放，2017；孙欣，2019）。还需关注预算绩效管理和评价中激励机制、绩效预算能力和模式的重要作用（童伟，2019；陈小华、苏舟，2017；陈小华、卢志朋，2019）。在新时代，通过第三方评价、全过程预算信息公开以及大数据为绩效管理和评价赋能（张绘、赵聪睿，2019；马蔡琛、陈蕾宇，2018；王敏、彭敏娇，2019）。同时借鉴国际经验，推进我国全面深化预算绩效管理改革。Alfred（2018）认为应将绩效预算重新定义为预算绩效管理，更加注重财政管理而不是立法的进程和结果。马蔡琛和苗珊（2019）通过借鉴全球绩效预算改革的实践经验，认为我国的全面深化预算绩效管理改革可从构筑预算绩效目标管理体系、完善中期财政规划和加速政府会计改革三个方面加以推进。世界银行（2010）的研究认为需要根据政府债务管理的功能构建综合的评价指标体系。

但是，鲜有文献研究针对地方政府债券的绩效管理问题，可能的原因有：一是地方政府债券在我国属于新生事物，是地方财政与金融协同创新的载体，仍然处在不断摸索、不断发展的阶段；二是地方政府债券的复杂性与特殊性，尤其是专项债券涉及的利益相关者比较广泛，而且又属于对财政、金融资源的跨期配置，面临的不确定性和风险较多；三是地方政府债券涉及财政、金融、公共管理、会计、审计、工程管理等多个学科，相应的绩效管理工作需要从多维度、多学科的综合视角把握。

而通过全面预算绩效管理为地方财政赋能，是打好三大攻坚战的关键所在。在地方财政的各类工具箱中，地方政府债券自2008年金融危机以来逐渐成为地方政府处理当地经济、社会问题的重要投融资工具。地方债有狭义和广义之分，2015年新《预算法》的实施是分水岭：①2009年之前，只开"后门"，主要通过融资平台公司举借债务，这些债务包括地方政府负有偿还责任的债务以及负有担保救助责任的债务；②2009—2014年，"前门"和"后门"同时开，一方面地方政府发行债券的试点工作积极推进，另一方面融资平台公司债务规模快速增长；③2015年以后，"前门"开大开好，"后门"逐步关合并关严。本文取地方债的狭义概念：地方政府债券，即地方政府发行的债券，具体指2009—2014年中央政府代发代还的债券（其间有试点自发代还和自发自还）和2015年以来自发自还的债券（毛捷、徐军伟，2019）。自2015年以来，地方政府债券的发行规模一直保持高位（见图1），截至2019年12月底，全国地方政府债券余额21.12万亿元。其中，专项债券已经成为我国当前宏观经济补短板、稳投资的重要财政工具，2019年9月4日，国务院常务会议决定加快地方政府专项债券的发行使用，提前下达2020年的专项债券新增额度约为1.29万亿元。为防范地方政府债券风险，促进地方政府债券更好地为高质量经济发展服务，亟待科学的绩效管理为地方政府债券的可持续健康发展赋能。同时，基于地方政府债券在财政、经济和社会领域中的重要作用，以地方政府债券绩效管理为抓手，通过示范效应和激励效应促进整体财政资金的全面预算绩效管理一体化。

地方政府债券的绩效管理需要为提升国家现代治理能力而服务；为构建地方财政治理现代化而服务；为新时代的高质量发展而服务。这是习近平新时代全面实施预算绩效管理的初衷，也是本文思考地方

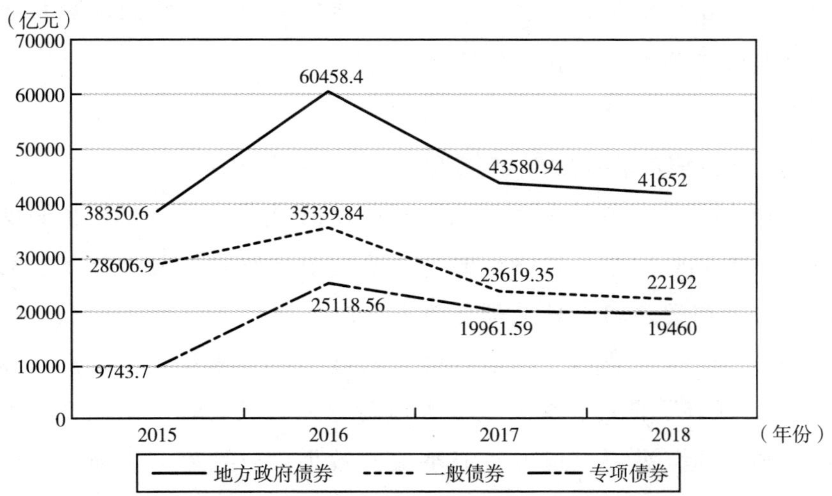

图 1　地方政府债券 2015—2018 年的发行额度

数据来源：中华人民共和国财政部官网。

政府债券绩效管理和建立指标体系的逻辑起点。以站在未来的视角，结合公共绩效和市场绩效，通过把握财政与金融协同特征实施高质量绩效，同时发挥好绩效弹性，引领地方政府债券更好地履行新时代的历史使命。

本文的创新主要有以下几点：第一，首次归纳抽象出基于地方政府债券的财政与金融协同的主要特征，并作为地方政府债券高质量绩效的机制依据；第二，首次提出地方政府债券公共绩效和市场绩效的协同逻辑，为地方政府债券绩效管理的有的放矢提供了逻辑依据；第三，绩效指标体系的建立需要考虑基于地方政府债券的资金流、信息流和政策流的时空异质性和非正式制度约束性，即分主体、分领域、分层级、分行业和分阶段在现有的环境约束下设计具体的绩效指标；第四，兼顾两个协同、绩效弹性等多个维度，提出富有参考意义的对策建议。

本文的内容安排是：第二部分是把握财政与金融协同特征促进高

质量绩效；第三部分是公共绩效与市场绩效的协同；第四部分是时空异质性与绩效弹性；第五部分是对策建议。

二、把握财政与金融协同特征促进高质量绩效

2015 年新《预算法》实施后，省级政府具有了举债权。从制度上来说以地方政府债券形式体现的举债权是中央政府对地方政府的科学财政赋权，在理念和工具上都是地方财政与金融协同创新的载体。在我国经济由快速增长转为高质量增长的过程中，随着地方政府债券的"开大""开好"前门，为防范重大风险，并确保新时代下地方政府高质量举债用债，需要对地方政府举债问效果、要效率。当前，我国正大力推进全面预算绩效管理，对于地方政府债券的绩效管理工作也应尽快推进。由于地方政府债券的复杂性和特殊性，需要把握基于地方政府债券的财政与金融协同特征，才能有效实施高质量的地方政府债券绩效管理。

（一）地方金融与财政协同特征

1. 充分发挥动能禀赋，打造金融资产端。

地方财政与金融协同的首要特征就是地方政府的行为偏好金融规则。地方政府为最终实现债务融资的目的，会充分发挥自身的动能禀赋满足各类金融规则，从而积极调动各类财政性资源将政府信用金融化（毛捷、徐军伟，2019），不管是 2015 年之前的融资平台公司有息债务，还是以政府债券形式体现的地方政府债务都是这个逻辑。由于地方政府债券是地方财政、金融协同作用的载体，须根据该作用的机制、逻辑，把握核心指标或关键指标。地方政府发挥动能禀赋的直接目的就是打造各类金融机构偏好的金融资产端，那么关键的逻辑或者核心指标在于金融资产端、动能禀赋和债券市场。例如，项目专项债，金融资产端指标就是具体项目的成本、收益、运营模式等金融机构关心的核心要素；动能禀赋指标就是地方政府如何调动财政资源包装该

项目，如预算安排、捆绑土地、指定平台公司为项目主体、为项目后续的债务融资提供贴息或担保、或承诺或包装政府（含其他国有企业）购买该项目的未来服务等。由于核心指标是有生命的，承载着各类信息，而且指标之间可以相互印证，所以应当合理确定在不同层级的核心指标权重。根据地方财政与金融协同作用的机制，通过抓取核心指标作为绩效依据，利用辅助指标进行印证的方式，在当前的绩效管理条件下可以做到四两拨千斤，以更低成本、更有效的方式开展地方政府债券绩效管理。

2. 金融市场偏好政府信用。

地方财政与金融协同作用的第二个主要特征就是金融市场偏好政府信用。我国的金融市场还不充分发达，各类金融机构所偏好的优质资产比较稀缺，尤其是在经济下行、各种违约暴雷时，金融市场上的优质资产更是稀缺。而天然带有政府信用的地方政府债券，相对于一般市场主体的债券，在金融市场上具有绝对的吸引力。这也是为什么地方政府能够发挥动能禀赋，成功打造金融资产端的市场原因。地方政府债券由一般债券和专项债券构成，两者在金融市场上被偏好的程度略有不同。由于一般债券纳入一般公共预算，各省的债券品种趋于同质化，单笔发行规模较大，债券可切割，二级市场流动性较强，金融属性强，在债券市场上具有更强的吸引力；而专项债券纳入政府性基金预算，还款来源由政府性基金和专项收入组成，有一定的市场不确定性，同时项目专项债券对应的项目种类繁多、差别较大，同质化不强，单笔发行规模相对较小，金融属性较弱，二级市场流动性不强，较一般债券在债券市场上的吸引力较弱。

需要注意的是，在整个债券市场中地方政府债券属于金边债券，介于利率债和信用债之间，能够在债券市场吸引更多的信用资源（根据上海证券交易所的统计，当前地方政府债券的银行投资人占比约为97%），其中一般债券倾向于利率债，专项债券倾向于信用债。可根据金融市场的偏好和约束，针对地方政府债券设计相应的金融类指标，借助金融市场的力量倒逼地方政府债券的规范、健康发展。

3. 利益相关者的串联与并联。

在地方财政与金融协同的过程中，由于存在巨大的资金往来和利益，围绕地方政府债券聚集了地方政府、金融市场主体、非金融市场主体和项目主体等各类利益相关者。这些利益相关者之间以串联或并联的形式建立起委托代理关系。以专项债券为例，围绕所投项目，各利益相关者在串联的基础上进行扩张形成并联关系。为此，需要重点把握串联、并联的关键节点，以点带面的实施绩效管理。

一是串联关系。一方面，以专项债券为主线，将中央政府（财政部）—省级政府—市、县级政府—项目主体纵向串联起来，建立起政策传递、债券资金、项目信息的垂直行政交互关系。另一方面，专项债券将地方政府与市场（金融市场和非金融市场）串联起来，利用金融市场为地方政府的公共服务提供资金支持，利用项目的非金融市场为公共服务买单，并协同政府性基金收入兑付金融市场上的债券本息。串联关系主要是通过地方政府债券体现的政府间关系、政府与市场的关系，侧重于公共绩效。

二是并联关系。一方面，围绕专项债券参与金融市场的各利益相关者，即省级政府、项目主体、证券公司、银行、评级公司、会计师事务所、律师事务所、第三方评价机构以及高校、科研机构和相关专家学者等；另一方面，围绕投资项目参与非金融市场的各利益相关者，即项目主体、政府部门、金融机构、社会投资方、项目实施方（含设计院、建设施工方、建材物料提供方等）、项目运营方、其他相关市场主体方（项目使用方、市场服务方等）。通过市场纽带并联在一起的利益相关方来自社会各界，非常丰富，共同为专项债券及其对应的项目服务。因此，针对专项债券市场方面的绩效管理非常重要，关系到专项债券是否举债规范、使用高效及可持续性。

（二）高质量绩效

建立全方位、全过程、全覆盖的地方政府债券绩效管理体系并不是说在每一处、每个方面都均等用力，更不是简单地追求全面；把握好核心、关键节点进行高质量绩效反而能够更好地实施全面绩效管理。根据地方政府债券的财政与金融协同作用的特征，可从以下两个方面考虑高质量绩效管理。

一是有效促进地方政府债券与经济的平衡发展。地方政府债券实质上是中央政府对地方政府的科学财政赋能，是优化财政资源配置、提升公共服务质量的重要抓手。地方政府债券绩效管理的第一要务就是要促进地方政府债券更好地服务当地经济的高质量发展。杨十二和李尚蒲（2013）认为，发展经济是地方政府举借债务的主要目标，尤其是在基础设施建设等严重依赖政府投资的地区更是如此。毛捷和黄春元（2018）利用我国地级市层级数据，发现地方政府债务对经济增长的影响呈倒 U 形：债务水平未突破债务平衡点时，地方政府举债的正面作用（弥补财力不足、完善基础设施等）占优，将促进经济增长；一旦债务水平超过债务平衡点，地方政府债务将抑制经济增长。为此，在关注地方政府债券对应项目的直接市场收益的同时，也要关注地方政府债券对当地经济的整体影响。不同地市的债务平衡点可以作为平衡经济发展的核心绩效指标之一，同时配套与其对应的动能禀赋指标、债券市场指标（如信息公开债务平衡点）等。通过核心经济变量指标的科学设置，精准着力，有效引导地方经济向着更加高绩效、更加高质量的方向发展。

二是有效提升地方政府债券的科学管理水平。绩效管理的具体工作本身属于管理学范畴，需要结合地方政府债券的特征，按照管理学的规律，有序、科学地推进地方政府债券绩效管理，确保高绩效地实施地方政府债券绩效管理。在预算管理、地方政府债券管理的基础上，协同其他相关部门，对地方政府债券的政策、执行部门、项目主体和债券资金实施高质量绩效管理，着重提升市县级层面地方政府债券绩效管理基础能力，实现绩效管理的具体执行者与绩效对象的无缝衔接，聚焦地方财政与金融协同作用的关键节点，关注关键节点之间的相互影响、相互配合，引导市场约束服务于管理约束，确保地方政府债券规范、有序、可持续的高质量发展。

三、公共绩效与市场绩效的协同

我国的财政制度和金融制度决定了地方政府债券是财政与金融协同的理念体现和工具载体，而地方政府债券最终的表现结果既有公共效应，也有市场效应。相应的，地方政府债券绩效管理不仅要考虑财政与金融协同的作用进行高质量绩效，而且要对其产生的公共和市场效应实施绩效管理和引导。公共绩效和市场绩效本身就意味着地方政府债券要站在未来的视角，以利益相关者的共同期望利益为导向。刘尚希（2019）结合公共与市场的统一视角，认为不能仅从传统经济学的单一维度认识预算绩效，应从经济、社会、政治、环境等多个维度深刻理解预算绩效，这关系到预算绩效管理的起点和落脚点。真正的绩效，应当是指向未来的，利益相关者参与其中的，是基于政府与民众共同对未来的分析判断而预期的某种结果。Mikesell等（2011）将注重支出成本的绩效导向的政府预算称为“传统绩效预算”；Jones（2010）认为传统绩效预算评价指标注重部门的内部世界，而20世纪70年代各国开始兴起的新绩效预算更关注服务对象和其他利益相关者，开始尝试使用效率性指标和成果指标。

由于地方政府债券实质上是对财政、金融资源的跨期配置，更需要以指向未来的视角实施绩效管理。地方政府债券的支出主要是基于公共责任的支出，其中项目专项债还有一定比例的市场化项目收益，主要体现地方政府与非金融市场的关系；而地方政府债券的融资主要是体现地方政府与金融市场的关系，举债行为和项目执行都会受到金融市场的约束。地方政府债券绩效管理的最终目标是提升公共绩效，过程目标是保证市场绩效的协同，以促进公共绩效的顺利实现。公共绩效重在结果导向，市场绩效重在执行导向；同时，结果导向也是市场绩效的逻辑起点，执行导向也是公共绩效的推进条件。

（一）公共绩效与市场绩效

地方政府债券的公共绩效，是指地方政府以地方政府债券的方式提供（准）公共物品和（准）公共服务的综合绩效。地方政府债券的市场绩效，是指地方政府通过市场方式发行债券筹集资金以及专项项目所涉及的市场化部分的综合绩效。也就是说，地方政府通过地方政府债券把（准）公共供给与市场（含金融市场和非金融市场）紧密地跨期联系起来。因此，关于地方政府债券的绩效管理，尤其是专项债券，会同时涉及公共绩效和市场绩效。

2014 年新《预算法》明确，自 2015 年 1 月 1 日起，地方政府必须在预算约束下以自发自还政府债券的方式举债。《地方政府一般债务预算管理办法》（财预〔2016〕154 号文）、《地方政府专项债务预算管理办法》（财预〔2016〕155 号文）从债务限额确定、预算编制和批复、预算执行和决算，以及监督管理等方面，提出了规范地方政府债务预算管理工作的具体要求。截至 2018 年底，一般债务中，一般债券为 108095.20 亿元，非债券形式的一般债务为 1843.55 亿元，外债转贷 180.9 亿元；专项债务中，专项债券为 72615.33 亿元，非债券形式的专项债务为 1307.44 亿元（数据来自财政部官网）。而且，随着地方政府置换债务的结束，以非债券形式存在的一般债务和专项债务也不再存在，因此，本文将地方债聚焦到一般债券和专项债券。如表 1 所示，一般债券用于纯公益性项目资本支出，不得用于经常性支出，倾向于公共绩效和金融市场绩效；专项债券用于具有一定收益的公益性项目资本支出，不得用于经常性支出，公共绩效和市场绩效并重。当前，针对一般公共预算的绩效管理相对成熟，相应的一般债券的绩效管理工作相对专项债券来说也比较成熟。而专项债券已经成为我国宏观经济补短板、稳投资的重要财政工具，新增专项债券额度自 2015 年的 4166 亿元增加到 2018 年的 13877 亿元（数据来自财政部官网），可能会产生新的风险，亟待通过绩效管理防范风险，引导其为高质量发展服务。同时，尤其注意防止隐性债务借着专项债券的东风继续新增，甚至死灰复燃。由于专项债券将利益相关者进行串联、并联的广泛性，对应的政府性基金预算和绩效管理都变得更加复杂。

表1　一般债务和专项债务的主要内容、绩效倾向

<table>
<tr><th rowspan="2">类别</th><th rowspan="2">主要内容</th><th colspan="2">偿还资金来源</th><th rowspan="2">支出特征</th><th rowspan="2">预算安排</th><th rowspan="2">绩效倾向</th></tr>
<tr><th>本金</th><th>利息</th></tr>
<tr><td rowspan="3">一般债务</td><td>一般债券</td><td rowspan="3">通过一般公共预算收入、一般债券等偿还</td><td rowspan="3">只能通过一般公共预算收入偿还</td><td rowspan="3">用于纯公益性资本支出，不得用于经常性支出</td><td rowspan="3">一般公共预算</td><td rowspan="3">公共绩效
金融市场绩效</td></tr>
<tr><td>外债转贷</td></tr>
<tr><td>非债券形式一般债务</td></tr>
<tr><td rowspan="2">专项债务</td><td>专项债券</td><td rowspan="2">通过对应的政府性基金收入、专项收入、专项债券等偿还</td><td rowspan="2">只能通过对应的政府性基金收入、专项收入等偿还</td><td rowspan="2">用于有一定收益的公益性资本支出，不得用于经常性支出</td><td rowspan="2">政府性基金预算</td><td rowspan="2">公共绩效
市场绩效</td></tr>
<tr><td>非债券形式专项债务</td></tr>
</table>

公共绩效是地方政府债券的目标导向、结果导向，也是有效推进具体绩效管理和评价工作的逻辑起点。基于地方政府债券形成的支出事项是公共绩效的主要对象（包含政策、项目和部门绩效）。一般债券和专项债券的融资环节都主要是金融市场绩效，专项债券的项目投资运营环节有一部分是市场绩效，其他环节主要针对的是公共绩效。下面以专项债券具体说明两者的协同互动。

（二）协同互动，持续发展

公共绩效与市场绩效的协同互动，既能高质量实现地方政府债券的公共目的，又能充分利用市场手段提供保障。两者的协同互动在专项债券中体现地更为明显：由于专项债券仅适用于具有一定收益的公益性项目，而对于纯公益性和纯市场性的项目都不适用，因此无论在专项债券的融资端还是项目端，都存在公共绩效与市场绩效的协同。

在实践中，专项债券的公共绩效与市场绩效如果不能有效协同，可能会产生各种形式的风险，如：由于各种缘由导致的项目进度缓慢，出现“资金等项目”的闲置现象；“千方百计包装项目”的“跑部钱进”；有意抬高项目的未来预期收入进行“策划项目”；专项债券资金用于经常性支出等。以上这些现象都没有充分考虑公共绩效与市场绩效的协同。为防止经济发展模式重走老路，为防止隐性债务以专项债券的形式“借壳新增”，把握好、发挥好公共绩效和市场绩效的协同尤为重要。

公共绩效的结果导向需要市场绩效的执行导向作为保障，也就是说需要利用市场手段实现公共目的。市场的作用主要有两点：一是在当期满足公共资金诉求，促发公共服务的启动；二是通过市场的赋能，保障公共服务的可持续性。针对不同功能的绩效管理，为形成协同合力，我们需要配套与其相适应的指标体系和评价管理办法。绩效指标要有张力，囊括公共和市场绩效；绩效指标要有生命力，促进公共和市场的互为促进，良性循环。公共绩效和市场绩效的协同关键要处理好偏向市场的收益与偏向公共的风险之间的关系。专项债券针对的金融市场和项目对应的非金融市场更侧重于收益本身，而市县政府更关注项目的公共风险。在各利益相关者中，只有地方政府和地方政府债券的主管部门更加关注公共绩效和公共风险；而其他利益相关者更多的是关注市场绩效。专项项目的全生命周期的预算管理重点保障的就是市场绩效。《财政部　自然资源部关于印发〈土地储备项目预算管理办法（试行）〉的通知》（财预〔2019〕89 号）对土地储备项目实施全生命周期的预算管理，重点关注的就是土地储备全过程的市场绩效。

（三）一一对应，保障协同

既然是预算绩效管理，那么预算对象与绩效对象应是一一对应的。但是受限于我国当前的制度环境和地方财政治理的发展阶段，在地方政府债券的实践中存在着一些不一一对应的现象，需要清晰识别不同情况下的具体绩效对象。只有通过绩效管理打通一一对应，才能实现公共绩效与市场绩效的协同。

一是发债主体与项目主体。当前发债主体与项目主体是错位的，公共绩效与金融市场绩效之间存在错位。发债主体与项目主体的错位会造成公共绩效与市场绩效的协同不是那么直接，容易产生基于委托代理关系的道德风险。发债主体直接与金融市场关联，项目主体与项目的执行情况和市场情况直接关联，项目主体所在的市、县与项目的公共绩效直接关联。为此，需要在绩效管理层面打通这种主体的错位，实现绩效约束与绩效激励的一体化。

二是资产端与资金端。专项债券对应的项目对金融市场上的金融机构来说，是他们的金融资产端；金融市场的各类专项债券投资人对地方政府来说是资金端。专项债券的资产端与资金端应是一一对应的，彼此之间按照市场规则相互影响、相互印证。但由于目前信息标准、信息公开等还不完善，资产端与资金端并没有建立起一一对应关系，资产端是经过包装过的并且有选择的粗线条公开相关信息，资金端是在资产荒大背景下对政府信用的天然偏好或在政府部门任务施压下"一厢情愿"的执行。金融市场绩效和项目的非金融市场绩效之间就会存在错配盲区，需要建立科学的市场绩效，借助市场的力量，有效引导资产端与资金端的一一对应。

四、时空异质性与绩效弹性

地方财政与金融的协同作用是地方政府债券的基础制度逻辑，公共绩效与市场绩效是地方政府债券绩效管理的两个基本面。为有效提升绩效管理的能力和效力，还须从具体操作层面关注地方政府债券的时空异质性。伏润民和缪小林（2014）发现，我国地方债广泛存在时空权责分离，即从时间上看，本届地方政府具有举债权力，而实际偿债责任却在下届地方政府；从空间上看，本级政府具有举债权力，但最终"兜底"的却是其上级政府。地方政府债券不仅在权力责任上具有时空特性，而且与其相对应的资金流、信息流和政策流的持续流动，在不同的时空条件下也表现出不同的具体特征。相对于静态的绩效目标指标与评价指标的刚性，地方政府债券的绩效管理需要具备一定的时空弹性，以更好地适应地方政府债券的时空异质性。即相对于绩效管理的对象来说，具体的绩效目标与绩效指标需要根据其时空变化呈现一定的动态弹性，以便更好地实现以结果为导向的高质量绩效管理。

（一）时空异质性

地方政府债券在发行主体、项目主体及其他利益相关者之间，在债券的全生命周期、项目的全生命周期的时间跨度内，产生的资金流、信息流和政策流具有特定的时空属性。由于绩效标的随着时空变幻呈现出不同的特征，绩效指标的设计既要准确把握绩效标的的静态特征，也要及时跟踪绩效标的的时空异质性与流动性（见图 2 所示）。根据不同区域、不同主体、不同项目的异质性，以及时间变化的流动性，绩效管理需要在共性指标的基础上延展出一定的时空弹性，在全面预算管理框架内保障地方政府债券绩效管理的健康持续。

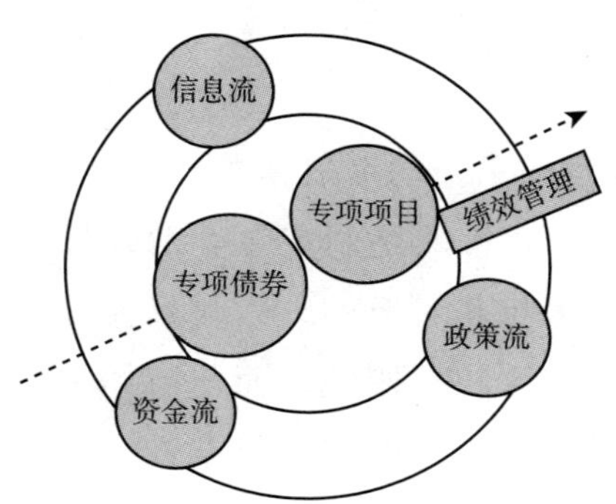

图 2　专项债券绩效管理与资金流、信息流和政策流的关系图

一是资金流的时空异质性和流动性。主要是指债券资金在不同主体之间的跨期流动。空间上，债券募集户—省级政府财政专户—地市级专户—项目主体，债券资金在不同主体之间、不同层级之间的流动等。时间上，从债券发行到还本付息，项目启动—建设—运营—债券账期结束的跨期流动等。

二是信息流的时空异质性和流动性。空间上，省级政府、地市级、项目主体、债券市场、第三方等各利益相关者之间，信息分布不充分、不均匀，以及在各主体之间的流动等。时间上，随时间变化，各类利益相关者的资质情况、财务信息等，以及项目本身的建设、运营和经济社会效应的有关信息也在流动变化，相应的某些指标可能增减、权重也需相应调整等。

三是政策流的时空异质性和流动性。空间上，上下级政府间的传递，部门之间的传递、协调，政府部门与其他市场参与者之间政策的传递、执行等。时间上，政策是与时俱进的，随着时间变化一直在调整；政策的各方执行也有一定的执行操作周期。还要考虑政策执行条件与执行结果的差异性与个性化。

四是资金流、信息流与政策流之间的内在联系与融合互动。绩效指标流需根据这种互动逻辑，有效引导三者之间的融合互动，并逐渐成为宏观经济调控的重要工具之一。正如下文将要分析的绩效弹性，就是以绩效管理为中心，将三者有机聚合，充分调动各利益相关者的积极性。

（二）非正式制度约束下的绩效弹性

资金流、信息流和政策流是制定各类绩效目标和评价指标的具体素材依据，会自然产生与其对应的绩效目标流和指标流。与公共绩效相关的绩效目标和指标流相对刚性，而与市场绩效相关的则相对具有弹性。绩效弹性源于对地方政府债券复杂性、特殊性的实事求是，也是科学绩效管理的基本策略。

在科学设置绩效弹性时，还需要考虑非正式制度对地方政府债券的约束。陆铭和李爽（2008）认为，制度的重要性不在于是否成文，而在于它是否实在地起作用：非正式制度（如习俗）往往没有成文，但所谓“约定俗成”，往往会被遵从；而正式制度（如法律），如果脱离习俗太远，有了规定也不一定被执行。非正式制度对地方政府债券绩效管理的影响主要体现在以下几个方面：一是地方政府举债冲动。受行政示范效应影响，地方政府更愿意举债，会充分发挥动能禀赋，借助相关政策及时大量举债；同时决策者的举债意志和举债偏好与用债的绩效理念不匹配。二是政府层级之间观念意识上缺乏协同，需要一定的孵化、学习过程。市县级政府对绩效管理的重要性与紧迫性认识不足；地方政府债券管理中“保限额基数、分限额增量”的惯性思维尚未扭转，缺乏提升债券使用效率、形成有效资产的行动自觉。三是“评价即权力”的传统思维定式不利于第三方评价机构健康成长，在具体的评价工作中具体执行人容易产生“高姿态”心理，或者受限于评价对象是政府身份，不容易做到真正的客观、独立、专业与操守，严重影响评价的能力和效力。这对绩效弹性提出了更高的要求，既要因地制宜、循序渐进，又要“入乡随俗”“不忘初心”。

五、对策建议

本文研究发现：地方政府债券是财政与金融协同的理念体现和工具载体。为实现高质量绩效需要把握该协同作用的三个典型特征：①地方政府充分发挥动能禀赋打造金融资产端；②金融市场普遍偏好政府信用；③围绕地方政府债券的各利益相关者之间串联、并联的广泛性和复杂性。同时，以站在未来、结合公共与市场的统一视角，需要确保公共绩效与市场绩效的有效协同，即：地方政府债券绩效管理的最终目标是提升公共绩效，过程目标是保证市场绩效的协同；公共绩效重在结果导向，市场绩效重在执行导向。具体地，绩效指标体系的建立，需要考虑基于地方政府债券资金流、信息流和政策流的时空异质性和非正式制度约束。

根据上述研究发现，笔者提出以下四方面的对策建议：

第一，培育与时俱进的地方政府债券绩效管理观念与理念。一是跨越财政与金融的全局观。地方政府债券涉及财政、金融、公共管理、项目管理、财会等多个学科的理论、政策与实践，其中财政与金融协同是贯穿上述各要素的基本主线和基本逻辑。为此，需要建立跨越财政与金融的全局观，实施预算绩效管理；二是跨越时空的务实观。地方政府债券及其对应的项目涉及多主体、多领域、多行业、多层级的跨期交互，需要在具体项目的基础上以跨越时空的视角实事求是地开展绩效管理；三是自我设限的自律观。无论是绩效管理的主体、对象，还是第三方都要树立自我绩效的目标，明确原则和底线，追求负责任的自我约束。

第二，基于地方财政与金融协同的机制，科学构建绩效指标体系。自2003年以来，我国推行项目绩效评价，积累了丰富经验，在分主体、分领域、分行业、分层级的基础上建立地方政府债券绩效指标体系。地方政府债券绩效目标和绩效指标应在财政与金融协同作用的指导下，遵循成本性、相关性、重要性、可比性、系统性和经济性原则，以核心指标统一反映被评价对象的产出和效果。同时，新增地方政府专项债券涉及财政政策、金融政策以及投融资政策等，按照全面实施预算绩效管理的意见，也必须对相关政策开展政策性绩效评价。具体地，一是把握财政与金融协同的核心机制，提高绩效目标编制和监控的质量；二是借鉴金融系统的专业技术和监管技术，重点绩效评价的技术和方法仍需完善；三是充分发挥市场约束，尤其是金融市场约束，稳步推进地方政府债券、项目全生命周期的信息公开以及绩效信息的及时公开；四是守正创新，持之以恒。及时把握财政与金融的最新发展，在作用机制、业态创新以及技术创新上有一定的前瞻性，引导绩效管理的与时俱进。

第三，基于以公共结果为导向的绩效管理目标，发挥好公共绩效与市场绩效的协同。新增地方专项债券主要用于基础设施建设等资本性支出。而基础设施项目既有公益、准公益项目，又有营利性项目；既包括政府融资，又包括市场化融资；既包括政府社会投资，又包括社会资本、民营资本和私人资本。因此，合理界定公共绩效，有效引导市场绩效，科学促进公共绩效与市场绩效的协同，是调动政府和市场两个积极性实现公共目的的关键。具体地，一是建立地方政府债券项目库。按照国务院《政府投资条例》规定，根据地方资本性公共支出的需求，区分不同的债券属性和项目属性，实行项目库管理；二是夯实地方政府债券预算绩效评价流程设计。参照会计、审计和资产评估操作规范，围绕公共绩效和市场绩效制定《地方政府债券预算绩效评价操作规范》，明确预算绩效评价操作流程。

第四，识别并科学设置绩效弹性指标，实现高质量绩效。由于区域发展不均衡，对同一个区域、同一行业部门的评判标准缺乏统一标准。因此，要秉持有差异的“均等”原则，以科学的方法设计分主体、分领域、分行业、分层次、分阶段的地方政府债券绩效目标和绩效指标。具体地，一是培育、引导、规范发展独立第三方评价机构。学习借鉴英国、美国、加拿大和新西兰等国家实践经验，广泛培育、发展和规范引导独立的社会第三方评价机构，不受意识形态、政治派别影响，形成以证据和结果导向的公允、客观评价准则，自觉接受社会各界监督；二是加快地方政府债券预算绩效管理信息化建设。通过地方政府债券项目绩效管理信息化建设，建立起覆盖地方政府债券项目绩效全过程，涵盖政府机构、第三方机构、专家、监督机构、公众等全方位绩效管理信息系统，将地方政府债券的时空异质性通过信息系统及时体现出来，同时将弹性绩效管理理念、评价结果渗透到包括预算决策、预算编制、预算执行、财政决算、财政监督等地方政府债券项目绩效全生命周期中，实现对与财政支出有关的各类财政数据、评价反馈数据等各方面数据的统计和分析，最终形成财政“绩效监督”；三是把握好非正式制度约束，增强绩效自评的真实性与客观性，营造良好的绩效评价环境与共识。

政府预算绩效管理与政府会计改革的协同性研究

◇ 中国财政科学研究院　王泽彩
◇ 集美大学　胡志勇

中共中央、国务院《关于全面实施预算绩效管理的意见》明确，预算绩效管理改革由过去单一的公共预算绩效管理，逐步向“全方位、全过程、全覆盖”的制度体系转变，强调注重结果导向、讲求成本核算、注重综合效益、硬化责任约束，同时赋予部门和单位更多自主权。由此，政府会计在政府预算绩效管理中的重要作用就凸显出来。政府会计区别于以往政府预算会计，是以现代政府为依托，能够便于确认各机构、单位的财务管理业绩和资金使用效果。它的主要特征是，以反映政府绩效、履行公共服务受托责任为目标，以权责发生制作为会计计量基础，提供全面、系统综合的财务报告体系。概括来说，政府会计体系是以权责发生制和收付实现制为基础，以决策有用和公共受托责任为目标，由政府预算会计、政府财务会计、政府成本会计、政府管理会计和政府综合财务报告等制度组成。

一、研究问题的提出

在国家治理现代化改革大环境下，政府预算绩效管理和公共部门绩效管理是两个紧密相关、相互作用的系统。政府预算绩效管理实际上是政府“人、财、物”中“财“效率的管理，政府“财”效率最终要靠公共部门绩效管理来实现。政府会计是影响政府预算绩效管理和公共部门绩效管理系统的重要技术变量。具体而言，政府会计核算、反映的政府部门资产、负债、收入、费用、结余、成本和绩效等数据是缓解财政部门和公共部门之间“信息不对称”问题的重要信息基础，也是实现政府预算绩效和公共部门绩效管理有效性的重要保证。目前，我国政府预算绩效和公共部门绩效管理面临的许多问题都与政府会计的不完善紧密相关，比如部门和单位缺乏战略管理、部门和单位预算编制不科学、绩效目标标准不统一、内控制度不完善、成本核算管理缺失、绩效评价成本信息不对称等。

协同论发轫于 20 世纪 60 年代，它是基于多种学科交叉研究，是系统论、科学论的重要分支。协同论研究系统与系统之间存在相互影响、相互合作的关系，它认为系统要素之间、系统之间协同作用将使系统要素彼此耦合，从而获得整体放大效应。政府预算绩效管理与政府会计改革必须协同推进才能产生协同效应。从当代国际成功经验看，政府预算绩效管理和公共部门绩效管理的改革必然是伴随政府会计技术的革新，比如 1998 年英国政府会计权责发生制的应用源于“资源会计与预算”改革；2001 年法国《财政组织法》旨在加强政府预算绩效管理，同时也规定中央政府会计采用权责发生制。协同理论的自组织理论认为，自组织是一个开放式系统有序演变的活动，在自组织过程中支配系统有序活动的神秘力量是来自系统内部的非线性作用机制，系统内部的非线性作用使各子系统之间产生协同作用。经过近几年的改革，我国国家治理体系现代化改革已经出现自组织现象，政府预算绩效管理、公共部门绩效管理与政府会计之间逐渐产生协同作用，即政府预算绩效管理促进公共部门绩效管理和政府会计改革的不断深化，政府会计改革助力政府预算绩效管理和公共部门绩效管理改革的有序推进，但改革总体上呈现出“弱”协同性。据此，研究政府预算绩效管理与政府会计改革的协同性具有重要的现实意义。

二、政府预算绩效管理和政府会计改革的弱协同性分析

入世以来，我国政府预算绩效管理和政府会计改革的理论研究在较长时间里呈现弱协同性，政府预算绩效管理和政府会计的改革制度设计呈现弱协同性，以及政府预算绩效管理和政府会计服务实践也呈现出弱协同性。

（一）政府预算绩效管理与政府会计的理论研究融合性缺失。

由于我国政府预算绩效管理较长时期着重于预算绩效评价体系的构建，相关的研究文献很少论及政府会计，偶有论述也只是泛泛提及。特别是，从政府会计视角深入探讨政府预算绩效管理改革的文章少之又少，近两年才有几篇，比如徐晓霞、赵淑琪（2019）的《政府预算绩效管理引入权责发生制的思考》、李昕诺（2018）的《深化政府会计改革，助推政府预算绩效管理全面实施》等。政府会计的文献也很少从政府预算绩效管理视角进行研究，笔者选择以下四个方面的研究做简单分析。

1. “权责发生制”的研究。

2001年以来“权责发生制的引入”是我国理论界关于政府会计改革讨论的核心话题之一。理论界认为，政府绩效评价是政府会计引入权责发生制基础的原因之一，比如刘玉廷（2004）在《我国政府会计改革的若干问题》中分析政府职能转变、公共财政改革、政府绩效评价制度建设等因素与政府会计改革的关系，提出政府会计要渐进性引入权责发生制；李纪文（2005）在《对政府会计改革两个问题的看法》中分析了传统现收现付制基础存在政府会计信息不完整、绩效评价困难、国有资产管理弱化等问题，提出政府会计引入权责发生制基础。权责发生制核算基础使得政府会计可以科学、合理核算当期的收入与成本费用，但引入权责发生制是否就有助于实施政府预算绩效和

公共部门绩效管理？这取决于具体的改革情况，比如权责发生制改革是完全权责发生制、部分权责发生制、特定权责发生制，还是补充性权责发生制等。但何种权责发生制的政府会计制度更有益于绩效管理，现有研究文献却少有涉及。目前，政府预算绩效管理改革已经开始触碰“政府会计信息缺乏”的瓶颈，理论研究的弱协同性表现得更加明显。

2. “政府财务报告”的研究。

起初，我国理论界并未赋予政府财务报告关于政府预算绩效管理太多的作用与功能，比如李建发（2001）的《论改进我国政府会计与财务报告》提出，借鉴国际公共部门会计与财务报告做法，建立向社会公众及其他各方提供真实性、完整性、可靠性的政府财务信息。《建立政府会计财务报告体系的探讨》（2008）虽分析了政府财务报告建立有利于公共财政制度改革，但并未提及政府预算绩效管理改革。近年来，随着我国政府综合财务报告编制试点的推进，“如何利用政府综合财务报告促进我国政府预算绩效管理改革”有少量的关注，比如殷文玺（2017）《权责发生制政府综合财务报告利用机制研究》认为，可以利用政府综合财务报告披露的信息建立绩效评价指标体系，进行政府综合财务绩效、部门整体绩效、项目绩效评价。但总体上看，更为具体的、有实际应用价值的研究成果还是缺少。

3. “政府成本会计”的研究。

对政府成本会计的认知，国内理论界认为是政府绩效管理需要。《权责发生制政府综合财务报告制度改革方案》发布前，王瑶（2006）、常丽（2009）、邓九生（2013）等人主要讨论了政府绩效与成本核算关系、如何核算政府成本、怎样建立政府成本会计等。《权责发生制政府综合财务报告制度改革方案》发布后，王华、李杨子（2015）、赵卜西（2016）、王雍君（2017）等人深入探讨了如何建立政府成本会计问题。然而，大多数关于政府成本会计研究皆落入企业成本会计的窠臼，未能充分考虑公共财政与公共管理的特殊性，研究结果的应用性较弱。目前，政府成本会计的研究提到政府绩效，但并未明确政府绩效、公共部门绩效和政府预算绩效之间关系，也未提到政府成本会计对政府预算绩效管理的具体作用。

4. “政府管理会计”的研究。

我国学界还是较早认识政府管理会计与政府预算绩效的关系，周蓉蓉（2004）介绍全面预算管理在事业单位的适用性及其具体编制方法；崔皓瑜（2005）认为，县级财政实行全面预算管理是推行部门预算改革的有效途径。除广东、上海等外，2006 年，我国其他一些地方政府才开始探索建立预算绩效评价体系。从这方面看，我国学界对政府管理会计的研究步调早于政府预算绩效管理。这些研究大多是关于国外新公共管理运动经验介绍，并未结合中国国情进行研究，研究成果难以有效指导我国的改革实践。2014 年《权责发生制政府综合财务报告制度改革方案》发布后，随着政府会计改革的深入政府管理会计的研究再次引起学界关注，如范君、李定清（2017）的《略论我国政府管理会计改革》、陈世忠、彭俊英（2019）的《管理会计在事业单位中的应用》研究等。这些研究主要是以提高公共部门管理绩效为目的，较少结合政府预算绩效管理进行研究。

（二）改革制度的顶层设计系统性匮乏

理论研究的弱协同性既影响我国改革制度设计的弱协同性，也受到改革制度设计弱的协同性的影响。政府预算绩效管理是包括事前绩效目标设计、事中动态监控、事后绩效评价的全过程管理。2003 年党的十六届三中全会提出“建立预算绩效评价体系”，也就是说我国关于政府预算绩效管理一开始的设计是建立事后的“预算绩效评价体系”。《关于全面实施政府预算绩效管理的意见》明确，政府预算绩效管理改革设计从原先的事前“预算绩效评价”转向“全方位、全过程、全覆盖”政府预算绩效管理体系。以往，缺乏事前绩效目标设计、评估和事中动态监控，事后的预算绩效评价就很难保证质量。同时，政府会计在提供政府预算绩效管理信息方面的重要性，也没有得到足够的重视。当时，建立“预算绩效评价体系”改革的具体制度没有及时出台，主要原因：一是当时我国并未面临经济下行与财政收支巨大压力并存的局面，因此国家采用“摸着石头过河”的改革方式。二是当时国家治理体系和治理能力现代化尚未提到改革议程上，政府预算绩效管理还不是最为迫切的改革任务，政府预算绩效管理改革的设计没从“全方位、全过程、全覆盖”三个维度去设计也很自然的，更不用说考虑政府预算绩效管理与公共部门绩效管理、政府会计的协同改革问题了。

从政府会计改革制度设计看，改革的弱协同性也很明显。改革开放至2014年，我国政府会计改革是一种“制度延续性的变革”，其目的是对财政资金使用全过程进行有效控制。换言之，2014年前我国政府会计改革设计并未考虑政府预算绩效管理，二者也没有协同性可言。2014年我国出台《权责发生制政府综合财务报告制度改革方案》，其明确权责发生制政府综合财务报告是为满足建立现代公共财政、推进国家治理现代化的需要，利用政府财务报告信息加强政府预算、资产和绩效管理。权责发生制政府会计改革彻底改变我国政府会计原有的改革路径，在改革制度设计上提到政府绩效和现代公共财政二者之间内在联系。然而，政府绩效、预算绩效、公共部门管理绩效与政府会计相互之间的关系仍较为模糊。回顾我国政府会计制度改革，主要是向国际行会计准则和制度趋同性发展，是基于较为笼统的提高政府绩效目标的权责发生制政府会计改革，一些制度改革甚至还缺乏足够的理论支撑，比如政府成本会计制度改革。

（三）服务实践提高绩效的协同性弱化

在理论研究与改革设计的弱协同性下，我国政府预算绩效管理与政府会计改革也出现实践的弱协同性。尽管政府预算绩效管理与政府会计改革都是财政部在推进，但二者分属预算司和会计司。政府预算绩效管理与政府会计的改革实践相对独立，按照各自的计划步骤不断地推进。2018年9月我国政府预算绩效管理改革从预算绩效评价转向“全方位、全过程、全覆盖”绩效管理，未来的改革要“注重结果导向”“成本效益分析”“赋予部门和单位更多管理权，加强监督问责”等。这些方面必须通过公共部门绩效管理改革来实现，而公共部门绩效管理改革不可避免地需要政府会计的支持。据此角度看，目前我国政府会计改革滞后政府预算绩效管理改革。我国权责发生制政府会计改革始于2014年，四年多来政府会计的改革取得显著成绩。然而，随着改革的深入政府会计的建设任务越来越艰巨，比如全面开展政府财务报告编制、研究推行政府成本会计、建立健全政府财务报告分析应用体系、制定发布政府财务报告审计制度、公开制度等。显然，我国政府会计要与政府预算绩效管理出现明显的协同效应，最快也要在3—5年后，甚至更长时间。

三、改革的弱协同性对政府预算绩效管理的影响

财政部门与公共部门之间的“信息不对称”是实施政府预算绩效管理的重要原因之一。尼斯坎南（1971）认为，官员利用“信息不对称”尽量争取预算，官员行为目标是预算最大化而非政治家“边际收益等于边际成本的公共产品提供水平”。在信息不对称情况下，财政资金分配与使用将不可避免地产生公共产品无效率提供的问题。目前，我国政府预算绩效管理采用指标法为主进行预算绩效评价，政府预算绩效指标的申报实际上就是在信息不对称情况下财政部门要求部门和单位申报财政资金使用的产出、效应或效果。这在一定程度上缓解信息不对称造成的委托代理关系“逆向选择”和“道德危机”问题，但政府预算绩效指标并不能解决财政管理的“信息不对称”问题。要解决“信息不对称”就必须建立完善的政府会计制度。可见，政府会计与政府预算绩效管理改革的弱协同性必然对政府预算绩效管理产生负面影响，具体影响如下。

（一）不利于评价预算编制的合理性与准确性

根据尼斯坎南理论，在信息不对称下官员与政治家的目标是不一

致的，官员利用信息不对称追求预算最大化。事实上，缺乏政府会计的支持部门和单位是无法合理、准确地编制部门预算，更何况缺乏内在动力去编制合理、准确的预算。缺乏足够政府会计信息的支持，财政部门合理、科学地审核公共部门上报的预算数是存在较大困难，更多的是根据部门和单位以往的预算支出数和现有财力对预算数进行控制。目前，我国政府财务会计制度已经能较完整地核算和反映单位资产、负债、收入、费用和结余情况。但部门和单位主要以科室为单位进行支出核算，成本信息的缺失成为合理、准确地编制项目预算的瓶颈。在缺乏政府成本会计支持下，政府预算绩效评价更多的是关注项目的产出、效益和效果，对项目成本的合理性无法进行有效的事前评估和事后评价。《关于全面实施政府预算绩效管理的意见》明确要对新出台重大政策、项目进行事前评估。笔者认为，所有政策和项目预算支出都应当进行事前评估，但这显然受限于政府财务和成本数据信息的缺失。

（二）不利于“结果导向”政府预算绩效管理的实施

《关于全面实施政府预算绩效管理的意见》明确，要更加注重“结果导向”政府预算绩效管理。“结果导向”政府预算绩效管理既区别于传统“控制型”政府预算管理模式，也区别于非“结果导向”政府预算绩效管理。传统“控制取向”政府预算管理是以收付实现制预算会计为支持，对财政资金的运动全过程进行控制性管理，主要是关注财政资金使用的合规性、合法性、安全性等。非“结果导向”政府预算绩效管理是对传统“控制取向”预算管理进行延续性改革，关注预算全面性、一致性、准确、诚实和清楚等原则，比如规划—项目公共预算、企业化公共预算、零基预算等。“结果导向”政府预算绩效管理是以权责发生制政府会计为支持，对目标和预算总额集中控制，重点关注预算产出和结果。除了权责发生制政府会计，信息透明度建设、受托责任明晰、法律规章确立、公共资源的可预见性等都是实施“结果导向”政府预算绩效管理的前提条件。有鉴于此，缺乏政府会计支持，

"结果导向"政府预算绩效管理难以有效实施。

（三）不利于成本效益分析的实施

《关于全面实施政府预算绩效管理的意见》明确，政府预算绩效管理要强调成本效益分析。政府成本大致分为财务核算的成本、管理会计的成本、经济成本、社会成本几个层次。具体公共项目的成本和收益分为直接和间接、有形和无形、内部和外部等。在公共财政领域实施成本效益分析存在巨大的困难，具体的困难是多方面的，除了成本种类特殊性和复杂性外，还有成本核算对象的确定、成本核算实施主体的认定、成本会计方法的选择、间接费用的归集与分配等问题。这些问题的解决，首先要深入研究政府成本会计理论，其次要建立完善的政府成本会计制度，最后是政府部门和单位有效实施政府成本会计制度。然而，我国理论界对政府成本会计理论探讨还很不充分，构建和实施政府成本会计制度还需要大量的理论积累。目前，我国政府预算绩效管理在评价项目产出、效益与效果方面取得较大成绩，但项目成本合理性的评价受制于成本信息的匮乏。目前，北京市财政局探索全成本政府预算绩效管理，主要选择学前教育、养老机构运行补贴、水电气热补贴、商业流通等领域进行试点，其他地方政府也进行一些有益的探索。笔者以为：当前我国政府在一些相对独立的项目试点成本政府预算绩效管理是可行的，但要全面推行成本政府预算绩效管理还存在很多困难。

（四）不利于赋予部门和单位更多管理自主权

政府成本的有效管理很大程度上取决于公共管理的有效性。在"科层制"模式下，政府注重行政效率，忽视管理效率与质量，结果出现官僚主义、行政运行成本高、服务质量不佳等现象。《关于全面实施政府预算绩效管理的意见》明确，赋予部门和单位更多管理自主权。这是符合国家治理现代化的要求，是有利于节约政府成本、提高财政资金使用效益。然而，如果这不是以建立现代政府管理制度包括政府会计为前提，赋予部门和单位更多管理自主权将导致管理的混乱与无效率。据此而言，研究政府预算绩效管理与政府会计改革的协同性，实质上是研究政府预算绩效与公共部门管理改革的协同性。目前我国正加紧推进公共部门管理改革，但在公共管理制度完善前赋予部门和单位更多管理自主权可能是无效的。

此外，政府预算绩效管理与政府会计改革的弱协同性还可能对其他方面产生不利的影响，比如预算绩效监控的有效性、预算绩效管理信息公开的完整性、预算绩效评价结果的合理性与科学性、预算评价结果应用的可行性、预算绩效管理约束与激励机制的实施等。

四、国外政府预算绩效管理与政府会计协同改革的经验启示

国外政府预算绩效管理与政府会计协同改革的可借鉴经验主要是在“新公共管理运动”之后，包括英国、美国、法国、澳大利亚等国家的改革经验。笔者简单地总结为以下几条。

（一）统一在政府绩效管理框架下的协同改革

新公共管理运动之前，国外政府预算绩效管理与政府会计改革也经历过弱协同性，比如美国 1961 年“规划—项目公共预算制度”、1977 年“零基预算”等预算绩效改革并没有相应的政府会计改革支持，当然，改革最终是无疾而终。正如自组织理论所阐述，系统内部各子系统之间存在非线性的相互作用，这种作用使各子系统之间产生协同演变的要求。政府绩效包括政府人、财、物三者的绩效，政府预算绩效管理属于政府“财”的绩效问题。从财政资金的运动过程看，政府预算绩效管理包括财政资金在公共部门运行的绩效，因此，如果缺失公共部门绩效管理这一环节，那政府预算绩效管理链条将是不完整的、无效的。而公共部门绩效管理必须依靠政府会计的支持。经过长期弱协同改革后，国外最终将政府预算绩效管理、公共部门管理和政府会计放置在政府绩效管理框架下进行协同改革，即所谓“新公共管理运动”，并取得较为成功的改革经验。如今，我国政府预算绩效、

公共部门管理和政府会计改革也产生协同改革的需求，在政府绩效管理框架下统筹安排三者的改革是必要的。

（二）通过立法来保障改革的协同性

企业的逐利性是其管理改革天然的内在动力，公共部门管理目标的非逐利性与多元化导致改革缺乏内在动力。立法保障政府预算绩效管理与政府会计改革的协同进行是很有必要。20世纪70年代西方国家政府绩效预算改革逐渐进入一个新的阶段，政府绩效预算和会计改革大多通过立法形式加以保障，比如新西兰1989年的《公共财政法案》、1993年的《财务报告法案》、1994年的《财务责任法案》、英国的《政府资源和会计法案2000》、法国2001年的《财政法组织法》、美国1993年的《政府绩效与结果法案》等。立法保障了政府预算绩效管理与政府会计改革的顺利推行，政府预算绩效管理与政府会计改革也取得较为显著的协同效应。立法保障我国预算绩效管理和政府会计改革协同进行是值得考虑的。

（三）推动权责发生制政府会计改革

各国权责发生制改革是不同的，比如英国资源会计是对传统预算会计系统的补充而非替代，改革旨在为政府部门提供更为准确的管理与决策信息、提供政府部门固定资产的价值、使用以及资本消耗情况等；美国权责发生制改革主要是在基金会计系统引入权责发生制（姚宝燕，2010）；法国中央政府会计系统由预算会计、政府财务会计、成本会计三部分组成，其中政府财务会计和成本会计采用权责发生制基础；新西兰权责发生制政府会计改革是世界政府会计改革中最彻底的，1989—1990年绝大多数政府部门成功实现了权责发生制政府会计转型，1991年实施权责发生制政府综合财务报告，1994年全面建成权责发生制政府财务管理与预算系统。新西兰权责发生制政府会计带来两个明显结果：财政支出明显减少，权责发生制政府会计运行成本高。各国权责发生制政府会计提供更为完整、真实、可靠信息，不同程度地影响政府预算绩效管理。我国要结合政府预算绩效管理的需要，研究如何进一步完善权责发生制政府会计制度。

（四）加强政府成本核算与控制

政府成本控制离不开成本核算。国外政府成本核算经验各有不同，比如英国经历汇集核算项目总成本、项目运转成本和引入业绩衡量法三个阶段。法国政府成本会计系统利用权责发生制政府财务会计的信息对项目进行成本分析。然而，由于项目成本核算方法的复杂性，政府成本会计系统只是在一些部门间试行并未全面推广。美国联邦财务会计准则第 4 号公告——《管理成本会计准则》提出政府采用“完全成本”的核算要求，可选择“作业成本法”“分批成本计算法”“分步成本计算法”“标准成本法”等。成本核算是实现成本控制的重要基础，但国外改革经验显示，政府成本控制更为主要的是依靠公共管理改革来实现，比如提高政府信息透明度、引入竞争机制、实行政府采购和政府购买、整合政府部门与明确部门职能等。我国预算绩效管理需要成本信息的支持，建立政府成本会计核算制度是很有必要的，但也要充分考虑政府成本会计核算的难度和成本会计实施成本等问题。

（五）探索政府管理会计的改革

政府管理会计的实施是以权责发生制政府财务会计为基础的，有利于在赋予自主管理权下加强对公共部门的绩效管理。管理会计包括战略管理、预算管理、成本管理、内部控制、绩效管理等。在实施政府管理会计上各国进行了不同的探索。在战略管理方面，1992 年澳大利亚公共部门改革要求实施战略计划，1992—1996 年新西兰强调整体政府战略行动。在预算管理方面，意大利创建中央政府责任中心，1997 年在各成本中心实施应计制的预算，应计制预算是利用成本计算和控制以保证预算编制的准确性。在成本管理方面，美国政府管理会计采用完全成本法核算，对具有特殊性政府成本做特殊规定，规定了联邦政府成本信息的使用者、目标、成本控制、基本概念和和核算要求等。在绩效管理方面，1998 年德国联邦政府尝试推行成本和绩效衡量会计系统，要求部门制定绩效计划。1997 年瑞士推行业绩考评和业绩协议。1992年瑞典中央政府引入绩效管理体系，政府要向国会报告各领域取得的绩效和实现目标等。国外政府管理会计大多是处于探索改革阶段，其经验值得总结与借鉴。我国可根据公共管理改革的推进情况探索实施政府管理会计。

五、政府绩效管理与政府会计协同改革的对策建议

近几年来，我国政府预算绩效管理和权责发生制政府会计制度的改革步伐大且成绩斐然，但二者的改革尚未形成显著的协同效应。为了更有利于评价部门预算的编制合理性和准确性，更有利于实施“结果导向”的政府预算绩效管理、成本效益分析、赋予部门和单位更多管理自主权等，笔者认为要做好以下几件事情。

（一）大力推进政府绩效管理框架下协同改革

党的十八届二中全会以来，党提出建设廉洁高效的政府、有效的政府治理和国家治理现代化。从宏观层面看，我国有着明确的国家治理和政府治理的改革目标。近几年来我国在政府预算绩效管理、公共部门管理和政府会计改革方面取得较大成绩。然而，政府预算绩效管理与政府会计改革的弱协同性较为明显，改革还未产生明显的协同效应。国外实践经验表明，如果政府预算绩效管理、公共部门管理与政府会计改革缺乏协同性，改革结果是不理想的。政府绩效是政府治理现代化的主要特征之一，因此，政府预算绩效管理与政府会计改革首先要协同在国家治理与政府治理的现代化目标下，其次要协同在政府绩效管理框架下。政府绩效包括人、财、物使用的绩效。政府预算绩效管理改革的目的就是实现财政资金的使用绩效，政府资金的使用绩效主要依靠公共部门管理绩效来实现，政府会计是公共部门绩效管理的重要技术工具。因此，政府预算绩效管理、公共部门绩效管理与政府会计必须在政府绩效管理框架下进行协同性改革。

（二）强化立法保障协同改革

目前，我国政府预算绩效管理面临的主要问题之一是部门和单位

领导不够重视。尽管《关于全面实施政府预算绩效管理的意见》明确“各地各部门要加强对本地区本部门政府预算绩效管理的组织领导”“各级政府要将预算绩效结果纳入政府绩效和干部政绩考核体系”，但部门和单位领导不重视政府预算绩效管理的现象还是很普遍。这导致政府预算绩效管理流于形式、难以取得实质性的成效。2019 年 1 月 1 日我国全面实施政府会计准则制度。目前部门和单位尚未熟悉政府会计准则制度，更谈不上应用制度来提高公共部门管理绩效。“科层制”管理模式下公共部门管理缺乏创新性，如果没有立法保障，我国公共部门绩效管理改革是不可能在部门和单位内自发、自觉地开展。一旦有立法保障，《关于全面实施政府预算绩效管理的意见》提到的”赋予部门和资金使用单位更多的管理自主权”才有实施的法制环境。据此，立法保障政府预算绩效管理与政府会计协同改革是很有必要的。

（三）完善权责发生制政府会计改革

目前，我国权责发生制政府会计改革已取得很大成就，具体讲有：逐渐完善政府会计的法律制度；建立较为清晰的政府会计概念框架；引入权责发生制会计核算基础；政府会计制度与政府会计准则并行；规范预算会计和政府财务会计的会计要素和会计科目；建立包括政府决算报告和政府财务报告的报告体系；关注政府会计信息质量与政府会计职业道德建设等。现行的政府会计准则制度有利于科学、全面、准确反映政府资产负债和成本费用，有利于未来公共部门绩效管理改革的推行。当然，目前部门和单位对政府会计准则制度还很不熟悉，各部门和单位在应用政府会计准则制度加强成本核算与控制方面存在较大困难，比如“业务活动费”科目下如何设置明细科目，是按照项目、服务、业务类别或者支付对象设置明细科目，还是在按照科室设置明细科目？哪些成本需要归集到明细科目才能更好核算、反映出合理、准确成本信息？目前，政府部门和单位的项目和服务分类很不科学，以此为明细科目进行成本归集与核算，其反映的成本信息缺乏可比较性，也无法判断其合理性。诸如此类问题的解决需要结合预算管理的进一步改革。未来，权责发生制政府会计制度需要做进一步的完善。

（四）切实促进政府财务报告的应用

权责发生制政府会计制度的实施为编制政府财务报告和政府综合财务报告奠定了坚实的基础。2019年我国开始全面编制政府财务报告和政府综合财务报告。但我国对如何利用政府财务报告和政府综合财务报告进行政府预算绩效管理缺乏充分的理论研究。笔者认为：政府财务报告和政府综合财务报告提供了整体、全面、系统的信息，据此建立成本绩效分析指标体系、利用政府财务报告进行整体绩效评价、利用政府综合财务报告进行政府预算绩效评价是可行的。然而，如何建立政府财务报告和政府综合财务报告的成本绩效分析指标体系？笔者以为，不同部门和单位政府财务报告的成本绩效分析指标体系差别较大，要根据行业职能、特点分别设置。政府综合财务报告的成本绩效分析指标体系可以考虑政府运行成本、政府资产负债率、政府信息透明度、人均GDP、生态环境质量、公共风险防范能力等指标。笔者认为，未来部门和单位向社会公开的政府财务报告应该附有部门和单位成本与绩效分析报告，政府向人大报送预决算报告和政府综合财务报告应该附有政府预算成本绩效分析报告。

（五）严格政府成本的核算与控制

政府成本信息缺失是政府预算难以实现有效控制的主要原因。权责发生制政府会计使政府成本会计制度的构建与实施成为可能。最近财政部公布《行政事业单位成本核算基本指引》（征求意见稿）（以下简称《指引》），意见稿明确：指引的目的是完善政府预算绩效管理体系，提高行政运行和财政资源配置效率。政府成本核算制度的构建与实施将极大地推动政府预算绩效管理改革的深化。然而，我国政府成本会核算制度的构建与完善还任重道远，《指引》还存在许多需要进一步解决的问题，例如，①《指引》称“成本为单位为实现其职能目标过程中实际发生的各种耗费”，但实际上行政事业单位的单位管理费和业务管理费往往很难区分，这将导致政府成本归集、分配和核算的困难；②《指引》规定“单位应建立健全成本费用相关原始记录”。近些年，政府采用政府采购和政府购买形式来提供公共产品与服务越来越普遍，公共产品与服务的原始数据是指市场出售主体的成本信息，还是政府采购和政府购买的价格信息？《指引》需进一步明确；③《指引》规定，成本对象包括按“业务活动类型”“项目”“公共服务或产品”“单位整体、内部组织部门、业务团队”等确定的四种类型。首先，政府成本会计的实施成本是值得考虑的大问题，有些单位仅项目就多达几十项，项目成本的核算成本将高得惊人；其次，目前部门和单位的项目分类、设置很不科学，每个项目是否都有必要进行成本核算？未来，部门和单位预算管理改革应重视项目的合理分类与设置，这是有效实施政府成本核算与控制的关键；最后，同一公共产品或服务的财政资金可能来自不同部门、单位、不同层级政府，谁才是成本核算主体？如果所有涉及部门、单位和政府都各自核算成本，那重复核算、核算不完整等问题就不可避免；④《指引》规定“单位可以多维度、多层次地确定成本核算对象”，这是属于管理会计范畴，与《指引》名称——行政事业单位成本核算不吻合，规定会让部门、单位的财会人员无所适从；⑤《指引》规定“单位分别选择完全成本法或制造成本法进行成本核算”。鉴于政府领域的特殊性，笔者认为：修正的完全成本、估计成本法、市场采购或购买价法等都是可选择的核算方法。此外，我国政府成本会计的实施还应考虑县级政府和规模小的部门和单位的实际困难。政府成本会计应考虑不同行业、领域、层次的特点，可以推行就推行，如果存在实施成本大或会计技术不成熟等问题的就暂时不要推行。过于强调“全面推行成本核算”会把政府的“财政管理”机械地变为“财务管理”。虽然政府成本核算有益于成本控制，但政府成本控制更主要的是要依靠公共管理水平的提升。

（六）建立健全现代政府管理会计

政府管理会计的实施不仅要有坚实政府财务会计、成本会计制度基础，还需要较高的公共管理水平支持。目前，我国在公共部门和单位基本建立内部控制制度，未来还要进一步完善并使之服务于公共部门绩效与政府预算绩效管理；我国政府和部门一直都制定“五年规划”，这实际上就是政府和部门的“战略管理”。但“规划规划，墙上挂挂”的现象在我国各地还很普遍，未来政府和部门要围绕“五年规划”部署年度工作任务，单位要尽可能制定并实施长期规划；随着政府财务会计和成本核算制度的进一步完善，公共部门应根据管理需要进行多维度、多层次的成本分析，以此加强成本管理与控制；完善的政府会计制度的实施将提供大量、充分的财务与成本信息，部门和单位可据此加强预算管理，改革预算编制方式、方法，提高预算编制的准确性，从而更有效地使用财政资金；当内外部的制度完善时，公共部门被赋予更大管理自主权，实施内部绩效评价管理就很有必要。笔者认为，当公共部门拥有较高管理水平和较完善的政府管理会计制度时，部门和单位的内部控制报告、成本会计报告以及政策和项目绩效、部门和单位绩效评价报告可以通过提交经第三方机构审计的管理会计报告形式来完成，管理会计报告将极大缓解政府与部门、单位信息不对称问题，也将使政府预算绩效管理和公共部门绩效管理很好结合。

地方债务管理与投融资创新

地方债管理的不可能三角：一个制度优化的分析框架

◇ 中央财经大学　乔宝云

一、引言

地方债的直接目的是通过为公共性资本项目融资使地方政府或本地居民受益。地方政府合理使用债务融资这个财政政策工具，能够有效地促进地方经济建设，合理平衡代际财政负担，有利于建立更加合理的政府间财政关系。在城市化、工业化高速发展的过程中，地方债的意义更加显著，不断增长的基础设施融资需求成为推动地方政府举债的动力。

地方债的另外一个潜在的功能是可以间接地通过市场规则约束地方政府，进而改善政府治理。地方债与资本市场相辅相成，一般而言，信用评级是地方政府进入资本市场的前提条件，同时，进行借贷就必须发布公报，这就必然要求地方财政透明化，并且可以显著提高公众对政府隐性债务、预算外收支、公务员养老金、政府拖欠款、担保、国有银行以及政府与国有企业之间金融交易的关注程度。实际上，一些新兴经济体（巴西、印度、墨西哥、俄罗斯、南非等）在地方财政公示方面已经取得很大的进步，特别是墨西哥地方政府的评级与排名工作已经有了显著的成就。

然而，广泛的国际经验表明地方债具有很大的风险性。地方政府普遍存在着过度举债的倾向，发展中国家和发达国家都不例外。如果没有适宜的监管制度，地方政府过度举债而引发的财政危机可能导致大量地方政府的破产，从而危及公共服务的提供、金融市场和宏观经济的稳定，因此，各国政府都意识到地方债管理的重要性，试图通过中央政府对地方债务的监管和控制防控地方债务风险，但是，多数国家实践的效果并不理想，有些甚至适得其反。

从我国实际情况看，地方债已经成为我国财政制度中不可或缺的政策工具。一方面，我国政府使用地方债这一政策工具，有力地发挥了债务融资的功能，为基础建设提供了可靠的资金保障。同时，在我国特定的财政体制下，还能积极配合国家宏观经济决策，比如2008年全球金融和经济危机中，有效地抗击外部冲击，为平抑整体宏观经济波动起到了重要的作用。但是，另一方面，潜在的风险也不可忽略，即使不考虑隐形债务，到2019年年底，我国地方债21.31万亿元，以地方政府债务的余额除以其综合财力计算债务率约为82.9%，而且增长速度非常快，因此，积极防范地方债风险已经成为广泛共识。

地方债问题受到了广泛的关注，但是理论研究中依然存在严重不足。文献广泛注重如何防控地方政府债务风险，也从不同视角探讨地方债务风险的成因，比如“公共池塘”问题、“预算软约束”、地区间的竞争、完成上级政府下达的没有配套资金的任务等，但是，这些问题只是说明财政体制和政策有负面效果，但是我们显然不能忽略同一财政体制和政策取得的其他政策目标等正面效果，离开这些目标讨论地方政府债务存在的问题，显然不可能得到合理的解决方案，只有在深刻理解不同政策工具之间协同运行机理的基础上，才能判断不同政策目标权衡取舍的空间。总体来看，文献依然缺少合适的理论，据以解释发挥地方政府债务功能与防控地方政府债务风险的逻辑联系，特别是不同政策目标之间的替换关系，这也是本文试图突破解决的问题。

二、文献综述

分权的财政体制是地方债存在的必要条件。只有财政分权，才能产生地方债的举债主体，在过去几十年里，财政分权成为全世界很多国家的一个大趋势，财政分权不仅扩大了地方政府的支出责任，也增强了地方政府的收入能力，同时地方政府在基础设施的投入上扮演着越来越重要的角色。与此同时，金融市场的发展产生与地方债的举债主体对应的贷款或者投资主体，为地方债的存在创造了另一个必要条件。

地方债管理的研究主要集中在地方政府过度举债。不是所有的地方债都是合理的存在，代际公平原理在文献中被广泛视为判断地方债务合理性的重要理论基础。代际公平的基本思想是指当代人和后代人在利用自然资源的数量和质量、满足自身利益、谋求生存与发展的权利和义务方面等方面应该都是平等的，即当代人不能通过牺牲后代人的资源和利益来增加自身的福利，同样当代人也不必要为后代人牺牲自身的福利，因此，政府在提供公共服务时应该使用合适的政策工具，尽量保证公共服务受益人与成本负担人一致，通过使用债务这个重要的财政工具，可以在代际形成公平合理的受益与成本之间的连接。

政府债务促进代际公平的观点得到了“李嘉图等价定理”的理论支撑。李嘉图等价定理认为征税和政府借贷服从相同的逻辑：一方面政府可以通过举债满足支出需求，而政府的任何借贷均体现着未来的偿还义务，即增加未来的税收；另一方面为了满足相同的支出需求，也可以增加当前的税收。因此，两种方式本质上仅仅是税收在时间上的不同安排。在“李嘉图等价定理”的框架下，多数文献认为，中央政府因为具有平抑经济波动的功能，因此不需要满足代际公平的要求，但是，地方政府通常不适合承担平抑经济波动的功能，因此地方债需要满足代际公平的要求，这就意味着地方债只能用于资本性支出范围，而不能用于经常性支出。

但是，代际公平原理只是判断地方债合理性的一个必要条件而不是充分条件。不符合代际公平的地方债固然足以被判断为不合理的举债，但是，地方政府过度举债，即使符合代际公平的要求，也不合理。从文献来看，尽管代际公平原理对于解释地方债管理有所不足，但是目前还没有其他更有说服力的理论框架。这种理论上的不足，也造成相关研究在内在逻辑上存在缺陷，比如，文献中大量的研究集中在地方债风险和防范地方政府过度举债，列举了各种可能引起过“度”的地方政府举债行为，以及如何规范地方政府行为以防止过“度”举债，但是，“度”的标准是什么这个最基本的问题并没有得到很好地解决。

地方债不是孤立的政策工具，其风险恰恰来源于地方政府的特殊属性，地方债既不同于有货币发行权作担保的国债，也不同于私人部门的债务，极少国家允许地方政府像个人或者私人企业一样破产，原因在于地方政府承载着不同于私人部门的功能，与中央政府之间存在着复杂的内在联系。如果不能在一个合适的理论框架中探讨地方债管理，不仅不能从理论上回答地方债的“度”，而且在实践中很容易产生各种各样的困惑。在单一目标情况下，“度”是没有意义的概念，从逻辑上看，“度”必须以不同政策目标同时存在为基础，而地方债的“度”意味着在不同政策目标之间的权衡。因此，有必要建立一个合适的理论框架，让我们能够探索不同政策目标围绕地方债而形成的内在联系，通过地方债管理，不断优化政策，提高体制效率。

三、地方债管理的不可能三角

（一）基本模型框架

地方政府举债行为不能自律既是地方债管理的必要条件，也是充分条件。地方政府债务是分权财政体制下的政策工具。很显然，在集权的财政体制下，地方政府只是中央政府的代理机构，因而不存在地方政府债务，政府的债务责任全部集中在中央政府，所以，分权的财政体制是地方政府债务存在的必要条件，但是，并不是中央政府对地方政府债务实施管理的必要条件。地方政府债务需要管理的原因，本质上是由地方政府在分权体制下所呈现的特殊属性引起的，当地方政府不能自律举债的情况下，中央政府和上级政府的干预才是一个必然的选择。反过来看，如果地方政府举债行为能够自律，那么，地方债与其他私人债务性质相同，就没有必要中央政府或者上级政府进行专门的对地方债的管理，当然，从这个视角理解的不需要管理，并没有否定宏观意义上针对各种不同债务共性特征进行管理的必要性。

在基本模型框架中，我们把地方政府举债行为放在一个分权的财政体制中考察，我们假设存在充分竞争的资本市场，这个假设是为了集中考察地方债管理与财政体制之间的关系，我们会在后面的讨论中放松这个假设。任何一个分权的财政体制，都可以通过收入、支出和地方政府财政自给三个方面进行分析。如果财政收入分配的权力完全集中在中央，那么任何支出的分权都必然引起地方政府财政自给能力的下降，广泛的研究都说明，财政自给能力与地方政府举债的自律程度的关系呈正相关，或者说，财政自给能力越高，地方政府的自律程度越强，反之亦然，一种可能的解释是在地方政府的支出决策中，转移支付往往理解为对自我收入来源产生支出的补贴，尤其条件转移支付实际上就是对地方政府支出的价格补贴，而地方政府举债融资产生的支出延续相同的逻辑，由于有相同类似于价格补贴的预期，财政自给程度越低，预期扭曲越大，自律程度越低。这意味着在收入集中的情况下，支出分权与地方政府自律只能两者取其一，或者实现收入集中和支出分权，但是放弃地方政府自律；或者实现收入集中和地方政府自律，但是放弃支出分权；另外一种情形是实现支出分权和地方政府自律，但是放弃收入集中。由此，我们可以得出：

定理1：收入集中、支出分权和地方政府财政自律不可能同时实现。我们把这种现象概括为政府债务管理的不可能三角定律。

对于给定的支出分权程度，收入分权程度与地方政府自律之间存在正向关系。提高收入分权程度一方面会使地方政府因为收入增加而产生财政收入效应，扩大举债需求，同时，还会产生因为举债补贴预期的改变而产生财政替换效应，由于财政自给能力提高而改善的自律会更大程度地减低举债需求，或者说财政替换效应产生的地方政府举债需求的减低大于财政收入效应产生的需求增加，总体上减低地方政府举债需求。地方债管理就是要纠正这种需求的扭曲，形成合理的需求，这种纠正努力的成本就是地方债管理成本。理论上说，最优的地方债管理不是完全消除这种需求扭曲，而是消除扭曲的边际成本等于地方政府过度举债产生的边际损失，如果管理的边际成本高于举债的边际损失，那么减少过度管理可以提高总体收益，如果是相反的情形，那么强化管理可以提高总体收益。

定理2：地方债管理所花费的资源是实现其他政策目标必须付出的成本。我们假设存在这样一个情形，即地方政府举债债务充分自律。我们可以认为这种情形下的地方政府与在充分竞争市场下其他举债主体如个人、企业一样，没有任何特殊性，当地方政府充分自律的情况下，任何特定的对地方债管理都没有必要，也可以理解为对地方债管理的成本为零。如果其他财政目标也同时能够实现，那么意味着其他政策弥补实现的成本为零。政府债务管理的不可能三角定律说明，如果要求实现地方政府自律，那么就需要在收入集中和支出分权之间做出选择，两者不可能同时实现，反过来说，如果需要实现收入集中和支出分权，那么就需要花费资源对地方债进行管理，这些地方债管理产生的成本就是实现收入集中和支出分权的必要代价。换一个角度看，如果地方债管理成本过高，那么政策优化的路径应该在于对财政体制的改革，比如放弃或者部分放弃收入集中以及支出分权。

在给定支出分权的情况下，扩大收入分权是提高政府自律、减低地方政府债务风险的充分条件。地方债管理面临的最大问题是地方政府自律程度不够。从理论上说，存在着能够实现地方政府自律的财政分权体制，在特殊情形下，如果收入分权与支出分权实现完美的匹配，地方政府能够实现自律，在这种情形下，可以通过地方政府的自我约束，自动实现地方政府债务规模和结构的优化，当然也就不需要上级或者中央政府对地方政府债务的管理。但是，实践表明，即使存在充分竞争的资本市场，这种美好的特殊性也几乎不存在，而政府债务管理的政策设计就是在这个不可能三角中的权衡和优化，因为地方债管理的成本是实现其他政策目标必须付出的代价，因此，理论上说，最优政策是其他政策目标的边界收益等于地方债管理的边际成本，也等于过度举债的边际损失。

（二）拓展模型框架：资本市场失灵的情形

在基本模型框架中，我们假设存在完全竞争的资本市场。在拓展模型框架中，我们放松这个假设，资本市场不能实现充分竞争，相应地，在风险与收益之间不能形成合理的约束，进而产生资源配置的扭曲，在这种情形下，在基本模型框架中得出的结论需要重新进行考查。

在基本模型中，对于给定的支出分权，扩大收入分权是提高政府自律、减低地方政府债务风险的充分条件，在拓展模型中，这种逻辑联系不再成立。原因在于，地方政府行为不仅决定于收入分权，同时还决定于资本市场的充分竞争程度，因此，财政收入分权对于地方政府举债需求，在财政替换效应以外，还产生金融替换效应。收入分权扩大，并不意味着会改变资本市场，提高资本市场的充分竞争程度，与此相反，如果资本市场缺乏独立性，那么，地方政府可能会把从资本市场的融资理解为财政资源的延伸，把对财政补贴举债的预期转嫁到资本市场。一方面，收入自给能力提高了地方政府的自律，产生财政替换效应，减低举债需求；另一方面，收入分权会扩大资本市场非充分竞争程度，进而削弱地方政府的自律，产生金融替换效应，增加举债需求。如果财政替换效应不足以抵消金融替换效应产生的需求，那么，财政收入分权甚至无法保证地方政府举债需求总体减少，除此以外，收入增加而形成收入效应，会进一步扩大地方政府举债需求。

同时，资本市场因为收入分权而引起融资供给变化，往往会进一步扩大债务规模，扩大地方债务风险。这个假说也得到了实践支持。

我们由此可以得出：

定理3：金融体制的缺陷会破坏地方债管理与其他财政目标之间的逻辑链接，放大地方债风险。因为放弃部分财政目标所缓解的管理压力会被金融体系所稀释，因此，从管理的角度看，为了恢复地方债管理与其他财政目标之间的逻辑链接，以保证政策的可预见性，需要通过合适的规则或者行政措施隔离金融体系的影响。

四、对模型的进一步讨论：地方债管理与风险隔离设计

国际经验表明，各种因素都可能导致地方政府债务危机，发展中国家和发达国家都不例外，例如：①经常性收支不平衡。地方政府为弥补严重的经常性收支赤字举债（俄罗斯、印度、匈牙利、墨西哥等）；因为不断增长的补贴支出举债（印度、俄罗斯、南非等）。②举债规模未加控制。未加控制的国外借款（俄罗斯、巴西等）；未加控制的举债规模的迅速扩大（俄罗斯、墨西哥、巴西、匈牙利等）。③财政纪律约束弱。比如基于中央政府隐性担保下的不谨慎举债（俄罗斯、墨西哥、匈牙利等）；地方银行的不谨慎贷款和地方政府没能遵循资本市场的纪律（巴西、匈牙利和印度等）；严重隐性突发债务问题。④市场约束能力不足。风险债务组合问题，短期到期，高债务服务比率，可变利率（俄罗斯、墨西哥等）；宏观经济危机暴露了地方财政状况的脆弱性（巴西、墨西哥、俄罗斯等）。

从本质上看，地方政府债务危机是忽视地方债管理不可能三角定律的必然结果。由于地方债管理实际上是实现其他目标的成本，因此，如果地方债管理的成本太高，那么，适当放弃其他政策目标就是一个可能的选项。这些国家在危机发生前都没有充分监控不断恶化的财政状况，原因之一就在于地方债管理本身需要付出巨大的成本。提高地

方债管理的效率，不仅可以节约资源，而且也可以减低其他政策目标的机会成本。所以，地方债管理不仅仅在于提高管理的技术效率，更重要的是体现地方债管理与其他政策目标之间的互动，特别是与财政体制目标之间的互动，提高财政资源的配置效率。地方债管理的不可能三角定律决定了地方债管理有别于其他债务管理的特殊性，从国际实践中，地方债管理本质上就是尽可能地避免地方债风险对财政和金融体制的冲击，在合理使用财政体制、金融体制等平台的同时，合理的风险隔离是地方债管理最重要的基本理念，贯穿于具有共性的地方债管理原则和体现不同国家特点的地方债管理模式之中。

（一）地方债管理的原则

尽管各国制度安排不同，我们依然可以根据模型中的结论提炼出地方债管理中的共性，总结出不同国家在地方债管理方面基本上都应该遵循一些基本原则。

1. 量能举债原则。

量能对应的是量需。地方政府举债规模只能依据举债能力确定，量能而非量需，比如在经济运行周期，公共部门的净债务占 GDP 的比重必须控制在稳定和谨慎的水平。在价格信号失灵的情况下，不可能产生基础建设的真实需求，相应地，地方政府举债规模不能由这种不真实的需求决定，实际上在大多数国家，贷款总量被严格控制。比如，在德国，债务大小必须与其财务能力成正比；西班牙对偿债花销的总量也有类似限制，不仅要考虑显性债务，还需要考虑隐性和或有债务，比如公务员养老金负债、地方政府拥有银行的不良贷款、对政府企业借款的担保、预算外活动的负债、与非公共部门合作产生的负债以及没有在预算制度中体现的负债等。“量能举债原则”还必须体现地方债管理与其他财政目标之间的互动，离开财政体制和金融体制无法判断地方政府举债能力，在实际应用过程中，通常通过对借款的法令限制，对债务设定最高限度。例如，在美国，即使将所有地方政府都要求平衡预算这项要求写入宪法，其对借款的实际限制作用也是有限的。通常这一要求只适用于财政预算，但不包括社会保障和资本支出。在某些情况下，这一要求只是指事前制定的预算方案，而非实际的预算；另外，还可能存在其他免责条款，包括预算外的资金来源在德国，预算法案具体规定了在何种情况下地方政府能够实施借款。地方政府的举债受制于现金流量需要和州（Länder）政府的审批，但是在实践中，Länder法案的制定和应用都存在缺陷，比如投资要求是在事前而非事后具体规定的，并且对什么构成投资的解释是有弹性的。

2. 资本支出原则。

资本支出对应的是经常性支出。“资本支出原则”也称为黄金法则，要求地方政府债务只能用于资本性支出，而不能用于经常性支出。这是地方债与国债的最重要原则差别，它取决于政府间支出责任划分，通常中央政府承担平抑经济波动的功能，因此，国债用于经常性支出与中央政府的职能在逻辑上是一致的，而在国际通常的实践中，地方政府不具有平抑经济波动的功能，因此地方债不能用于经常性支出。但是，即使地方政府承担部分平抑经济波动的功能，也并不必然说明地方债可以用于经常性支出。同样，它取决于地方债管理与其他政策目标的互动。从我国的实践来看，在我国政府治理结构和财政体制下，地方政府实际上承担了部分平抑经济波动的功能，但是，这种功能是在中央政府领导下的辅助性功能，不能因为这个功能而削弱中央政府的其他目标，因此，地方债依然只能用于资本性支出。“资本支出原则”在实际应用过程中，通常通过平衡预算规则实现。比如，在美国，所有地方政府都要求平衡预算；在德国，地方政府仅可因为投资目的而举债；在西班牙，短期借贷只可用于现金流转的需求，长期借贷只可用于公共投资项目；在法国，政府不可为经常性支出或已有贷款融资，但区域及地方政府在决定资本性支出举债规模方面有很大的自由度。有些国家对地方政府举债的控制更加严格。例如，澳大利亚1999年1月通过了一个“内部”稳定公约，此公约有助于确保各级政府赤字总水平不超过3%。

3. 清单问责原则。

清单问责对应的是破产问责。地方政府债务的问责非常复杂，原因在于地方政府不同于一般的举债主体，而且地方债不是孤立的问题，与财政收入、财政支出以及金融体系存在密切关系，绝大多数国家也不允许地方政府破产，所以，如果把地方政府作为一般举债主体通过破产进行问责，操作上存在许多缺陷，也难以保证其他政策目标的实现，因此，需要更加实际的清单问责机制。从国际经验看，在保证地方政府核心功能正常运转的情况下，可以依照清单，实行地方政府局部功能退出，比如，我国通过把专项债区别于一般公共预算，尽可能减少专项债对一般公共财政的影响，更加聚焦于问责主体，有利于提高问责效率；对官员个人的问责也是各国普遍采用的方式，在对地方政府只能有限问责的情况下，强化对官员个人的问责，能够发挥显著的作用；另外，"清单问责原则"强调责任的清晰划分，比如，通过不救援规则和有关不遵守规则的条款等实现。

简言之，地方债管理的三个原则分别注重地方债举债、使用和偿还不同的环节，但是同时贯穿于地方债管理的全过程，形成地方债与转移支付、政府经常性支出、一般商业信贷等之间关系的合理界定，在国际实践中，这些一般原则与财政体制以及金融体制成熟程度的结合，形成了不同的地方债管理模式。

（二）国际地方债管理模式

基于地方债管理的不可能三角，地方债管理的核心是在控制过度举债与不同政策目标之间的权衡和取舍，不同模式的主要差别在于如何处理地方债与财政体制、金融体制的关系，特别是通过一定程度的互动有效和切割，比如，对融资方式的限制或者与经常性预算的分离，形成合理的防火墙。为了有效遏制由这些问题引发的地方政府的过度举债，世界各国根据本国的政府间财政关系和金融市场的成熟度采用了不同的模式来管理地方债务。

为了简化分析，我们根据财政自给能力强弱把财政体制的特征分为两类，根据资本市场充分竞争的强弱把金融体制分为两类，这种简化为我们提供了分析的便利，但是并不影响我们分析结论的一般性。财政体制和金融体制的结合，可以产生四种地方债管理环境，相应地，有四种地方债管理模式：市场主导、行政管控、规则控制和协商调节（见表1）。有些国家的地方债务管理融合了上述几种管理模式。

表1　　财政体制和金融体制结合的管理模式

		财政体制	
		强	弱
金融体制	强	市场主导	协商调节
	弱	规则控制	行政管控

1. 市场主导。

这种类型的管理，上级政府不直接参与地方政府借贷的具体事务，相反地，它依靠市场力量来确保地方债务得到有效的管理和控制。地方政府有较大的自由决定其融资的数量、渠道和用途。市场约束机制的有效运作取决于以下几个先决条件：自由和公开的金融市场，有很畅通的渠道获得有关地方债务及其偿还能力的信息，没有上级政府对陷入债务危机的地方进行援助的预期。这些条件在大多数国家并不能满足。采用这种方法的主要国家有美国、法国和芬兰等。在这些国家，信用评级机构在对地方政府举债的市场约束中起着重要的作用。地方政府有动力约束自己的借债以获取较高的信用评级，从而降低融资成本。

尽管完全依赖市场主导管理地方债的国家很少，但在大多数国家地方政府举债都不同程度地依赖于市场约束。市场规则模式对地方政府举债约束的效果不仅取决于财政制度约束能力，也取决于金融市场的成熟程度，通常通过债券进行融资，以提高市场约束程度。国际经验中存在两种举债模式：欧洲的银行贷款模式和北美的地方债券模式。

相对于银行贷款来说，发行债券这种融资模式的优势在于它要求的地方政府财政的高透明度，这种高透明度可以大大增强市场对地方政府的约束力。市政银行贷款方式对地方政府举债的约束能力相对较弱，其主要特征包括：①市政银行建立与地方政府持续和稳定的关系。银行全程参与地方政府投资项目的规划、融资和实施的全过程。这种咨询和辅导的作用尤其有利于需要在项目准备、融资和实施上得到帮助的小市政当局。②市政银行起到代理监管的作用。银行代表个体的投资者对地方政府进行监督，这样不仅可以减少监督成本，而且可以体现出银行的信息优势，因为银行在和地方政府的密切合作中可以获取其他个体投资者无法获取的信息。③市政银行运作以捆绑服务和捆绑价格为特征。地方政府要获得某个市政银行的贷款就必须同时使用这个银行提供的其他配套服务，并且各种服务的价格和贷款的价格是捆绑在一起的。

地方债券模式的约束能力相对较强，主要特征包括：①以竞争为基础，而不是客户关系。每一个债券的发行价格都是市场竞争性报价的结果，这大大降低了较大规模地方债券发行者的融资成本。然而，对于缺乏融资经验的小地方政府，很难在债券市场上进行单独融资。一个变通的方式是多个较小的地方政府联合起来在债券市场进行融资。例如，美国建立的债券银行依赖其较高的信用等级发行债券获取资金，并通过购买地方政府债券的形式将资金转贷给它们。②以公共监管为基础，而不是代理监管。债券市场要求进入市场融资的地方政府公开其财务信息，使用规定的会计准则，通过第三方的审计等。信用评级公司根据这些信息对地方政府的信用等级进行评估。这些都有助于公众对地方政府的举债进行有效的监管。③融资和其他服务的分离。地方政府可以选择来自不同机构的咨询或项目相关的服务，而不一定要从市政银行获得。更多的选择余地使地方政府可以以较低的成本获取服务。虽然银行贷款模式和地方债券模式在很多国家都是共存的，然而从长远来看，随着对地方政府信息披露和接受公共监督的要求的逐渐提高，地方债券模式的作用将变得更加显著。它的优势在于其内生的机制能够促使地方财政的透明化，对地方政府的约束力较强。

2. 行政管控。

这种管理模式强调地方债与财政体制和金融体制在一定程度上的切割，减小财政体制和金融体制对地方债的负面影响。上级政府直接控制地方政府的借贷，包括限制债务规模和外部借款，审批特殊投资项目。这种管理模式的优点是中央和上级政府能更好地控制国家和地区的总体债务水平，包括外部债务水平。其缺点是降低了地方政府根据地方情况制定投融资决定的自主性，并且，上级政府的过多介入也容易产生地方政府的“救援”预期。这种方法被玻利维亚、智利、哥伦比亚、印度等许多发展中国家所采用，也有发达国家选择作为地方债管理的辅助模式。

3. 协商调节。

这种管理模式强调地方债与财政体制和金融体制在一定程度上的切割，减小财政体制对地方债的负面影响。在这种制度下，地方政府借贷的限制由上级政府和地方政府协商确定。地方政府通过与中央政府的协商谈判直接参与制定整个国家的宏观经济目标，政府总体的收入和支出水平，以及债务总体规模和各地配额。协商控制的优势在于它促进了中央政府和地方政府的信息交流，使得最终确定的政府收支和债务的规模不仅体现了中央政府的政策意图，也融合了地方政府的意愿，更容易被地方政府接受并完成。这有助于在完成宏观总量控制的同时，照顾到地区间的差异性，保留地方政府的灵活性。协商控制模式优势的发挥必须依赖以下几个先决条件：中央政府在协商中的谈判能力较强；政府间存在着相互协商和协作的传统；地方政府间的差异不悬殊；不存在严重的财政或债务危机等。如果这些条件不满足，协商控制反而会削弱中央政府的领导力，诱使地方政府向中央政府索要更多的转移支付，恶化“预算软约束”的问题。使用这种模式的国家有澳大利亚、比利时和丹麦。

4. 规则控制。

这种管理模式强调地方债与金融体制在一定程度上的切割，减小金融体制对地方债的负面影响。地方政府的行为由宪法、法律或规章所明确的多种规则界定。这些规则可能明确对政府赤字、政府支出、借款的额度、借款的类型以及一些债务风险指标做出限制。这种方法的优点是其透明度较高，容量被理解，也方便中央政府根据这些规则进行监管。另外，它对所有地方政府都一视同仁。规则控制模式能否成功取决于对遵循规则的监控能力。此外，中央政府在制定规则时还要注意约束力和灵活性的平衡：较细致和严格的规则往往只留给地方政府很小的调整余地；而存在较多灵活性的规则又给地方政府较大的规避规则的动力。例如，地方政府可以重新分类经常性支出和资本性支出来规避对经常性科目收支平衡的要求。这种方法被巴西、阿根廷、墨西哥等发展中国家所采用。欧盟也采取类似于规则控制的方法来控制成员国的政府债务。

概括地说，广泛的国际比较表明，对于地方政府举债控制合适模式的选择，通常取决于财政体制、金融体制与地方债管理之间的互动，通常会根据实际情况有效融合不同模式，比如，西班牙是另一个采用多种方法来控制地方借款的例子，它同时采用了市场方法，也强调规则控制和协商调节。此外，地方借款包括那些由自治社区组成的地方政府一般需要财政部的批准，但也有一些例外。而判断地方债管理模式好坏的根本标准在于是否有利于促进体制的进步。

五、结论

地方债管理不是一个孤立的问题。我们从地方债管理不可能三角定律中可以看出，地方债管理的成本实际上是中央政府为了实现其他财政政策目标所付出的必要代价，管理成本越高，表明为了实现其他政策目标所付出的代价越大，正是由于在提高地方政府自律与其他财政政策目标之间存在着权衡和取舍的空间，地方债管理的优化需要与其他政策目标一起综合考虑。同时，金融体系的缺陷会放大地方债管理的成本，在这种情况下，放弃部分财政政策目标，并不必然提高地方政府的自律水平，降低地方债风险，因为放弃部分财政目标得以缓解的压力会被金融体系所稀释，通过合适的规则或者行政措施，有效隔离金融体系的影响，可能是避免这种情形的合适选择。

一个良好的地方债管理模式是在既有财政体制和金融体制下的优化选择。既要考虑现行财政体制和金融体制的约束，又要与现行财政体制和金融体制产生良性互动，因此，合理的地方债管理，不是完全消除地方政府过度举债，而是在这种良性互动中不断优化。经过较长时期的实践，目前，我国已经建立了与财政体制、金融体制相匹配的、相对合理的地方债管理体系，对社会经济的发展也发挥了重要作用，但是，地方债管理依然任重道远。一个不可忽略的方面就是依然存在着大量的隐形债务，对社会经济体系、政府治理体系的运行可能会产生严重的伤害，但这恰恰是仅仅通过地方债管理所难以解决的问题，未来的改革需要在与财政体制、金融体制以及政府治理体系的协调发展中寻求合理的路径。

地方债风险防范的短期和中长期问题

◇ 中国社会科学院　杨志勇

地方债风险防范问题已经讨论多年，现在讨论这些问题的条件已经发生变化。过去遇到的问题是基础信息不清，地方融资平台负债信息，过去有各种各样的口径，讨论了很多年，但总体风险一直没有看到它真正发生。在基础信息的整理上，审计署做了很多的工作，解决了很多问题。现在看，这一问题有共识，也有争议，关于显性债务风险共识多，或有负债隐性债务争议还不少。

一、短期问题

短期存在一些问题。地方政府债务限额不足有一定风险，地方做事钱不够，就得把项目停下来，效率受影响。前期资金可能有问题。现在开前门，前门在不断地开大，后门堵住，有很多高压线。关于局部地区风险问题，我的理解比原来显现的要严重得多，当然这是局部区域的问题，但是局部区域风险同样具有传递性。金融风险传递需要高度关注。我们采取一些防范风险的措施，包括地方债置换，但是地方债置换只是缓解了一些问题，没有完全解决一些问题。所有的这些风险是否会发生，主要看现金流，如果有现金流，债务可持续在短期内就不会有问题。

地方应对风险，更多依靠地方政府的收入，地方政府的收入主要是政府基金收入，特别是土地收入。土地收入与房地产市场密切相关。如果房地产市场没有问题，那么土地市场就不会有什么问题。房价普遍下跌会带来很多问题，外面有些基金会的人鼓吹中国快速推房地产税，但是没有考虑高房价背景的国情。如果房地产市场不稳定，这肯定会带来其他问题。现在中央对房地产税开征的说法是“稳妥推进”，这是务实的，充分考虑了国情因素。

地方债风险应对还可以依靠政府资产。在正常情况下，地方债能发出去，债务清偿正常进行，风险就得到有效防范，但是现在有一些新问题，比如专项债一般化的问题，把专项债当作一般债来用。项目有收入来源是不够的，如果项目收入不足以弥补成本，那么这样的项目称为专项债项目有问题。一些临时性措施解决了地方遇到的比较迫切的问题，地方专项债做资本金开了口，解决了眼前问题，但是用来投资的资本是借来的，隐含着新风险，这个还需要引起警惕，如果是一般债，那么这些资金还是投向那些不用还钱的项目比较好。否则，在存量债务风险问题没解决的情况下，有增加增量问题，以后存量问题的解决就会更加困难。

二、中长期问题

谈完短期问题，中长期来看，置换只是缓解问题，不是最终的解决问题的方案。

地方债收入要有一个准确定位，对于地方政府来说，本来它就应该有较为充分的税收收入。税收收入过去主要讲房地产税，房地产税即使开征也不可能是比较规范的房地产税，需要时间，我们要努力创造条件，让房地产市场平稳健康发展，在不可能的情况下找到可能，需要很多智慧。

零售环节征消费税，作为地方税收收入，到底能为地方政府收入作多大贡献，还要看税制如何设计，征管条件如何落实。对地方政府来说，税收收入最主要的来源是中央和地方的共享税。现在有一个关于分税制的说法，是地方没有税可分。18个税种，五级政府怎么分呢？分税制不一定只是分税种，税收收入分享同样是分税制。定了以后就不可以变，是最重要的。分税制可以分税种、可以分税率、也可以分税收收入。不能因为地方拿多了就赶快改变分享比例，这才是最致命的问题。债务收入与其他收入是有差别的，因为借债要偿还。专项债一般化的问题还是需要重视。这样如果带来问题，对中长期风险的影响可能要特别加以警惕，没有免费的午餐。

以上谈的是增量问题，存量问题是很多现有债务本来就是长期债务。显性债务总体上没有风险，不等于不采取任何措施，各地自己就可以很容易还债。从一个国家来算没有问题，不等于局部地区一定会平安无事。地方债风险区域特征很明显，东部地区可能借钱很多，但是偿还能力可能很强，中西部地区借钱可能不多，但是它没有财源，风险可能比东部大。一个地方的政府债务如果有风险，可能影响其他地方。金融风险传染问题，如包商银行事件，大家马上会想到其他城商行有没有风险问题。地方债项目风险也会因为信息不对称，因为其他各种各样的原因而出现。

这个时候我们看存量债务，过去制度上不允许，长期形成的债务没有体现为赤字，这只能通过资产变现的方式来解决，很多现金流只能应付眼前问题，过去形成的长期债务的偿还，要依靠新的收入特别难，经济增速下行，这更加困难，这是一个需要长期来做的事。

地方债问题涉及城投公司，还有很多涉及地方国有企业，国有企业与政府之间的关系很复杂。过去可能通过企业债务融资然后给政府，政府再提供基础设施公共服务，如果现在直接让企业融资，企业直接提供服务，很多链条就没有了。这里，政府这个中介就越过了，国企或者城投公司直接做政府的事，从制度上看着没有违规，但企业本身需要可持续性、需要盈利，否则就不是企业。这里就有很多问题需要去考虑，比如债务风险，这是很有个性化的问题，每个企业情况不一样；地方债务空间也有个性化问题，刚才讲了东中西部地区也不一样，还有企业债转化为政府债的可能性。高估地方债风险就是把那些风险都加在一起，这里不仅有融资平台公司风险。一般的国企甚至民营企业债务风险可能引起的社会风险需要关注。一般的企业债务风险，政府当然也可以不救助，但不救助引发社会风险时可能还得救助，只不过要对债务规模打折，这些都是可能的风险，需要作整体性评判。

谈这么多的问题，最后归根到底是地方政府债务管理制度的建设。刚才说的地方债限额不够，理想的状态应该是说给地方政府债务限额，地方政府不一定去借，考虑自身需要，或因以后没有办法偿还，给了限额也不借。地方政府债务的融资自我约束机制需要尽快建立起来。

债务期限结构问题也很重要。各种各样的或有债务、隐性债务，估算起来，不仅仅是规模，还要考虑结构。未来的债务，未来我们一定把与地方政府资产对应起来，不能只谈债务一侧的问题，否则会高估风险，不利于决策。还有很多事情要做，借到钱这个事情就办了，不借钱就永远停留在那个状态，就涉及发展问题。债务管理与资产管理要联系在一起，债务负担问题需要风险评估预警，这要动态地去做。对于政府来说，政府综合财务报告，政府资产负债表、现金表等之类的报告编制需要加快，财政部门在做，但还不够，我们之所以做政府资产负债表研究，就是希望为评估风险提供一些支撑。

不少地方债问题与中央有关。比如说硬约束，硬约束就是要地方为自己发债负责任，实际上法律再怎么约束，地方最后还不了债，还是可能找中央。还债，地方政府没钱，就把其他财政资金用来还，结果是教育资金社保资金或其他公共服务资金不够还来找中央。表面上这不是债务让中央背，但结果是一样的。所以要做很多的事情，比如弥补地方资金缺口怎么去开源。对地方来说，需要处理好短期和中长期的关系。我们现在最需要注意的是在风险防范的过程当中，可能要小心踩踏风险，避免应对一些风险的时候可能会制造一些新的风险。前面讲的去杠杆问题，就要区分。金融企业本来就是高杠杆，企业发展不同阶段杠杆率也是不一样的，企业个性化的东西很难一刀切去做，包括用经济学思维看企业管理在很多时候会误导决策。

地方债涉及的内容非常多，要深入了解地方政府资产情况。现在试编政府资产负债表很重要。我们也在做中国政府资产研究，发布《中国政府资产负债表报告》，2017 年和 2019 年的都已经发布。我们一开始是因为研究债务风险，研究财政政策的可持续性，才涉足这个领域。希望我们的工作可以为地方债风险防范提供参考。

推进 PPP 改革行稳致远

◇ 财政部金融司　刘宝军

一、PPP 改革初心

2013 年底，时任财政部部长楼继伟同志在推广 PPP 模式之初就指出，推广 PPP 模式不仅是一次微观层面的“操作方式升级”，更是一次宏观层面的“体制机制变革”。具体来说，第一，PPP 是落实党的十八届三中全会精神，适应国家治理现代化要求、发挥市场机制决定性作用、加快转变政府职能、建立现代财政制度、推动城镇化健康发展的一次综合性改革；第二，PPP 是国发 43 号文件在“开前门、堵后门”的同时，为规范化解地方政府债务开的“一扇窗”，能够通过将存量债务从政府或平台公司的资产负债表转到 PPP 项目公司资产负债表，有效化解地方政府债务；第三，PPP 是服务“一带一路”建设，推动中国企业“走出去”参与“一带一路”沿线国家基础设施建设的重要载体和国际通行工具。

PPP 模式的生命力和核心优势在于“引制”“引资”和“引智”。第一，是引入市场的机制，通过公平竞争方式引入社会资本参与，打破公共服务的准入门槛，实现资源的市场化配置。第二，是引入市场的资金，借助市场的资源和力量来填补公共服务供给不足的短板。第三，是引入市场的智慧，发挥让专业人干专业事的优势，借助市场主体的技术和经验，推动公共服务供给提质增效。既要解决钱怎么来的问题，还要解决钱怎么花更有效的问题。

二、PPP 改革成效与问题

回顾这几年推广 PPP 模式的历程，2014 年到 2016 年分别被业内称为 PPP 的元年、推广年和落地年，与之对应，这三年的政府工作报告连续提及 PPP 工作，用了三个不同的关键词，分别是探索、推广和深化，也反映了这几年 PPP 工作的不断深入。

从总体成效看，经过近六年的推广应用，一大批 PPP 项目落地实施。截至目前，财政部 PPP 项目库中共有 PPP 项目 9100 多个，投资额近 14 万亿元，其中已签约落地的项目近 6000 个，投资额 9 万亿元，已开工项目 3500 多个、投资额 5.3 万亿元，在稳增长、促改革、惠民生等方面发挥了积极作用，应当给予充分肯定。

但同时也要看到，这几年 PPP 快速发展过程中也出现了一些走偏变异的情况，具体表现为“五化”，即适用范围泛化、支出上限虚化、支出责任固化、运营内容淡化、资本金空心化。这显然不符合 PPP 改革的初心，但对于这些改革发展过程中出现的新情况、新问题，也需要高度重视、客观看待。究其原因，主要还是观念转变不到位，没有处理好各方短期利益目标与 PPP 项目长期合作特点之间的矛盾。政府端将 PPP 作为上项目的工具，为 PPP 而 PPP，盲目大干快上；企业端重建设、轻运营，借助 PPP 拿工程、赚取施工利润；银行端过度依赖政府信用，助推明股实债。

针对上述问题，2017 年下半年以来，财政部在规范项目库管理、加强风险预警、强化示范引领、加大信息公开等方面及时采取有力措施加以纠偏，经过两年多的规范发展，PPP 项目质量和规范运作水平得到显著提升。2019 年政府工作报告重新提出，要有序推进 PPP。财政部按照“既要规范、也要发展”的总体要求，出台了《关于推进政府和社会资本合作规范发展的实施意见》（财金〔2019〕10 号），给出了PPP的正负面清单，一方面是划清界限，为甄别认定隐性债务提供参考，另一方面是重申底线，号召大家坚持做真PPP、做规范的PPP。

三、下一步工作考虑

下一步，财政部门将会同有关方面继续推动PPP回归本源、健康发展，重点做好以下几方面工作。

（一）完善制度体系

一是加快推动出台PPP条例，强化对各方合法权益的法律保障，增强市场信心。二是完善税收、土地、会计、资产管理等配套政策，加强财政预算管理，强化政策支撑，稳定政策预期。三是抓紧修订PPP操作指南、财政承受能力论证指引，尽快出台绩效评价指引、标准化合同文本，优化操作流程，进一步规范项目管理，提高项目实施效率。

（二）凝聚发展共识

一是加强与审计等部门的沟通交流，坚持“新老划断”原则，细化隐性债务认定标准。二是推出一批正反面典型案例，强化规范引导和以案促改。三是加强对政府有关部门和各市场参与主体的政策培训力度，树立正确观念，提升专业能力。

（三）加大融资支持

一是做深项目前期论证，鼓励金融机构早期介入，挖掘项目市场价值，优化项目融资方案，提高项目可融资性。二是推动中国PPP基金加大股权投资力度，鼓励保险资金参与PPP项目投融资，扩大PPP项目资产证券化试点，丰富PPP项目融资渠道。三是推动金融机构针对PPP项目特点加大产品创新和管理创新力度，优化贷款审批流程，推广有限追索的“项目融资”，缓解项目贷款难。

（四）优化市场环境

一是将PPP项目履约情况纳入营商环境建设和社会信用信息体系

建设范畴，加大履约信息公开和失信联合惩戒力度，推动形成诚信守约的信用环境。二是强化招标采购信息公开，加大对违规设置歧视条款的监督问责，保障各类市场主体特别是民营企业平等参与。三是加大全国 PPP 综合信息平台信息披露力度，优化项目管理、风险预警和统计分析功能，加强与信用中国、政府采购等平台的互联互通，推进“互联网 + 监管”。

最后，我用三个词来结束今天的发言，做 PPP 要不忘初心、牢记使命，才能行稳致远！

地方政府债务风险化解与融资平台转型

——评级视角下的融资平台信用分析

◇ 中诚信国际信用评级有限责任公司　闫　衍

自 2014 年新《预算法》颁布以来，我国地方债务管理机制逐步成熟，在一系列防范化解地方债务风险举措下，我国地方政府债务风险总体可控，隐性债务风险亦有缓释，但结构性及区域性风险仍较为突出。融资平台作为隐性债务的主要载体，推进其市场化转型是防范化解隐性债务风险的重中之重。2020 年以来，疫情冲击进一步加剧地方债务风险，推升区域性及结构性风险，在经济下行压力持续加大的背景下，推进平台转型与化解隐性债务已是一体两面，只有平稳有序推进平台市场化规范化转型，方能有效防范隐性债务风险的深化与蔓延。伴随地方债务风险化解与平台转型持续推进，融资平台信用分析框架逐步调整，侧重点从此前的地方政府信用逐渐向融资平台基础信用转变，分析原则也从“自上而下”演变为“自下而上”的思路，评级视角下对融资平台信用级别上调也将更多考虑平台自身信用体系建设及信用实力提升。

一、地方债务风险推升融资平台转型迫切性

当前，我国地方政府债务风险总体可控，隐性债务增速放缓但风

险仍较突出。融资平台作为我国特有财税体制及经济发展模式的产物，已成为隐性债务的最主要载体，是目前地方政府债务及区域性风险的重要隐患，且在偿债高峰来临之际，其债务风险更加不容忽视。在隐性债务及区域性风险亟待化解的背景下，融资平台转型日益迫切。

（一）当前地方债务风险可控，隐性债务较为突出且集中于融资平台

显性债务平稳增长，风险整体可控。伴随地方债务管理改革不断推进，地方债务规模有所控，但在2020年疫情冲击下，地方债的持续发力带动地方政府债务明显扩张，显性债务风险或出现一定上升，但总体仍然可控。从2019年情况看，我国地方政府债务余额为21.3万亿元，若加上中央政府债务余额16.8万亿元，总体政府负债率为38.5%，低于欧盟60%警戒线。其中，地方政府负债率为21.5%，较2018年小幅回升1.5个百分点，但明显低于欧盟警戒线以及主要市场经济国家和发展中国家水平；地方政府债务率为82.9%，较2018年增加6.3个百分点，但仍低于国际100%警戒标准。2020年，在专项债大幅扩容的带动下，显性债务规模或增加至26万亿元，负债率或攀升约4个百分点，但仍远低于欧盟警戒线，显性债务风险总体仍然可控。

以融资平台债务为主的隐性债务增速放缓，风险有所缓释但仍需关注。根据中诚信国际估算，2019年我国地方政府隐性债务规模在36.0万亿—43.2万亿元，是显性债务的1.7—2.0倍，在坚决打好防风险攻坚战的背景下，隐性债务增速自2017年起持续大幅回落，前几年快速扩张的态势得到一定遏制。从负债率及债务率看，2019年含隐性债务的地方政府负债率上升至51%—65%，已高于发展中国家水平；债务率也大幅跃升至100%警戒标准以上。但在近几年国家对隐性债务的严格防控下，含隐性债务的负债率和债务率未较前几年出现明显上升，风险或得到一定控制。从隐性债务内部构成看，融资平台相关债务超过隐性债务的八成，作为我国特有财税体制及经济发展模式的产物，融资平台在地方经济发展过程中依托政府信用快速扩张债务，已成为隐性债务的最主要载体。

（二）结构性及区域性风险较为突出，融资平台转型迫切性提升

融资平台债务已成为地方政府债务及区域性风险的重要隐患。融资平台发展过程中，通过嵌套交错的融资渠道扩散风险，一定程度上影响了区域金融和社会稳定。从地方债务规模看，部分地区负债水平过高。截至 2019 年底，显性债务口径下的青海负债率超过欧盟 60% 警戒线，黑龙江等 11 省债务率超过 100% 国际警戒标准；若考虑隐性债务，天津、贵州等 16 省负债率超过警戒线，天津、黑龙江等 28 省债务率超过警戒线。从区域融资成本看，隐性债务压力较大区域融资成本相对较高，贵州、吉林、黑龙江、辽宁等省份发行利率、发行利差及信用利差均较高，上海、北京、广东较低。

与此同时，融资平台偿债高峰即将来临，其债务风险更不容忽视。从平台债务结构看，存量债务更多以银行贷款、委托贷款、信托贷款为主，存量债券规模约占二成。若仅考虑债券到期情况，平台有较大偿债压力。未来三年平台债券到期的高峰期，2021 年到期规模已超过 2 万亿元，2022—2023 年均接近 2 万亿元，若考虑回售（100% 比例），未来三年到期及回售总规模均在 2.5 万亿元以上，最大规模接近 3 万亿元，债务到期压力较大。此外，平台债务水平较高且偿债依赖再融资，存量债务滚动压力较大。目前，融资平台的再融资主要用于债务偿还，2020 年三季度城投债资金用途为借新还旧的比例进一步上升，同比增加 7%—75%，且考虑到平台自身负债比例仍处于较高水平，半年报数据显示各省平台资产负债率均值在 60% 左右，较高的杠杆水平叠加相对较弱的现金流，平台存量债务滚动压力较大，未来偿债仍面临压力。

在隐性债务及区域性风险亟待化解的当下，融资平台转型日益迫切。隐性债务化解与融资平台转型之间难以割裂，两者相辅相成。一方面，隐性债务的化解有利于降低平台债务负担及转型风险，助推其转型；另一方面，转型有助于平台提质增效，提升妥善处置存量债务的能力，是化解隐性债务的长期可持续路径。在当前经济下行压力不减的背景下，推进平台转型与化解隐性债务已是一体两面，只有切实推进平台市场化规范化转型，方能有效防范隐性债务风险的深化与蔓延。

二、债务化解与平台转型需把握好短期风险缓释与长期体制改革的关系

为平稳有序推进地方隐性债务化解及平台转型，需把握好短期债务风险缓释与长期央地财税体制改革的关系。短期依赖债务平滑及期限结构调整，通过地方财政支持缓解平台流动性风险；长期看，债务化解离不开央地财税体制改革，仍需解决地方财权与事权不相匹配的问题，从源头上阻断隐性债务的形成与增长。

（一）从根本上推进财税体制改革，完善债务管理长效机制

长期来看，地方政府债务风险化解仍需持续推进体制改革，完善制度体系。首先，持续推进财税体制改革。2019 年以来，央地收入划分改革持续推进，10 月 9 日国务院印发《实施更大规模减税降费后调整中央与地方收入划分改革推进方案》，调整完善增值税留抵退税分担机制以及消费税征收模式，增强地方财政造血能力，助力隐性债务化解；今年抗疫情、稳增长背景下，及时出台《应急救援领域中央与地方财政事权和支出责任划分改革方案》，优化政府间事权和财权划分，形成应急领域里稳定的各级政府事权、支出责任和财力相适应的制度。其次，强化地方政府治理能力建设，构建并完善债务管理长效机制。年初疫情暴露出地方政府治理上仍有改善空间，一定程度影响债务风险演化，为推进债务的长期有效化解，需进一步加强地方政府治理能力建设。第一，加强政府信息公开，实施清单管理和定期披露机制，在债务方面应对隐性债务予以充分考虑，评估实际债务水平，并持续公开以稳定各方预期。第二，规范新增债务管理，健全考核问责机制。

加强项目审批，审核资金来源以及是否符合财政承受能力；坚决遏制隐性债务增量，加强对违法违规及不作为官员的问责。第三，规范财税管理，减少政府对举债的依赖，在央地财权事权仍不匹配的背景下，各地政府需提升财税实力，拓展税源并规范监控，减少对举债发展的依赖。

（二）持续推进存量债务化解，推动融资平台整合与转型

其一，基于行政层级控制平台数量，加大重组整合力度。对于省属平台，可根据行业属性加大重组整合力度；对于市属及区县平台，按照区域重要性清理合并部分地位低、实力弱的平台，2020 年 10 月陕西省发改委发文要求每个市（区）打造一个总资产 500 亿元级以上综合性国有资本运营集团，每个县（区）打造一个总资产 50 亿元级以上综合性国有资本运营公司，进一步加快市县平台整合升级以及市场化发展。其二，调整优化平台资产结构，提升资产流动性与获现能力。平台资产结构主要分布在其他应收款、存货、在建工程三个方面，需从内部调整资产结构，提高资产变现能力，可整合市场化水平较高、流动性较好的优质国资，注入信用资质较弱、债务负担较重的平台，提升经营水平及资产流动性。其三，提升平台融资资质，探索多元化投融资模式。目前我国仍有一半以上平台暂未发债，且发债平台中上市企业仅占 1%，直接融资仍有空间。未来，需因地制宜加快拓宽直接融资渠道，鼓励满足条件的区域开展债权、股权等融资方式；对于自然资源丰富地区，积极探索资产融资渠道；此外，民间资本活跃地区还可规范开展 PPP，鼓励平台作为社会资本方或与其他社会资本方合作。其四，根据平台业务性质，推动基于市场化的职能调整及业务转型。对于资源多、整合能力强的平台，可积极开展多元经营性业务，探索国有资本综合投资平台转型方向；对于业务相对单一突出的平台，可努力推动其向基础设施和公用事业综合运营平台转型。

（三）债务化解与平台转型仍依赖政府支持，缓释短期流动性风险

地方政府隐性债务化解与融资平台转型道阻且长，是我国财税体制改革、地方投融资机制改革以及国有企业改革逐步深化的过程，难以一蹴而就。值得注意的是，个别财政实力较弱、资源匮乏区域的融资平台在转型中或难以及时找到和存量债务相匹配的资产以及和公司业务相匹配的运营模式，从而出现信用“失速”情况。因此，债务化解与平台转型仍离不开政府支持。一方面，通过地方政府资源投入推动平台存量债务的平稳有序化解，包括推进优质国资整合、妥善处理存量债务、提升债务偿还保障、授予特许经营权等，今年已有多地政府设立债务化解基金，如黑龙江、河北、湖南、湖北等，为融资平台提供短期流动性周转，提高平台短期内的偿债能力，推动偿还政府隐性债务。另一方面，地方政府协调辖区内相关资源，如鼓励金融机构加大支持力度，保障融资平台合理融资需求，近年来多地推进银团贷款模式下的城投债务置换，如山西、湖北、江苏、甘肃等，平滑债务期限结构，缓释平台流动性风险。但政府提供支持时仍需稳妥处理平台与政府之间的管理和业务关系，在行政管理与企业管理之间落实政企分开，利用市场引导平台发展，而非强化平台的“政府信用”。

三、基于债务化解与平台转型背景下的融资平台信用分析

近年来，基于地方债务风险化解与转型的背景，融资平台的信用分析框架逐步调整，侧重点从此前的地方政府信用逐渐向融资平台基础信用转变，分析原则也从自上而下演变为自下而上的思路。在平台转型过程中，信用级别调整的驱动因素也与平台自身信用体系建设更为紧密，更加注重基础信用的提升，再结合外部因素改善的正向影响，综合衡量平台级别上调机会。

（一）评级框架更注重平台自身信用，分析原则逐步转变为“自下而上”

伴随地方债务防控化解以及市场化转型持续推进，融资平台基础信用或得到提升。公司治理或更加有效，例如合并重组后的集团对下

属子公司具有直接管理、资金调度和人事安排的实际控制力；业务运营由传统模式向多元化拓展，收益性业务占比或将上升；财务表现也将随之改善，资产规模与质量或趋于平衡，经营性现金流或出现好转，经营性业务带来的收入或更趋稳定。此外，平台转型中也将逐步降低平台对政府的依赖，政府信用收缩是中长期趋势。一方面，平台或将整合较多优质资产，业务范围也相应扩大，地方政府支持能力或有限；另一方面，平台逐渐剥离政府债务及融资职能，“政企分开”原则的不断落实下政府对平台的支持意愿也将发生变化。在此背景下，融资平台的信用分析框架也发生相应的调整，信用分析的侧重点转向平台自身信用实力，分析原则也逐步从“自上而下”转变为“自下而上”。

目前，融资平台的评级框架包含“定量评估”“定性评估”“外部支持（股东、政府等）”三大模块，其中“定量评估”及“定性评估”均为对平台自身实力的考察，更加侧重能够反映平台自身转型升级及债务化解的方面。具体看，“定量评估”主要对公司财务情况等可以量化的指标进行打分，例如平台的资本结构、流动性、营运回款情况、财务弹性等；“定性评估”不纳入打分卡，主要考察公司业务运营、治理等方面的内容，例如业务稳定性及可持续性、公司是否规范运作、管控能力、信息披露等；而“外部支持”则主要考察股东、政府等外部因素对平台的支持情况，和“定性评估”一致，通过互不干扰的矩阵判断方式进行评估。在新分析框架下，首先通过充分考虑融资平台财务风险与经营风险，形成个体基础信用评估级别，在此基础上再将外部特殊支持对融资平台信用实力的影响纳入考量，最终综合衡量后得到主体信用等级。这一顺序上的调整也体现出融资平台的信用分析逐步转化为自下而上的模式，一定程度上弱化了地方政府支持对平台信用级别的影响。

（二）评级调整驱动因素与平台自身信用体系建设更紧密，更注重自身综合实力提升

基于评级视角，融资平台级别调整的驱动因素与自身信用体系建设更加紧密。在前述平台信用分析框架中，由于外部特殊支持短期内或难以有明显改变，融资平台的评级调整将更多考虑公司债务偿付能力、资产结构、业务运营、公司治理等自身因素变化。从目前对融资平台的信用评级看，平台信用级别上调大多受到自身综合能力提升的驱动，例如资本实力大幅增强、债务压力下降、融资稳定性和债务安全性良好、盈利能力增强、业务经营多元化且区域专营性较强等，外部因素如股东及政府支持力度大、外部发展环境较好等多为级别上调的辅助参考。

第一，通过置换、清退等方式持续推进债务化解，缓释平台流动性风险、降低债务压力。近年来，在持续推进地方债务化解的背景下，各种隐性债务化解方式持续推进，平稳有序减轻平台债务负担。一是通过置换方式，例如银团贷款置换、城投债券置换等，平滑债务期限结构，降低平台短期偿债压力，缓释流动性风险；二是通过清退方式，部分地区要求国有企业设定具体标准清退融资成本较高的债务资金，从总量上减少债务规模、降低债务压力；此外，多地设立债务化解基金，为融资平台提供短期流动性周转，减轻偿债风险。整体看，平台偿债能力的提升及流动性风险的缓释对信用级别上调或有重要推动作用。

第二，优质资产注入及资产结构优化，提高平台资产质量，提升区域重要性。在地方政府协调引导下，区域内平台可通过整合优质资源、接收资产注入等方式优化资产结构，并推动重组整合实现转型发展。一方面，资产注入和资产结构优化后，平台自身资产质量得到提升，且可支配资源将更加丰富，有利于加强市场竞争优势。另一方面，若将不同业务类型的平台重组整合为跨行业的综合平台，有利于平台内部形成资源互补优势；若将业务上下游的公司均整合吸收，或能产生产业链效应，全面提升平台在区域中的重要性，也是级别上调的重要考量。

第三，拓展新型业务如参与“两新”领域建设，提升收入水平及稳定性。平台积极拓展业务范围，例如投入“两新”领域（新型基础设施、新型城镇化）建设，可通过新领域新技术、新知识的迭代，以及通过控股、参股等方式投资更多新产业公司，实现业务多元化的转型以及相关业务收入水平的进一步提高。同时，伴随新型业务拓展，公司收入来源范围也将不断扩大，或减少原本单一业务架构下的收入波动，提升平台收入的整体稳定性，利好平台信用级别上调。

第四，公司运营管理机制更趋完善，全面提升公司治理水平。此前平台公司内部存在一定程度的交叉持股、管理权属混乱、跨层级兼职兼任等问题，其内部管理相对复杂、难度较大。若在转型中，管理机制逐步市场化且灵活高效，形成合理法人治理结构，以及权责明确的董事会、监事会、专业委员会，平台公司的决策合理性将有提升；同时，若一并实施与经营业绩挂钩的绩效考核和薪酬分配体系，可进一步提升平台经营管理的积极性。整体看，通过提升公司治理水平推动平台基础信用提升。

此外，外部环境改善、支持增加等仍是现阶段平台级别上调的正向辅助参考。在平台基础信用提升的基础上，外部因素的改善也将对级别上调带来正向影响，例如区域经济增长、地方财政实力提升、政府引导协调作用增强等。一方面，区域经济增长与平台未来发展有较大关系，若该地区产业结构持续优化，经济发展后劲较强，当地融资平台可承接的项目及相应运营收益或将逐步增加，利好信用实力提升；另一方面，平台与政府信用的完全剥离难以一蹴而就，现阶段地方政府的财政能力和支持仍是平台化债转型较为需要的部分，若地方政府资源投入及协调能力进一步提升、具体支持政策持续出台及落实，也将增加该区域内平台评级上调的可能性。

以乡村振兴债券推动农村土地资本化

◇ 中国财政科学研究院　张立承

根据《预算法》规定，地方政府债券只能用于公益性资本支出，地方政府专项债券使用具有投资属性。党的十九大提出脱贫攻坚和乡村振兴；2019 年中央一号文件提出“坚持农业农村优先发展”，这些都离不开投资的支撑，如果没有投资不但难以实现优先发展，连发展都很困难，因此政府公共投资在其中的引导作用非常重要。

一、乡村振兴债券效果显著

我国地方政府债券已发行超 10 年时间，其中，2018 年 8 月 20 日，四川省人民政府在上海证券交易所顺利发行了全国首单乡村振兴债券——泸县乡村振兴专项债券。该笔债券对地方政府债券融资支持农村宅基地制度改革进行了有益的探索。以此为例进行分析，可以以小见大来研究乡村振兴债券如何推动农村土地制度改革。

泸县地处四川盆地南缘，是四川省农业大县、人口大县、劳务输出大县。全县总人口 107.4 万人，其中农村户籍人口 80.4 万人。每年有四成农村人口外出务工，越来越多的村子出现空心化，房屋空置较为普遍。

由于历史原因，农民建新不拆旧现象也较为普遍。2015 年以前，全县有 26.9 万宗、24.3 万亩宅基地，人均占有 170 平方米，富余的人均占地量在城市很难想象，但这个数字在农村属于一种常态。宅基地与127.3万亩耕地“插花式”分布，呈现“你中有我、我中有你”的状态。其中有3.6万宗、3.2万亩闲置宅基地得不到有效利用。在此基础上，泸县出现了农村人口外流、传统村落衰败、农村宅基地闲置、城乡建设用地紧缺等多重问题。

2015年3月，泸县被确定为全国农村土地制度改革33个试点县之一。先后开展宅基地制度改革、农村集体经营性建设用地入市和农村土地征收改革三项改革试点。获批试点后，泸县开始尝试引导农民自愿腾退农村宅基地，把腾退出来的农村宅基地进行复垦，产生的土地结余指标除用于农民搬迁新建住房用地外，全部调整为农村集体经营性建设用地指标，入市交易。

改革之初，拆迁补偿、土地复垦等都面临资金困局，泸县财政一般公共预算根本没有能力挤出财力撬动此项改革。试点项目考虑向银行贷款作为宅基地改革的启动资金，抵押物合规性面临挑战，后以建设用地结余指标入市预期收入做抵押，成功向农业银行贷款融资。2018年泸县用土地指标入市后获得资金偿还了银行贷款。2018年发行泸县乡村振兴债券第1期，发行总额5亿元，期限5年，由招商银行成都分行和泸县农商银行各认购50%。债券年利率为3.75%，筹资成本明显低于商业银行贷款。

债券支持的泸县乡村振兴项目包括4大类：一是宅基地制度改革项目，为农村宅基地权属人自愿有偿退出，并对旧宅基地进行土地复垦整理，节余土地形成泸县建设用地指标；二是产业发展项目，包括花椒产业建设、果园产业建设和蔬菜产业基地建设；三是基础设施项目，基础设施项目的实施内容为村内通组路、公路桥、渡改桥和“四好”农村路建设；四是生态环境保护项目，包括污水处理厂及配套管网设施改造、公共服务设施和区域共享垃圾压缩中转站建设等。

泸县的乡村振兴建设项目总投资为30.31亿元，其中资本金为13.99亿元，剩余资金计划分三年发行项目收益债券募集16.32亿元。

2018 年已发行 5 亿元，2019 年已发行 3.46 亿元。据预期收益测算，预计实现收入合计 39.94 亿元。其中宅基地项目收入预计为 39.46 亿元，基础设施收入预计为 325 万元，生态环境保护收入预计为 3066 万元。宅基地项目收入占全部收入比重 98.8%。农村宅基地有偿退出涉及 6 个镇 67 个村，涉及土地 13153 亩，建设投资 124322 万元。

2015 年以来，泸县出让的 18 宗集体经营性建设用地，有 17 宗属于宅基地调整入市。现已入市土地 595 亩，完成征改面积 720 亩。全县户均补偿 4.2 万元，村集体平均收益 100 万元。2018 年 6 月 15 日，泸县喻寺镇谭坝村、雷坝村与成都市邛崃市羊安镇仁和社区签订了《宅基地退出复垦节余指标交易意向协议》。两村用 300 亩宅基地退出复垦节余指标，换得邛崃市羊安镇仁和社区的土地购置资金 8550 万元，亩均 28.5 万元。

项目收益平衡情况良好。从全国农土地制度改革试点县运行情况看，土地净收益比例在 30% 左右，实现项目内部收益平衡没有问题。以同为改革试点县的贵州省湄潭县为例，贵州湄潭县所出让的农村集体经营性建设用地 78 宗，面积 379 亩，价款 7751 万元，实现土地增值收益 2325.8 万元（30%），其中政府收入调节金 543.5 万元（7%），集体经济组织净收益 620.4 万元（8%），农民补偿 1162.6 万元（15%）。这些试点项目反映出农村土地制度改革中兼顾了政府、集体和农民三者利益，实现了政府有收入、集体有收益、农民有补偿。

二、以土地资本化带动农村振兴

党的十九大报告提出了乡村振兴战略，通过泸县乡村振兴债券的发行成果来看，可以尝试以土地资本化作为乡村振兴战略的引领模式或突破口，用土地资本化来带动农村振兴也不为过，相信其会成为非常好的推手。近年来，国家围绕“三农”出台了许多建设性举措，自 2004 年至今已经连续出台了 16 个中央一号文件，但“三农”发展仍存在不少短板，如“三农”融资难、融资贵的问题依然存在。一系列农村振兴遭遇的现实困难摆在眼前，仅靠政策性扶持是否能托起乡村振兴战略是一个值得深入探讨的问题。

乡村振兴关键是提升要素回流、资本聚集能力。乡村振兴的根本问题不在于外部向农村投入多少，而是如何实现农村资本化。农村并不缺少资源，比如土地财政的土地主要是从农村而来，城市本身的存量土地运作空间非常有限。同时农村也不缺少资本平台，关键是缺少资本化机制。

2019年8月，十三届全国人大第十二次会议表决通过修改土地管理法的决定。其中删除了原有第四十三条中关于“任何单位或个人需要使用土地都必须依法申请使用国有土地”的规定。修订后的土地管理法提出在合规的基础上，经村民代表大会或者村民会议三分之二以上的成员同意，允许入市交易。由此取消了多年来农村集体建设用地不能直接入市流转的二元体制，也为城乡一体化扫除了制度的障碍。当前时点，实施农村振兴需要靠市场力量，但制度创新或者深层次层面的创新尤其必要。

据统计，21世纪第一个10年，我国农村常住人口减少了1.3亿人，由此新增的农村闲置用房年均增加0.6亿平方米，10年间增加了6亿平方米的居民住宅用房，农村宅基地更是数倍于此。可以预见，制度突破、资源体量、市场需求、发债空间等多重因素共振必然带来城乡格局的巨大变化。土地资本化是乡村振兴的突破口，乡村振兴债券可以成为土地资本化的重要引擎，为乡村振兴注入更强活力。

“创新基础设施预算绩效能力定价的特许经营机制，化解地方政府债务”实践方案研究和应用

◇ 深圳千城攻略算法云技术有限公司　郑志军

防范化解地方政府债务风险，是贯彻落实党中央、国务院决策部署的重要举措。在新时代中国特色社会主义思想的指导下，深圳千城攻略算法云技术有限公司设立课题进行化解地方政府债务方案的研究和实践，探索出了“采用基础设施预算绩效能力定价的特许经营机制，化解地方政府债务”的实践方案，并建立了透明规范、总量限额、闭环控制的标准化流程，形成了可操作、可复制、可推广的有效模式。

一、地方政府债务主要成因及化解思路

（一）地方政府债务主要成因

人民银行《中国金融稳定报告（2018）》中明确：以某省为例，该省银行政府债务中约有65%用于基础设施建设。近30年，我国城镇化取得了巨大的成就，但在城市发展过程中对基础设施逐年累月投资建设，给地方政府的财政支出带来了较大的负担，地方政府对基础设施投资建设缺乏精准测算和比例分析，基础设施建成后缺少服务绩效

的精确评估，这是我国地方政府债务主要成因之一。

此外，基础设施投资建设和服务能力输出具有天然的债务周期差。基础设施的投入，能够带来人口的流入、产业的增长、财政收入的增加。但是长期以来，城市的发展需由当期财政对基础设施进行一次性大规模投资建设，而产业具有自身的增长周期和产出周期，需要20—30年的时间对财政投入进行消化和税收能力平衡。基础设施投资与产业、财政能力之间相互账本隔离，缺乏精算平衡，由此带来基础设施投资风险，给许多地方政府带来沉重的财政压力和债务负担。

（二）我们在实践案例中采用的债务化解方法

要想规模化、系统化的化解地方政府债务，需从地方政府债务的成因——基础设施建设和运营出发，从结构上创新基础设施基于精算平衡的供给模式、绩效化运营方式来寻找思路和实践方案。

我们在实践案例中根据《政府会计准则》将地方政府存量基础设施按全生命周期（15—30年）的预算绩效能力进行核算定价，对超出财政预算能力的负债进行剔除，对满足绩效能力、确需财政进行支付的基础设施按照国家发展改革委、财政部、人民银行等六部委颁发的《基础设施和公用事业特许经营管理办法》进行特许经营。地方政府通过招拍挂方式，以15—30年期限，进行基础设施特许经营权有偿转让，收回前期投资资金，定向用于公益性项目的债务偿还。在不增加地方政府债务规模的前提下进行总量控制，对照债务项目，逐笔化解。

在基础设施特许经营期限内，政府以实际运行绩效为标准进行绩效付费。

该方案对化解我国地方政府50%左右的基础设施债务，具有实际可行的积极作用。

（三）该债务化解方案的实施优势

该方案立足于从地方政府的财政能力出发，按预算绩效对基础设施资产进行定价、交易和特许经营，政府在基础设施特许经营期限内以实际运行绩效为标准进行绩效付费，实现从内容上真正的化解债务。

不仅仅能够实现地方政府由长期举债投资基础设施的方式，转变为根据绩效购买基础设施服务能力的方式，而且全面强化了基础设施预算支出的硬化约束机制、长效匹配机制、精算平衡机制，实现基础设施服务能力与财政能力一一对应，实现基础设施服务周期与财政周期一一对应。

二、国家相关部委、金融机构对该方案认可评价

该方案进行了系统的理论研究，由公共产品经济学家郑志军和国家开发银行前副行长李吉平共同出版了《公共产品经济学逻辑》的专著，并得到新华社、光明日报、人民网的专题采访和认可。

该方案已经建立了透明规范、总量限额、闭环控制的标准化流程，建立了可操作、可复制、可推广的有效模式。

（一）金融机构对该方案的认可评价

目前已有多家保险公司、银行总行对此方案认可，签署合作协议，可以为摘牌基础设施特许经营公司提供长期限、低成本的融资资金。

（二）国家发展和改革委员会的评价

2019 年 4 月国家发展和改革委员会经认真研究，认为该方案“对于优化完善地方政府存量公共基础设施的资产核算、服务定价与绩效评价等具有重要的参考价值，为国家当前在公共服务领域鼓励推广运用的‘转让—运营—移交（TOT)’方式提供了更为细化和可操作的实施标准及流程。”

三、采用预算绩效能力定价的基础设施特许经营，从内容上评估和化解地方政府债务应用举例

某城市共有 ABC 三条道路，长度均 20 公里，使用期限为 30 年。

道路 A 总造价成本 30 亿元，年通行车辆 200 万辆；道路 B 总造价成本 45 亿元，年通行车辆 150 万辆；道路 C 总造价成本 60 亿元，年通

行车辆 100 万辆。

经过核算（见表 1），该城市道路的基准绩效能力价格为 100 元/辆/次。道路 A 绩效成本 50 元/辆/次低于基准绩效能力价格；道路 B 绩效成本 100 元/辆/次等于基准绩效能力价格；道路 C 绩效成本 200 元/辆/次高于基准绩效能力价格，存在超额负债投资。

政府通过特许经营收回资金（扣除资金周期成本）：道路 A 收回 30 亿元以内；道路 B 收回 45 亿元以内；道路 C 收回 30 亿元以内，30 亿元超额投资部分超过基准绩效能力价格，被剔除。

政府特许经营年度预算支出安排：道路 A 政府按实际绩效成本进行预算支付购买服务，预算收大于支；道路 B 政府按基准绩效能力价格进行预算支付购买服务，预算收支平衡；道路 C 政府按基准绩效能力价格进行预算支付购买服务，剔除了超额投资。

表 1　　预算绩效能力定价基础设施特许经营核算

核算类别	A 道路	B 道路	C 道路	基准绩效能力价格
总造价	30 亿元	45 亿元	60 亿元	—
使用期限	30 年	30 年	30 年	—
年均服务成本	1 亿元	1.5 亿元	2 亿元	1.5 亿元
年车流量	200 万辆	150 万辆	100 万辆	150 万辆
绩效能力成本	50 元/辆	100 元/辆	200 元/辆	100 元/辆
核算结论	绩效成本低于基准绩效能力价格	绩效成本等于基准绩效能力价格	绩效成本高于基准绩效能力价格，存在超额负债投资	
政府特许经营收回资金（扣除资金周期成本）	30 亿元以内	45 亿元以内	30 亿元以内，30 亿元超额投资部分超过基准绩效能力价格，被剔除	

续表

核算类别	A 道路	B 道路	C 道路	基准绩效能力价格
政府特许经营年度预算支出	政府按实际绩效成本进行每年预算支付购买服务，预算收大于支	政府按基准绩效能力价格进行每年预算支付购买服务，预算获得了平衡	政府按基准绩效能力价格进行每年预算支付购买服务，剔除了超额投资，实现预算收支平衡	
特许经营期限	30 年	30 年	30 年	

说明：对于超出地方预算能力超额投资形成的债务，由地方政府通过其他收入逐期化解。

四、政策依据和合规性分析

（一）在政府会计中基础设施具有经营属性和经营内涵

《政府会计准则——基本准则》中明确：“第二十七条　资产是指政府会计主体过去的经济业务或者事项形成的，由政府会计主体控制的，预期能够产生服务潜力或者带来经济利益流入的经济资源”，“服务潜力是指政府会计主体利用资产提供公共产品和服务以履行政府职能的潜在能力。”

通过政府会计准则我们可以明确：基础设施资产的核心价值是“服务能力”，与财政能力匹配的“服务能力”才具有政府会计管理价值和财政预算支付的价值，所以基于财政预算绩效能力定价是确定基础设施投资与预算支付精算平衡的基础。

能够带来经济利益流入的资产，需要通过经营提高其经济利益流入；能够产生服务能力的基础设施资产也需要通过经营提高其服务能力供给和服务。

因此，基础设施的经营内涵既不是简单表现为日常维护，也不是像高速公路一样直接由使用者付费，其特许经营内涵，包括：①通过有偿转让收回资金，政府对基础设施短期的投资性、债务性支出转变为基础设施全生命周期的绩效服务能力支出，政府的预算支出由资产成本定价方式转变为绩效能力定价方式；②特许经营项目公司在经营期限内实现对基础设施资产公共服务能力的有效保持；③政府对基础设施资产的服务能力进行监测和绩效评价，不再按资产成本付费，而是按实际绩效能力付费；④在经营期限内，特许经营项目公司进行基础设施维护效率的提升和财政预算费用的节约。

（二）建立全面绩效管理的基础设施一般公共预算支出是党中央、国务院的明确要求

中共中央、国务院《关于全面实施预算绩效管理的意见》（2018年9月1日）中明确："加快建成全方位、全过程、全覆盖的预算绩效管理体系。"

本方案的核心目标是根据国家预算法的核心"规范政府收支行为，强化预算约束，建立健全全面规范、公开透明的预算制度，保障经济社会的健康发展"，理顺政府预算支出的服务价格，按照基础设施特许经营模式，建立基础设施领域的预算绩效标准，立足长远、标本兼治，提高地方政府收入和支出的匹配度，健全长效机制的目标。

（三）现行政策明确公益性项目可以实行市场化经营

《国务院关于创新重点领域投融资机制鼓励社会投资的指导意见》（国发〔2014〕60号）指出："政府可采用委托经营或转让—经营—转让（TOT）等方式，将已经建成的市政基础设施项目转交给社会资本运营管理。"

2015年，国家发展和改革委员会、财政部、中国人民银行等六部委颁发《基础设施和公用事业特许经营管理办法》，要求对能源、交通运输、水利、环境保护、市政工程等基础设施和公用事业领域开展特许经营。

2018年《国务院办公厅关于保持基础设施领域补短板力度的指导意见》提出，"规范有序盘活存量资产，鼓励采取转让—运营—移交

(TOT)、改建—运营—移交（ROT）等方式，将回收资金用于在建项目和补短板重大项目建设”。

2018 年 7 月相关党中央、国务院的政策要求：“对于承担公益性项目建设运营职能的融资平台，转型为基础设施、公共事业、城市运营等领域市场化运作的国有企业，转型后依法合规承接政府公益性项目，实行市场化经营。”

上述政策均清晰明确，政府公益性项目可以实行市场化经营。

（四）资产定价环节的政策依据

《政府会计准则》《政府综合财务报告编制指南》《政府会计准则第 5 号——公共基础设施》均要求各级政府对基础设施进行核查登记。

（五）招拍挂环节的政策依据

《基础设施和公用事业特许经营管理办法》第十五条“实施机构根据经审定的特许经营项目实施方案，应当通过招标、竞争性谈判等竞争方式选择特许经营者”。

五、风险控制与监管措施

（一）债务规模总量控制措施

本方案的风险控制前提是坚决不增加地方债务总规模。地方政府通过该方案获得的资金，定向用于化解存量债务。对所偿还债务的项目、合同进行一一对应的审查，确保不增加政府债务。

（二）资金用途控制措施

该方案仅限用于实施化解地方政府债务工作，实行逐笔登记、总量控制。要求地方政府将交易价款用于公益性项目债务化解，不得用于在建、新建项目，避免涉及违规举债。

（三）财政支出控制措施

地方财政根据基础设施年服务潜力定价和服务绩效评价结果，以年服务潜力定价、年度维护费用为支出上限，向基础设施特许经营公司支付年度服务费用，不得在此基础上进行任何的财政补贴或兜底。

（四）实施进度控制措施

根据地方政府债务化解需求，并结合其财政承受能力，制定分批次的基础设施特许经营权转让和债务化解计划，确保本方案实施的可持续性，有效帮助地方政府化解债务。

六、该方案对城市经济发展的三大长效作用

（一）从地方政府端，该方案能够建立基础设施全面绩效预算控制和精算平衡机制

多年来我国财政政策对基础设施投资与城市发展需求、与财政能力三者之间缺乏精算平衡的量化控制工具和控制机制。

该方案能够建立精确到城市每一条道路、每一个公园、每一杆路灯等的资产核算、服务定价与绩效评估为前提的基础设施全生命周期预算管理、财务核算管理和绩效管理机制。这样不仅仅能够实现地方政府由举债投资基础设施的方式，转变为购买基础设施服务能力的方式，使城市基础设施运营管理实现专业化、效能化和阳光化；而且全面强化了基础设施预算支出的硬化约束机制、长效匹配机制、精算平衡机制，实现基础设施服务能力与财政能力一一对应，实现基础设施服务周期与财政周期一一对应。

（二）从金融机构端，该方案能够建立基础设施投融资量化信用控制机制，推进基础设施领域金融供给侧深化改革

该方案能够把城市基础设施供给能力信用从宽泛的政府信用、地方平台公司评级信用等模糊信用管理中独立出来，改变金融机构按资产规模进行基础设施融资定价的方式，建立按基础设施服务能力和服务期限进行定价的方式，实现了按需求、按市场机制配置金融资源的量化信用控制机制，推动金融机构在地方政府投融资体系由单纯的资产融资服务转型为资产定价、资产配置、资产绩效管理的综合金融服

务。这对化解地方政府债务风险、确保财政健康可持续、维护国家经济金融安全、推动我国经济高质量发展具有重大意义。

（三）该方案能够解除我国对房地产和基础设施投资的依赖，解除地方政府对土地财政收入的依赖，为我国经济发展建立可循环的财政资金

我国基础设施固化了几十万亿元的资金，占用了我国大量的财政能力，资金锁定周期 30 年左右。该方案能够盘活地方政府几十年来积累的债务化、固化基础设施资产，提高财政资金在国民经济中的周转率，降低了财政对当期税收收入、土地收入的依赖，降低经济驱动对基础设施、房地产投资的依赖。

城市存量基础设施领域锁定的资金初步估计有数万亿元，采用该方案可分 5—8 年释放千亿级的非债务型、非超发型资金，使得各级政府有充裕的财政能力和财税政策空间支持实体经济发展。

全球化背景下的大国财政

美国税改评估

◇ 中国社会科学院　余永定

在中美贸易战爆发之前，中国乃至世界学术界关注的头等大事就是美国税改，大家非常关心美国税改会不会成功。两年过去了，我们有必要回过头看一看，下面我将从三个方面对美国税改做简要评述。

一、美国税改的效果

2017 年 12 月 22 日美国国会正式通过了《减税和就业法》，不仅仅是降低个人和企业所得税，还包含很多内容。因为特朗普谈论最多的是美国企业所得税从 35% 降到 21%，可以说是美国税改最主要的内容，所以今天主要介绍降低企业所得税到目前为止的效果。主要从以下五个方面进行分析。

第一，对增长的影响。由于资料限制，数据仅到 2019 年第一季度。从增长效果来说（见图 1），2017 年 12 月份美国通过法案后开始进行税改，此时美国年增长率为 3.5%，随后经济增长速度发生了波动变化。但从图 1 看不出有什么特别大的影响，美国经济增长速度变化由许多因素决定，仅从税改来看，因果关系不太明确，没有特别明显的效果。

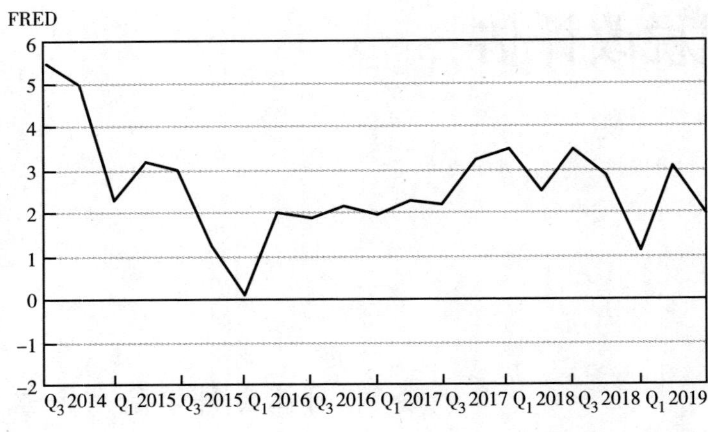

图 1

图 2 是美国经济增长的长期趋势，20 世纪 60 年代是经济增长的黄金时代，之后开始下降，逐渐在波动中下降，最近几年有所反弹，从季度角度去看，看不出税改对经济增长速度到底有什么特别明显的影响。

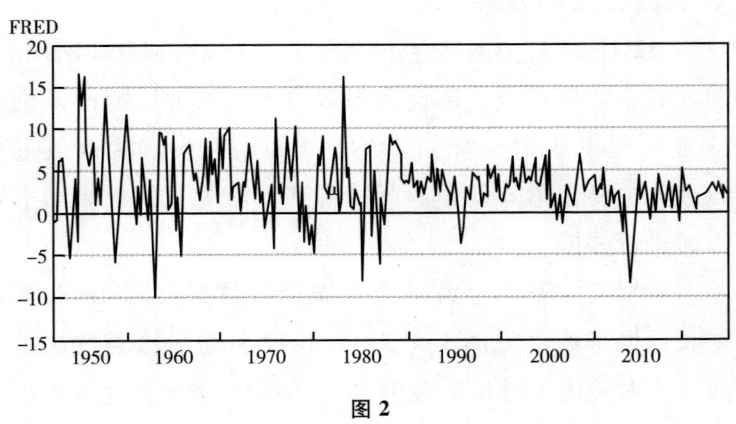

图 2

第二，对投资增长的影响。首先，支持公司税改最重要的原因是有助于投资，把钱留给企业，企业就愿意投资，因为他能获取更多利润。这样的话，很难看出税改之后投资变化是什么，从图 3 也看不出来，美国学者认为税改对投资还是有推动作用的，但不太明显。其次，根据理论模型推测，税改之后投资应该有比较大的增长，但现实中有差距，不如理论预测，而且差距比较大。最后，对于美国这样的国家来讲，税改对投资的正面贡献恐怕不如一些制度性贡献更大。总而言之，从美国现有的官方统计材料来看，税改之后，美国投资增长没有什么太大变化，从图 3 可以看到下降趋势，下降并不一定是税改因素造成的，是由其他因素造成的。

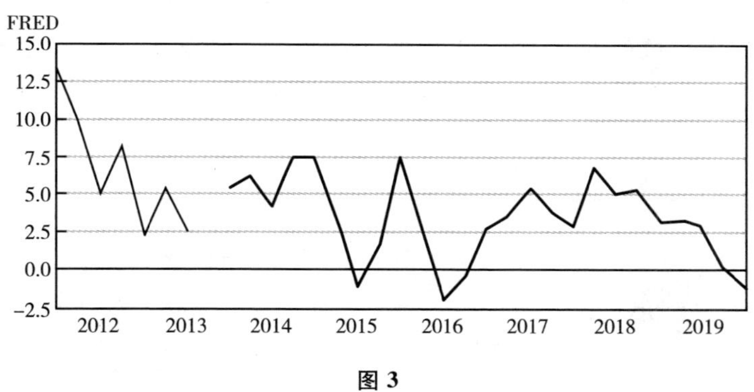

图 3

第三，对财政状况的影响。拉弗曲线告诉我们，税率越低，税收收入越低，但也并不是说税率越高，税收收入越高，税收收入随税率变化有一个最优值，过了这个最优点之后，征税越多，税收收入反而越低，而不是越高，所以必须找到这个最优点。减税派认为美国以前的税率不在最优点，而高于最优点，因此税率降下来之后，税收不会减少反而会增长，这是支持降税非常重要的原因。然而现实情况则相反，2018 年美国公司所得税不但没有根据拉弗理论中税率的下降而上升，而是急剧减少。从图 4 可以看出，公司所得税占 GDP 的比重急剧下降 31% 。另外还可能有一些更长远的影响，研究结果表明，在未来 10 年中减税会使国债额外增加 1. 5 万亿美元。对于美国财政收入来讲，2018 年美国财政收入稍微增加了一点，增加一点并不一定是因为公司所得税下降造成的，还有更多原因。公司所得税税收收入是下降的，而美国 2018 年总的财政收入略有增加，原因比较复杂。需要注意的一点，根据美国最新研究成果和预测，2019 年美国财政赤字会接近 1 万亿美元，差不多达到 2008 年的水平，这在美国历史上是非常高的。减税之后财政收入大幅度下降，财政赤字大幅度增加，没有什么奇迹发生，因而拉弗这套理论在美国根本得不到承认。拉弗提出这个理论的时候，开始我觉得非常有意思，但是很快就看到美国的财政赤字由于执行了里根减税政策而急剧恶化。我甚至记得当年的美国《时代杂志》的封面就是“黑洞”，由于减税把钱都减到“黑洞”里面了，导致财政急剧恶化。拉弗曲线有一定道理，但是在经济学上并不是金科玉律，在美国税改的实践上它是失败的。

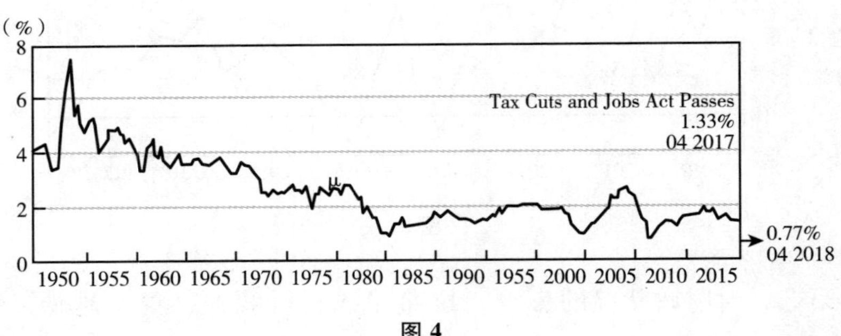

图 4

第四，对工资的影响。2018 年不是特别明显，2019 年还是比较明显的，对工资的增长是有积极作用的，特别是跟个人所得税的改革有关系。

第五，对收入分配的影响。图 5 是税改之后各收入阶层的收入增长情况，可以看到的是收入越高增长幅度越大，20 万—100 万美元这个收入等级的人拿回家收入增长最多，而低收入 5 万美元的人增长是最少的，所以税改毫无疑问加剧了美国贫富不均等，而不是减少了美国贫富不均等。

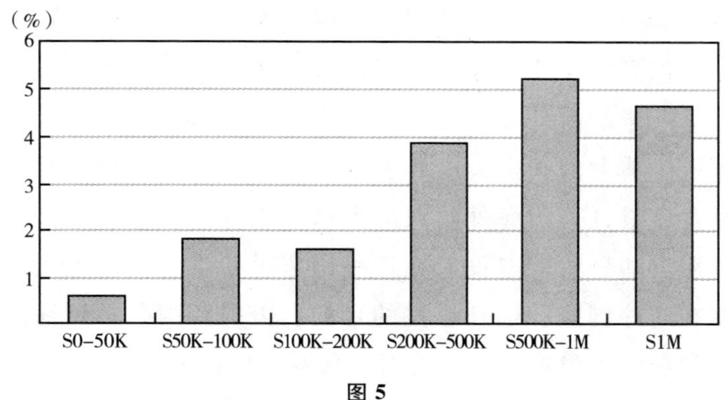

图 5

二、从全球征税制过渡到属地征税制

世界上大部分国家采用属地制，只有美国等少数国家是全球征税制。全球征税制是指一个美国公司不管在哪里投资，美国政府都要征税。由全球征税制改成属地制，对美国经济影响，特别是近期对资本资金流动影响应该比较大。与全球征税制度相关的还有递延制，某种特定的公司，像 CFC（控股海外公司），在海外投资取得利润，只要这个利润没有汇给公司，没有分红给所有者，美国政府就不征税。利润可以不汇回美国，可以放在外面，但是有限制条件。放在国外的利润怎么用是有规定的，不是想怎么用就怎么用，即不能把钱用于分红投资于母公司美国业务，购买不动产等。但是公司可以把钱存在美国银行，比如某公司在香港获得的利润可以存在美国银行，并没有汇回分红，因而美国政府不对这些利润征税。对美国来说，全球征税制和递延制造成一种现象，美国许多跨国公司把所谓利润收入留在海外低税国的控股子公司。举个例子，像苹果这样的美国跨国公司在爱尔兰存有很多钱，可是美国在爱尔兰根本没有什么工厂，就是一个皮包公司，因为爱尔兰是一个低税国，把钱通过种种手段留在爱尔兰，不把钱汇回来。同时为了保证股东的利益，公司又会采用有各种各样的手段，使利润既作为分红分到股东手里，同时又实行了避税，具体方法就不去讨论了，但是方法非常多。美国跨国公司把大量海外收入都留在了海外。几乎一半的海外投资收入都没有汇回美国，而是留在海外。图中标注了七个典型的国家，这七个国家占了美国海外收入的51%。从另外一个角度看，美国海外收入的大部分来源于几个人口极少的低税国家，说明这些公司根本没有在这些国家进行生产，而是通过某种方法把钱留在这些国家，达到避税的目的。美国跨国公司到底在海外囤积了多少利润收入很难估计，美国参众两院联合税收委员会估计是2.6万亿美元，高盛估计是3.1万亿美元。

美国政府之所以把全球征税制改成属地制是为了促使海外资金回流。实行属地征税制后，美国政府将只对跨国公司的国内利润收入征税。原则上，美国公司跨国公司在向海外东道国（税源国）政府纳税后，无需再向美国政府纳税，从而鼓励海外跨国公司把钱汇回美国。但这同时带来了两个问题：其一，过去跨国公司在海外囤了好几万亿美元的利润怎么办？如果是一次性汇回，对汇回的利润一次性征收15.5%（如是现金）或8%（非流动资产）的所得税；如果不想一次性汇回，也可以最长分8年汇回。其中前五年每年汇回8%、其余的15%、20%、25%分别要在以后的第6年、第7年和第8年汇回。利润是否实际汇回并无硬性规定，但税是一定要补交的。在税改之后，美国跨国公司汇回国内的海外利润一般已无需缴纳所得税，鼓励把钱汇回来。这确实起到资金回流的效果，但从长远来看有一个税基减少的不好效果。短期来讲，美国跨国公司利润回流的数量急剧增加，据统计，2018年汇回来5000亿美元的现金，但这很可能是一次性的，以后汇回数量会逐渐减少，因为美国公司决策不会仅根据政策（把全球征税制改回属地制）而把钱汇回，他有各种各样的考虑，而且有各种各样方法把钱留在国外，据美国经济学家分析汇回高潮已经过去。其二，汇回来的钱用来干什么？从美国海外十大公司现金流动和投资计划看出来，资金回流之后，美国政府希望跨国公司进行投资，但是这些公司不一定投资，大部分公司把钱回去之后用于股票回购，还有其他的操作，而不是投资，这对投资的增长不会有太大的作用。至于对中国到底有多大影响，现在说不清楚。现在大家都担心美国把资金撤回去，美国的跨国公司想办法考虑把钱汇回美国，应该说跟贸易战有关，但并不完全是。实际上，贸易战爆发前，美国很多金融机构规劝美国跨国公司从中国撤资的主要是因为中国劳动力成本上升等。美国跨国公司到底是否会把资金大量撤回这很难分析，据美中商会所做的统计，目前为止，美国绝大部分公司在中国是挣钱的，只有3%不挣钱，同时据美国商会调查显示，只有很少的一部分公司打算撤资，大部分打算在中国留下，国内的调查结果是如果中国采取消极的政策他就会撤资，如果采取积极的政策他还愿意留在中国。美国税改对在华投资直接和间接的影响，由于没有数据支撑，不好判断。

三、对中国的启发

第一，美国税改在美国国内毁誉参半，到目前为止还难以给出十分明确判断，主流经济学家持批评态度，而非主流经济学家是支持的。

第二，目前为止并没有看到什么奇迹。我想强调的是“供给学派”在中国成为一个政治政权的代名词，这是完全错误的，我说的不是“中国供给学派”，而是美国和国际上所说的“供给学派”。

第三，贸易战对美国减税效果将起到很大的抵消作用，美国很多企业家、经济家对此比较担心。

第四，中国目前正在面临着经济增速进一步下滑趋势，财政将在中国宏观经济政策中发挥越来越大的作用，中国经济的稳定增长主要靠财政政策，而不是货币政策。

第五，财政政策的有效性，与我们的行政效率、市场体系等因素密切相关。中国应该采取更有力度财政扩张政策，与此同时不能放松结构改革，我们要提高行政效率，要进一步改善市场。

第六，中国应改革财政体系。首先，所有国家都强调财政自动稳定器的作用，在西方国家，所得税被认为是好的税种。经济不好的时候，税收减少，经济好的时候税收增加，起到自动稳定器的作用，我们的增值税，起不到稳定器的作用，中国是否在这方面考虑？在税收理论上所得税和增值税之间的关系是否应该进行调整？其次，中国在海外有很多投资，对于这些海外企业的收入，中国政府应该有什么样的政策？中国采用属地税，除此之外还有很多具体税收问题，我们是否进一步研究？总而言之，中国政策跟美国现在的政策，从鼓励资金流入流出方面有很大不同，美国主要想资金回流，而中国则是走出去，中国是一个发展中国家，走出去，怎么走？走多少？这些问题都需要进一步考虑。

财政与“一带一路”

◇ 财政部国际财金合作司　刘伟华

“一带一路”是习近平总书记亲自提出的重要倡议，是习近平外交思想的重要内容，也是推动构建人类命运共同体的重要平台。财政作为国家治理的基础和重要支柱，参与“一带一路”建设，我们责无旁贷，必须不折不扣地把党中央部署要求落到实处。

“一带一路”倡议提出6年来，取得了丰硕成果，在国际社会引起热烈响应。2017年首届“一带一路”国际合作高峰论坛，共有29个国家的国家元首、政府首脑以及130多个国家和70多个国际组织的代表参会；今年4月的第二届高峰论坛，共有39位领导人以及150个国家、92个国际组织的代表参加；目前，已有160多个国家和国际组织与中方签署相关合作文件。这些数字充分展示了“一带一路”倡议的巨大吸引力。此外，国际社会对“一带一路”倡议促进基础设施互联互通、增进跨境贸易和投资、帮助沿线国家融入全球价值链、支持全球发展和减贫的作用高度肯定。例如，世界银行“一带一路经济学”的最新研究成果显示，如果各参与国家能够实施必要的制度改革和国际政策协调，共建“一带一路”将使沿线经济体的贸易增长2.8%—9.7%，实际收入增长1.2%—3.4%，并帮助760万人口摆脱极端贫困（日收入低于1.9美元）、3200万人口摆脱中度贫困（日收入低于3.2美元）。

同时，我们也注意到国际社会对“一带一路”建设也有这样那样的质疑声音：中国通过大量的投资使沿线国家对中国产生依赖；有的项目不重视经济效益，使参与经济体的债务负担继续加重，造成债务不可持续问题；有些项目可能搁浅，不能发挥应有作用，造成很大浪费；有些项目的建设标准和质量不高，会对环境和社会造成很大负面影响；有些项目采购不透明，造成严重腐败问题等。无论这些质疑是否客观、初衷如何，它们指向了一个共同问题，即“一带一路”倡议能否可持续发展？对此，第二届“一带一路”国际合作高峰论坛给出了明确答案，我们要高质量共建“一带一路”，倡导优质基础设施、互联互通、廉洁、包容和绿色“一带一路”。

习近平总书记在本届高峰论坛开幕式主旨演讲中明确指出，在共建“一带一路”过程中，要始终从发展的视角看问题，将可持续发展融入项目选择、实施、管理的方方面面。那么，“一带一路”倡议可持续发展究竟应该包括哪些方面？我想至少应包括四个方面：投资可持续、贸易可持续、环境可持续和社会可持续。而实现这些可持续，我认为应该遵循以下三个原则。

第一，透明度原则。这是增强公众和有关各方对“一带一路”项目投资决策信任和积极参与的基本条件，而且，项目规划、财政成本和预算、采购过程的透明度将同时提高单个基础设施项目投资和国家发展战略的成效。

第二，国内政策和制度改革配套原则。实现“一带一路”倡议潜在收益需要沿线参与经济体在贸易便利化、关税与非关税壁垒、外国直接投资限制和贸易协议方面进行配套改革，促进有关一体化、包容性、互联互通、私营部门发展的政策和制度融合对接，从而推动“一带一路”项目的可持续。特别是营造更有利于私营部门参与“一带一路”建设的营商环境，对于降低财政风险、确保“一带一路”建设的长期可持续性至关重要。

第三，国际协调合作原则。参与“一带一路”建设，实现互利共赢的可持续，需要各方通力协作，在有关促进贸易便利化、改善边境管理、规范和统一基础设施建设标准、建设完善法律制度和投资者保护等诸多方面相向而行、达成一致，管控潜在风险。相互信任和协调合作十分关键，这就离不开国际协调，离不开多边机构作为独立第三方所发挥的协调作用，特别是需要探索一种多边方式来应对可能出现债务困境、投资争端和采购等问题。强化“一带一路”跨国协调，可以借助现有的国际合作制度和框架，但更需要创新跨国协调的制度和机制。自“一带一路”倡议提出以来，各方围绕上述原则做了大量工作，取得了显著进展。

下面，我结合国合司业务，着重介绍一下国合司在部党组领导下，积极参与“一带一路”可持续发展的情况。

一是构建多元、稳定、可持续的投融资体系。主要包括：成功筹建亚投行、新开发银行，并推动有序运营和发展。目前亚投行已经批准 50 个项目、贷款承诺额达到 96 亿美元，新开发银行已经批准 41 个项目、贷款承诺额达到 116 亿美元，这些项目主要位于“一带一路”沿线。积极发挥股东国、捐款国作用，推动世行、亚行等多边开发银行积极参与“一带一路”建设，世行对“一带一路”沿线国家累计投资 800 亿美元，亚行每年在亚太地区投资超过 250 亿美元，并积极探索第三方市场合作。此外，中国财政部与 27 国财政部共同核准了《“一带一路”融资指导原则》，发布了《“一带一路”债务可持续性分析框架》，初步建立了主权债权国别风险统计预警系统。

二是打造合作与对话平台。与世行、亚行、亚投行分别在年会或春会期间举办“一带一路”研讨会，积极利用国际机构影响力推介“一带一路”理念和成果。会同世行、国开行连续举办五届对非投资论坛，推动中非在加强发展战略和规划对接、拓宽经贸投资合作、交流发展经验等方面取得多项务实合作成果。在“一带一路”峰会期间成功举办资金融通分论坛，推动“一带一路”倡议作为中英、中法、中意等经济财金对话重要议题。

三是促进贸易投资自由化便利化。作为归口管理亚行业务的窗口单位，我们积极引导大湄公河次区域（GMS）经济合作、中亚区域经济合作（CAREC）等次区域合作机制重要战略制订，推动其与“一带一路”倡议对接。目前，CAREC、GMS机制已分别投资345亿美元、229亿美元开展项目建设，有力配合“一带一路”倡议。财政部还采取了很多其他措施，包括：成立“一带一路”税收征管合作机制，拓展我国税收协定网络；进一步降低关税水平，推进与“一带一路”参与国家签署自贸协定；加强会计、审计等领域合作，发布《“一带一路”国家关于加强会计准则合作的倡议》，与日本、马来西亚等国加强跨境审计监管合作等。

四是推动项目高标准、高质量发展。与亚投行、亚行、世行等9家多边开发银行共同设立多边开发融资合作中心，初步计划筹资2亿美元，支持重点项目开展可行性研究、帮助降低项目前期风险，建立项目信息库、提高“一带一路”透明度，完善项目环境和安保指标体系，支持机构能力建设等。此外，中方分别出资5000万美元、400万美元在亚投行、新开发银行设立项目准备基金，帮助低收入国家做好项目准备工作。协调亚行等为中国金融机构和企业国际化经营提供培训和研究支持，帮助企业熟悉国际投资规则和东道国法律、风俗要求，助力中国企业在“一带一路”建设中行稳致远。

五是推进能力建设。中方分别捐资5000万美元、9000万美元和1000万美元在世行、亚行、农发基金设立相关专项基金，支持技术援助、知识交流、南南合作等领域，重点支持“一带一路”沿线国家提升项目建设和发展能力，带动中国经验走出去。据统计，目前三项中国基金目前已分别批准29个、109个和15个项目。牵头成功筹建中亚学院，引导推动中亚学院发挥积极作用。目前中亚学院已举办45项培训，参加人数超过1000人次，并开展了18项研究，助推中亚区域参与“一带一路”建设。设立“一带一路”财经发展研究中心。协调推动中亚学院与亚行、英国特许公认会计师公会等机构联合启动“中国—中亚会计精英交流项目”。习近平总书记指出，共建“一带一路”是一项长期工程，是合作伙伴们共同的事业。实现“一带一路”可持续发展，需要我们不断研究解决新问题新挑战。比如，如何有效动员私人部门参与“一带一路”基础设施项目建设，如何继续提高透明度、弥补数据缺口，如何完善公共采购制度、预防腐败发生，如何开展“一带一路”项目绩效评价、提高资金使用效益等。财政部国合司将遵照党中央、国务院决策部署，在部党组领导下，积极发挥职能作用，充分利用世行、亚投行、亚行等多边开发金融机构的资源，创新合作思维，为推动“一带一路”可持续发展作出新的贡献。

掀起你的盖头来：从财政扩张的必要到MMT理论的滥觞

◇ 平安证券　钟正生

我今天想跟大家交流的题目比较噱头，“掀起你的盖头来”，副标题是“从财政扩张的必要到现代货币理论的滥觞”，讲的是关于财政扩张边界的问题。最近两年不管在学界还是政策界，现代货币理论中有关财政边界在什么地方的问题都引起了比较热烈的讨论，也存在很大的争议。现代货币理论，克鲁格曼直接把它宣称为“巫术经济学”，但如果按照“巫术经济学”执行下去的话，会给一国的财政带来很多困扰和问题，我今天简单回顾一下。

一、全球经济下行，货币政策“无奈”

先说一个问题，为什么说财政扩张，财政这条腿为什么会有这么大的关注呢？大的背景是全球经济下行（见图1），货币政策无奈。

可以简单看一下，受贸易争端、风险事件频发的影响，全球贸易增速与制造业PMI均出现明显下降（见图2）。全球经济走弱的趋势正从制造业传导到服务业。9月美国服务业PMI从56.4下滑到52.6，欧洲服务业PMI从53.5下滑到51.6，这意味着主要国家的内需开始出现下滑。不知道大家有没有关注到，我们以前学国际贸易理论的时候，

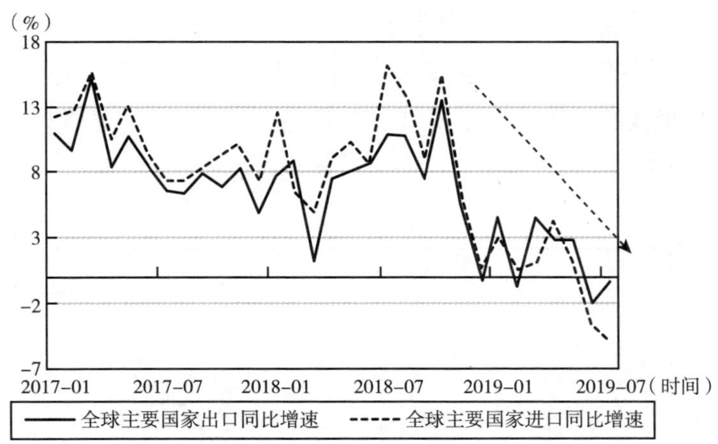

图1　全球贸易增速变化趋势

总是说“贸易是经济增长的引擎”，全球贸易的增速超过全球经济的增速。然而最近两三年，全球贸易的增速基本上开始系统低于全球经济的增速，所以我们现在说，贸易是经济增长的拖累。这跟我们很多国际贸易教科书里面的话就不太相同，新的现实应该引起我们新的思考。

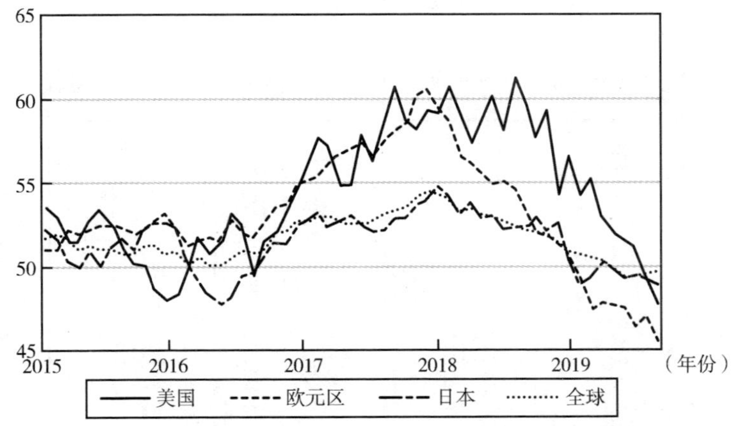

图2　制造业PMI变化

全球经济下行背景下，主要央行货币政策空间不足。我们看降息这一方面，美联储目前的基准利率是1.75%—2%，降息空间仅有

175BP，欧央行的隔夜存款利率为 -0.5%，日本央行政策目标利率是 -0.1%，进一步降低负利率将对银行业的信誉造成很大不利影响（见图 3）。如果实行分期利率，政策效果又会大打折扣，主要央行的降息空间非常有限。

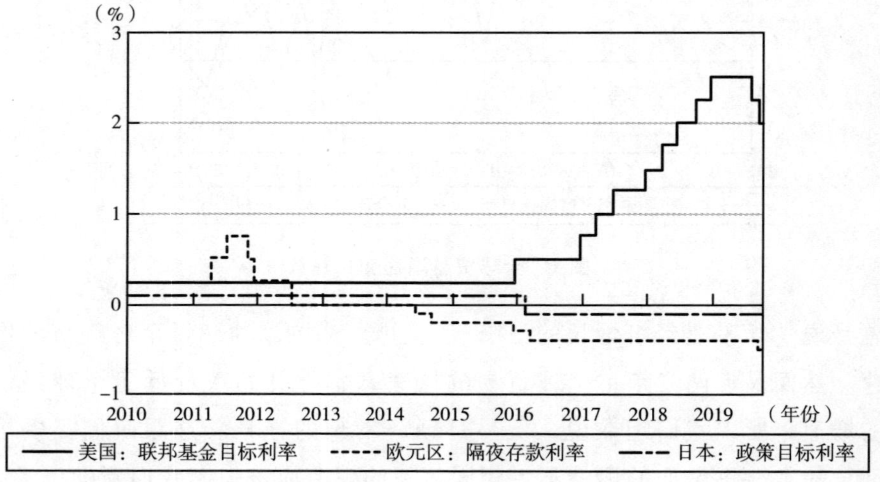

图 3

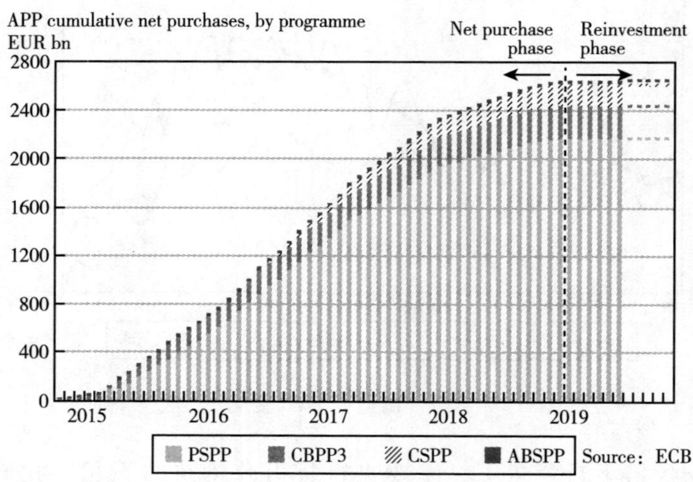

图 4

另一个可供选择的空间是QE（资产购买）。全球主要央行中，日本央行一直进行资产购买；欧央行将从11月1日起重启QE（资产购买），每月净购买200亿欧元资产，这一方面在欧洲央行有强烈的反弹；美联储在未来重启强化宽松的可能性也不低。但是，全球央行重启QE（资产购买）存在一定约束，日本央行的购债已经接近上限，欧洲央行在9月议息会议上允许购买收益率低于存款便利利率的私人部门债券，尽管购债的范围进一步拓宽，但最大的问题是，欧央行购买的债券必须由欧元区实体发行，且单个主体国家的购债上限为33%。现在欧洲货币政策的问题越来越政治化，如果不进一步放开购买一个国家的主权债的上限，欧央行货币政策将没有操作空间。

但如果要放开的话，将会出现很大的问题，购买又会倾向于南方国家，像我们说的欧洲财政状况很差、经济状况很差的国家，一定会把货币问题政治化，这是资产购买上量化宽松遇到的问题。当然对量化宽松还有一个准则，原先的量化宽松因为各个国家实际利率、债权利率的抬高，央行直接买债，把证券利率，尤其是长期利率拉下来。可是现在很多国家的长期利率，像德央行、欧央行和日本的央行，主权利率基本上都是负的，已经是负的利率，还能负到什么位置呢？量化宽松的边界似乎开始出现。还有其他的一些非常规操作，比如说欧央行TLTROD操作，欧央行在9月议息会议上下调了第三轮TLTRO的利率10BP，同时操作期限从2年延长至3年，这叫作长期定向再融资操作。其实，中国央行玩得也非常顺畅，商业银行想推进的领域、企业都放款，央行给商业银行更多或者更大规模的、更低利率的再贷款，相当于是一种置换或者一种买断。

实际上，我们从欧洲的情况来看，大家为什么对财政政策更加情有独钟呢？大家慢慢认识到，所有的货币政策，只要他想发挥定向功能，最终都会失败，说好一点就是好坏参半，货币政策解决不了结构问题。主要央行货币政策空间都不足，更重要的是宽松货币对经济刺激作用在降低。原因主要体现在以下几个方面。第一，理论上，所谓的凯恩斯流动性陷阱，当名义利率降到非常低的时候，增加的货币供应量将完全被投机性货币需要吸收，货币政策在这种情况下是无效的。第二，宽松货币政策对银行盈利是有正面影响的，有力缓解了银行体系风险，但是从银行业到实体经济的传导渠道并不通畅。即使改善了商业银行的经营，也只是银行加大对实体经济支持的必要条件，远非充分条件。第三，以欧央行在2014年开启了TLTRO的操作为例，当时欧央行为商业银行发放了为期4年的低息贷款，鼓励商业银行向实体经济企业提供除房贷以外的资金。欧央行的操作确实降低了一些国家银行贷款利率，但是并没有刺激贷款出现明显的上涨，尤其是在欧洲经济脆弱的国家。

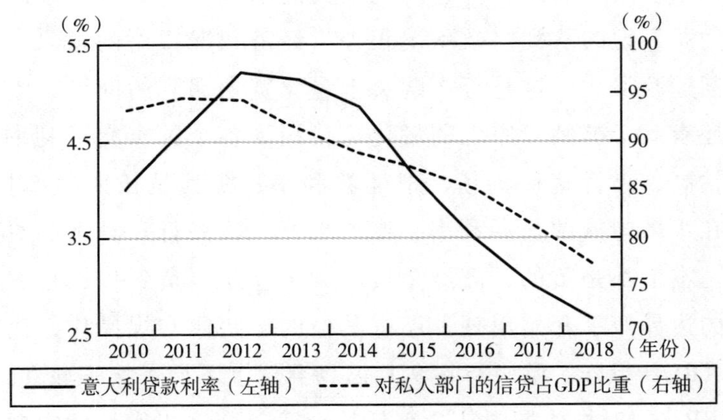

图5

银行从央行借到非常便宜的再贷款，那银行拿这些再贷款都干什么了呢？第一，去了收益率更高的地产；第二，因为可以从央行拿到更低成本的资金，这些商业银行都干了一件事——借新还旧，以更低的利率从中央银行借款，还到期的金融债。所以全球商业银行做的都一样，这个事可以理解，完全是商业的逻辑。但从中央银行角度来讲有很大问题，宽松货币对经济刺激作用是一直在降低的。

二、货币政策纠结，财政政策“接棒”

如果货币政策不是这么没用，大家也不会把这么多关注放到财政政策上。从经济层面看，全球经济下行风险增加，从政策层面看，主要央行货币政策空间不足，货币政策对经济刺激作用也在降低，财政政策当仁不让需要成为拉动经济的发力点。

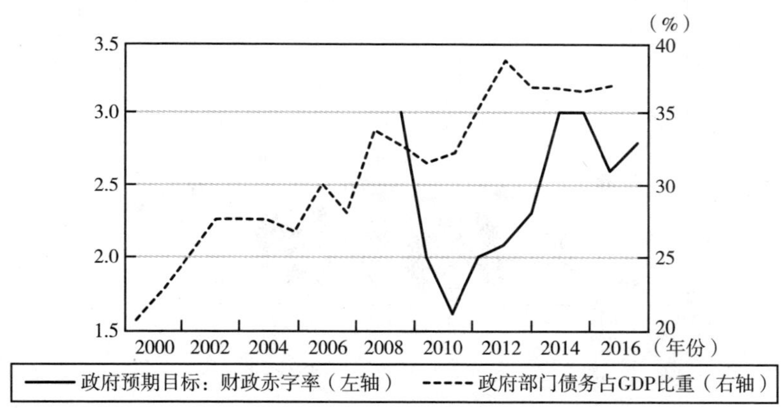

图6

围绕这个问题，预算赤字率与债务红线并不是不可逾越。在国内，在我理解，我们政府对两个指标非常看重，第一个是预算执行率，第二个是宏观杠杆率。在现在很多宏观调控目标里面，杠杆率和赤字率是两个非常重要的目标，甚至在某种程度上关乎大国形象，关乎着大国的财政形象，关乎着财政纪律的形象。

首先回顾一下3%的红线怎么来的？首先我们看执行的情况，赤字与债务的红线并未被严格遵守，3%和60%通常认为是赤字率和债务率的红线。但红线之外的国家远不在少数，IMF数据显示，2017年赤字率超过3%的国家占比接近40%，112个国家里面有44个国家超标，债务率超过60%的国家占比33%，112个国家里有37个国家超标（见图7）。日本的债务率持续在红线以上，甚至超过235%。当年希腊为了加入欧元区，高盛帮他们会计做假，一年前做不了，一年后就非常光鲜地过去了，标准本身以及怎么达到标准都有很多争议。政府债务红线标准来自于1991年欧盟前身订立的《马斯特赫特条约》（以下简称《马约》），其中将赤字率红线3%、债务率红线60%作为政府债务风险可控的指标，但是这个红线标准存在很多问题。

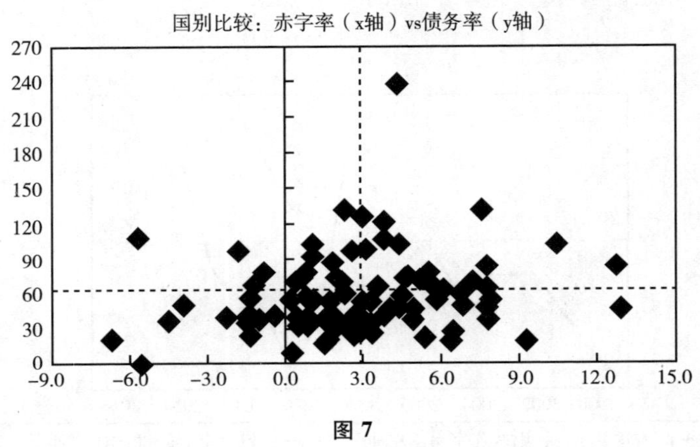

图 7

第一个问题，3%的标准、60%的标准究竟怎么来的，并没有科学的论证，回头看基本上是根据当时欧盟成员国的债务情况取个平均数。当时，欧盟并没有给出红线标准的测算依据，参考值也没有在《马约》正文中出现，只是在其附录协议中提及。因此，学界比较流行的说法是，这些参考值源自当时欧盟各国的一个平均数。1991年，欧盟有12个成员国，其赤字率平均为2.9%，其债务率平均为61.8%，分别与3%和60%的红线接近。直观来看，这样的红线标准没有经过动态的调整，那这个标准是不是也能与时俱进呢？

第二个问题，两个指标红线的设定隐含了名义经济增速的假设，但经济增长增速是会动态调整的。理论上有一个隐含的计算公式，假定一国债务风险可控，债务率不会无限攀升，即计入当期赤字后的新债务率不会高于原债务率，那么需要赤字率低于债务率与名义经济增长率的乘积。我们把这些数值代入公式就会发现，3%的赤字率与60%的债务率对应5%的名义经济增长率（见表1）。也就是说，《马约》当时做出的赤字与债务红线的安排是基于5%的名义经济增长的假设，这与20世纪90年代的欧盟12国的名义经济增速接近，但后续很多国家名义经济增速远高于这个值或远低于这个值，这又是一个没有与时俱进的情况。

表1

右下为赤字率		债务率				
		20%	40%	60%	80%	100%
名义GDP增速	1%	0.2%	0.4%	0.6%	0.8%	1.0%
	2%	0.4%	0.8%	1.2%	1.6%	2.0%
	3%	0.6%	1.2%	1.8%	2.4%	3.0%
	4%	0.8%	1.6%	2.4%	3.2%	4.0%
	5%	1.0%	2.0%	3.0%	4.0%	5.0%
	6%	1.2%	2.4%	3.6%	4.8%	6.0%
	7%	1.4%	2.8%	4.2%	5.6%	7.0%
	8%	1.6%	3.2%	4.8%	6.4%	8.0%
	9%	1.8%	3.6%	5.4%	7.2%	9.0%

第三个问题，宽财政所带来的名义经济增速扩张，可能对冲掉赤字增加所带来的债务风险。中国有一句话，在发展中解决问题，如果有稳定强健的经济增长的话，赤字、债务都不是太大的问题。一国赤字率、债务率、名义增速与利率之差，三者之间具有动态平衡关系，即假设一定的赤字率、名义增速与利率之差，存在一个债务率的稳态水平。而名义增速与利率之差，相当于经济活动对债务水平的自然削减能力，即名义增速与利率之差越高，越能削减债务风险。

举一个例子，假设我们现在的名义利率是5%，中国的名义增长是

10%，照这个速度去发展的话，债务会慢慢削减掉，可以把一个国家当作一个企业，如果它的投资回报超过融资成本，那么是有一定利润的，它就可以偿债，甚至可以再投资，这是很简单的经济常识。这意味着什么呢？如果适度增加赤字有助于加快经济增长、经济传导顺畅、把国家看作一个公司的话，名义增速与利率之差的扩张、利润的扩张会逐渐对冲到赤字所带来的财务风险。打一个更简单的比方，如果公司非常赚钱，加一点杠杆、借一点钱是没问题的。也就是说，一国债务风险的程度不应该以绝对的赤字利率来衡量，预算赤字率3%的红线并非不可逾越。讲到中国，在座的很多都是财政领域的专家，两个月之前，铺天盖地的说财政应该更扩张，我们预算赤字率为什么就在2.8%，为什么不能到3%，甚至很多人说3%不够，从绝对规模来看预算赤字也没增加多少，至少可以到3.4%、3.5%。其实3%的预算赤字率红线也会影响当前财政政策基调。比如以中国为例，可行的财政政策包括以下几点。

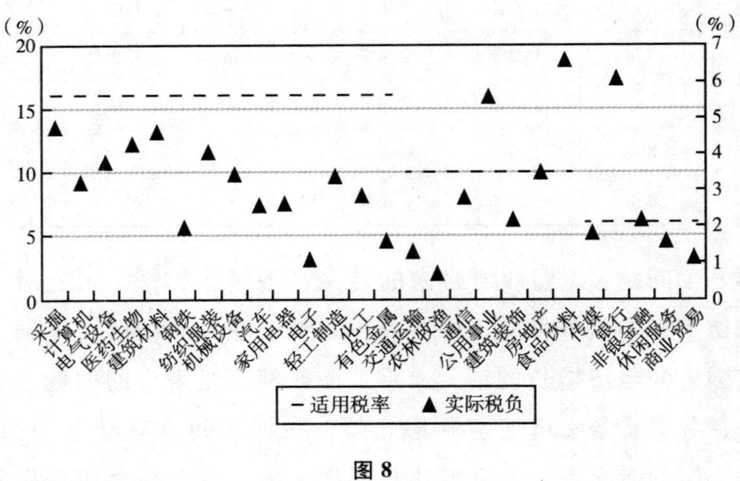

图 8

第一，减税力度继续上升。美国减税的经济影响还不确定，但中国今年两万亿元的减税力度其实是超出预期的，大家关注后续是否仍有进一步减税的空间。我们在资本市场上讨论的时候，大家看到的数据尽管有点粗糙，但是很能说明问题。只有当税收的增长开始低于经济的增长，大家才能感受到是实实在在地在减税。理解起来很简单，如果税收的增长一直超过经济增长，怎么能说是大规模的减税呢？

具体包括增值税三档变两档、个税改革、出口退税等政策，在未来还有进一步减税的空间。现在，中国慢慢转向消费引领的国家，那么消费上有没有空间呢？其实对很多人来说，大力度地减税肯定愿意多花钱，减税的力度可以进一步上升，甚至说减税永远在路上。

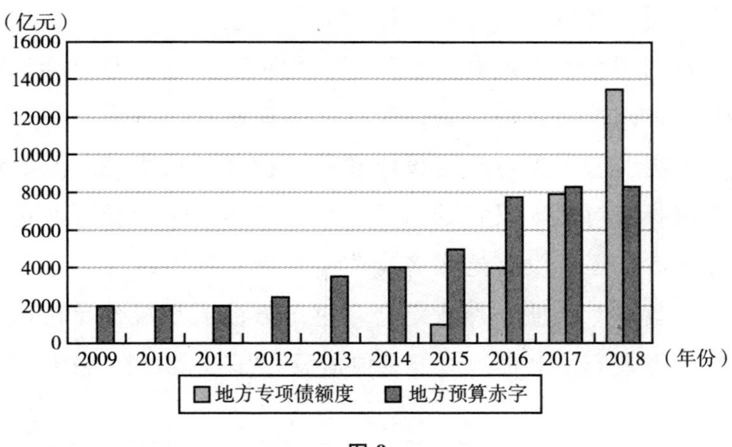

图 9

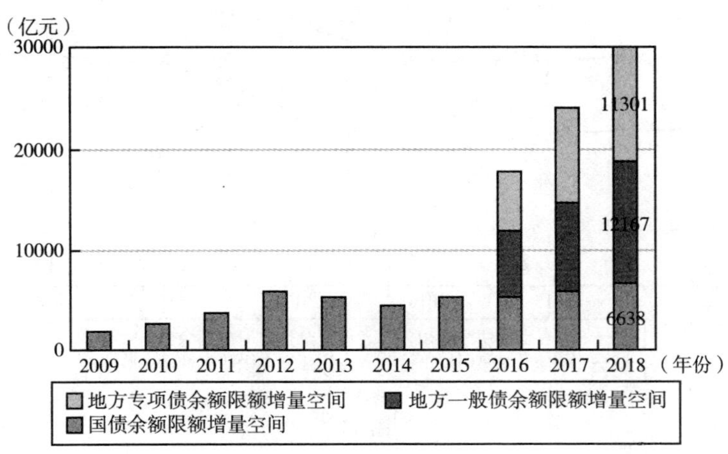

图 10

第二，地方政府专项债扩容。专项债的好处是不纳入预算赤字，且资金专款专用，大多数用于项目建设。目前，仍有超过万亿元的地方专项债限额额度可供使用，问题是，在不同地区之间财政资金的调配很难，现在有专项债限额余额的都是经济发达地区，基本上用光的是经济不太发达地区，相互之间的调剂很有问题。关于地方专项债有很多新规，今年的额度没有进一步扩容，地方专项债作为资本金的比例，适用范围有所扩大。我告诉大家一个简单的数据，所谓地方专项债，一定是对应着地方债务的积极性收入，它的本意是什么呢？有一些不纯公益的项目，应该有一些带收益的项目。这有两个问题：第一个问题，如果是带收益的项目，为什么不让私人投资呢？为什么政府要参与进来呢？怎么界定政府投资和私人投资的边界呢？怎么最大程度避免政府投资对私人投资的挤兑效应呢？第二个问题，经过这么多年的基建之后，还有没有这么多有收益的项目呢？按照现在推算，明年年底地方政府专项债余额肯定会超过地方政府积极性年度收入，肯定有部分地方政府所上报的地方专项债没有那么多有收益的项目覆盖，

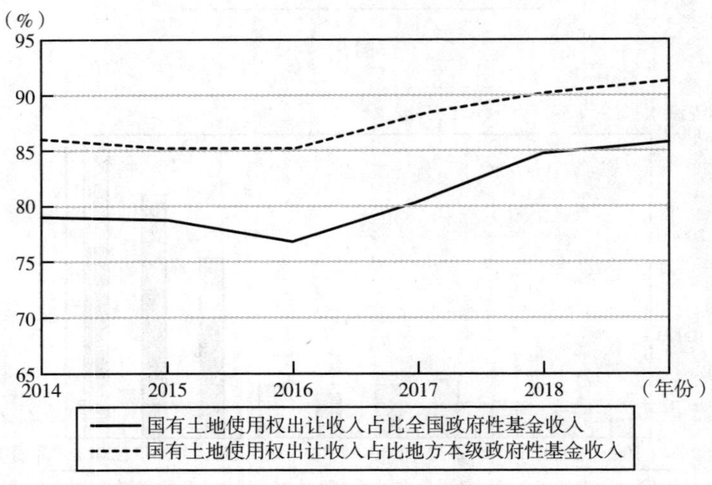

图 11

肯定有水分。对于这一方面，大家开始担忧，刚刚把存量隐形债务有效平滑掉，新增显性的债务会不会有一点失控呢？

第三，基建资金端约束是否可以适当放开。公共财政预算中的政府性基金预算今年跟去年相比都没有太大差异。2017 年，基建全年增速超过 14%，2018 年基建投资不到 5%，2019 年到现在比去年更低。我们的公共预算其实不差，主要差在影子银行非标准这一部分。把所有的“偏门”堵上了，但正门开得不够大，基建投资一直弹性不足。考虑到金融体系调整实际情况，是否也应该给资管新规也开一些口子，但目前没看到资管新规基调松动的现象，也没有看到非标融资有太多的扩张。所以今年投资就处于这样的状况。

简单来说，大家都讨论中国财政政策应该更加扩张，我记得央行行长说过，我们要珍惜正常的货币政策空间。我认为，我们也要珍惜正常的财政政策空间，不要见到国外开始讨论现代货币理论，就觉得可以马上进入现代货币理论，财政可以义无反顾往前冲了。一个季度之前，所有观点都认为基建投资之所以没起来是因为地方政府没钱，现在认知慢慢有变化了，认为基建没起来不仅仅在于地方政府没钱，即便地方政府有钱了，未必有那么多符合规定的项目，一定会存在部分钱找项目的情况。德国是欧洲少数几个有财政盈余国家，这种情况之下德国政府应该更多花钱。现实是德国私人投资很差，德国基础设施建设很旧，那为什么德国政府不花钱呢？德国政府的看法是，因为过去 20 年都坚持预算平衡，所以德国成为欧洲经济的领头羊。关于财政要不要扩张、扩张到什么程度，在德国争议非常热烈，现在，在中国争议也非常热烈。

三、财政政策需发力，“过犹不及”当牢记

现代货币理论（MMT）是近期经济学领域热议的一个话题，也是美国大选民主党左翼大规模财政支出政策的理论基础。现代货币理论

的核心观点主要包括以下几个方面。第一，货币是一种政府债务凭证，不与任何商品挂钩，只用于政府的发债和税收。政府之所以征税，不是为政府支出融资，就是为了驱动货币发行和流通。第二，财政赤字可以货币化，央行可以直接从财政部购买国债，从而发行基础货币，不存在独立中央银行，央行就是财政部一个出纳。第三，由于国家垄断了发行货币的权利，因此政府不会面临名义预算的约束，政府的发债和赤字没有限制。

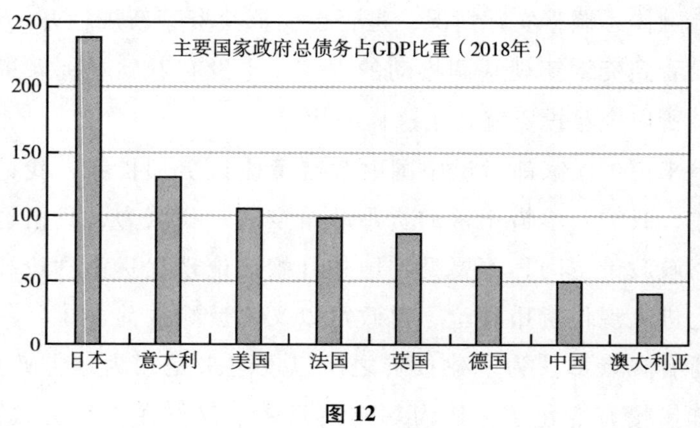

图 12

现代货币理论的标杆是什么呢？日本！日本政府债务占 GDP 的比重接近 240%，日本政府 2019 年预算超过 100 万亿日元，且推出了 2 万亿日元的财政刺激计划，日本央行持有政府债务达到了 GDP 的 90%。现代货币理论的支持者认为，日本政府能够在不引发通胀的情况下提振财政支出，因为日本央行在实行大规模刺激计划的同时，将政府的借款成本维持在超低水平（拜日本央行的收益率控制策略所赐），这样持续的发债就是可行的。日本是很好的标杆，财政扩张能不能无限扩张下去，财政发力也需要过犹不及。财政扩张可能面临以下约束。

第一，通胀约束。财政扩张会刺激总需求，若总需求超过经济的供给能力，就会带来通胀。现代货币理论假定，在非充分就业的情况下政府扩张不会带来通胀。但自然失业率处在什么水平上本身就存在争议，很难界定一个充分就业的界限，因此政策扩张往往会带来通胀压力。中国有一句老话，通胀是笼中虎，现在笼中虎不知道什么时候跑出来。全球政策界、学术界都在解决这个问题，大家不知道笼子里面的老虎是不是发生基因变异了，是不是新常态的开始。所以通胀永远是一个约束，不知道什么时候蹦出来。

第二，效率约束。财政扩张的主要手段包括增加支出和减税。增加支出方面，一是财政支出增加会对私人部门投资形成挤压；二是在一些基础设施已经比较完善的国家，大规模的铺开基建会导致资源浪费；三是如果大规模基建超出人口增长，可能导致大量“鬼城”出现。减税方面，一是减税并不能无限制的减下去，存在一个界限；二是减税对经济的影响存在漏损，乘数效应没有直接增加支出，且减税对经济的影响存在边际递减，也会造成效率损失。

第三，汇率贬值。如果大量政府财政扩张，央行买单，印了太多货币，汇率贬值不可避免，汇率贬值下一步就有可能导致资本外逃，如果资本外逃，所做的一切都大打折扣。

第四，风险约束。政府杠杆率继续攀升，加速了宏观金融的脆弱性。总结一下，一是因为全球经济放缓，货币政策失效，所以大家全把眼光寄托在财政政策上。二是传统关于财政纪律很多说法大家认为有点僵化，有点教条，应该突破。三是一旦突破，就很容易有极端想法出来，本来财政部应该没有任何约束，我相信任何事情，如果之前太教条加限制，不及犹过，如果不加限制就过犹不及，怎么样避免不及犹过到过犹不及，只能给大家一个思考方向，尽管现在货币理论有人说是巫术经济学，但仍有部分真理存在。国内对财政政策扩张、财政政策发力有很多期望，中国有一句话，物极必反，在我们没有达到极的过程中，我们可以为未来的风险和自身的问题做很好的收尾和处置。

全球化与政府规模

◇ 对外经济贸易大学 毛 捷

一、研究动机

首先，为什么会研究这个问题呢？图 1 展示了 1850—1913 年和 1950—2010 年英国经济开放程度与政府规模的关系，图中实线表示经济开放程度或者全球化程度，用贸易额（进口额加上出口额）和 GDP 的比值表示；虚线代表政府规模，用中央政府财政支出与 GDP 的比值表示。

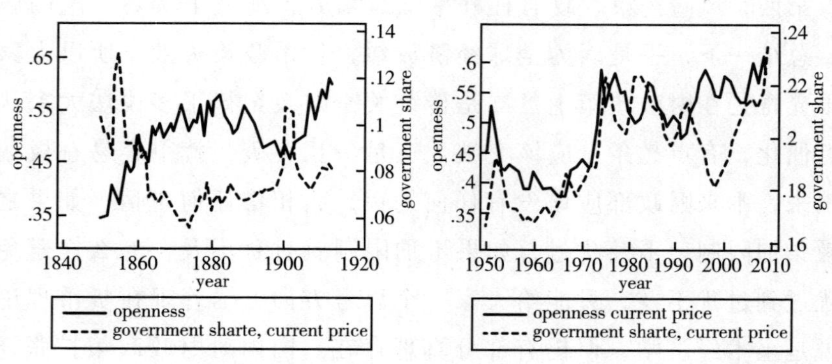

图 1 英国的经济开放与政府规模（1850—1913 年和 1950—2010 年）

英国是比较早期进入到工业革命，也是比较早期进入到全球化进程中的国家。1850—1913 年，也就是第一次世界大战之前，我们从图中能得到规律：英国经济开放程度或者参与全球化程度和政府的规模或者说公共部门的规模成负相关关系，随着全球化进程的提高，政府的规模会变小。考虑到战争时间段的特殊性，把战争时间去掉，第二次世界大战以后，1950—2010 年全球化与政府规模的关系变得比较复杂。1950—1980 年，经济开放或者全球化程度和政府规模呈正相关关系，但是 1985 年之后，又出现了一战以前的反向关系。

图 1 说明一个现象：当我们讨论全球化和大国治理或者大国财政问题的时候，一旦将时间轴拉长以后，里面规律经常在变动。为什么会变动呢？这可能是我们要思考的问题。全球化是非常漫长的过程中，从 15 世纪 90 年代西方对新大陆的探索，到贸易全球化，再到金融全球化、技术全球化，全球化不是短暂的过程而是漫长的过程，全球化或者经济开放会对政府规模产生何种影响，绝非最近几十年才出现的新问题，而是一个延续了数百年的长期问题，因此，要想清楚分析这个问题，我们需要有一个相对比较长的视角，不能只看最近 20 年、30 年，从经济史视角下进行分析能凸显研究价值，此外，特定的历史情境，能帮助我们准确识别经济开放或者全球化对政府规模的不同影响机制。

其次，在全球化过程中，政府规模受经济开放影响的机制是什么呢？为什么关心政府规模呢？不论政府的职能是提供公共服务，或者是维持市场秩序，或者是有更高级的更新的职能，最终政府始终要做事，政府做事就得花钱，既然花钱就一定体现在公共部门功能上，例如备受关注的教育问题，也是由于政府部门扩张过快，公共部门支出刚性增长速度远远超过了经济增长能够承担的范围，所以才会出现债务危机。因此，政府公共部门及政府规模是财政非常重要的核心点。

二、文献评述

已有的研究基本上截至 1960 年之后，很少有人会去探讨第二次工业革命以来的情况，这个时候出现了什么问题？1960—1980年，全球化程度与政府规模呈正相关，即随着全球化的提升，国家政府规模会扩大，然而，1985—2010年得出了相反结论，随着全球化进程的不断提高，政府规模应该减小，应该把更多的职能让市场去承担。因此，选择的数据时间段不一样，会导致得出的结论不一样，这会干扰我们对全球化与政府规模之间关系的判断，那么到底全球化进程中大国的财政应该发挥什么样的作用，政府的职能是越来越多好，还是越来越少好，这会给我们带来很多困扰。

我们研究使用1850—2009年的数据，把总是在波动的规律试图用经济学原理归纳出来，并进行解释验证。全球化或者经济开放如何影响政府规模，学术界主要有两种解释。第一类观点叫作效率效应。一方面，随着全球化进程不断地加深，尤其是各个国家的国内市场开放后，国际市场的形成，政府承担的很多职能可以通过国际市场完成，比如说招商引资和国际贸易，主要是政府提供平台，由很多国际市场协会组织完成，这会导致政府职能收缩；另一方面，随着全球化进程提高，关税水平或者关税的占比会下降，这也会影响到政府财力。因此，这个理论认为随着全球化进程的提高，政府的规模尤其是大国政府的规模应该变小。

第二类观点叫作补偿效应。该观点强调全球化对公共服务需求的影响，随着全球化进程的提高，尤其是大国在全球化过程中发挥的职能越来越重要，它不仅要提供传统意义上的公共服务，可能还要提供跨境公共服务。我在学校上的一门课叫作“国际财政学”，这里面涉及很多全球公共品，国际发展援助、财政协同、国际税收等专题的课程，通过这门课程，我也开始关注到这些问题。大国在全球化过程中要发挥超出一般小国所承担的职能，包括像社会安全网、国内的社保等，这些是必须要建立的，否则没有办法对冲全球化对本国和个人带来的不确定性。这个解释刚好跟前面相反，随着全球化进程中大国的职能越来越大，政府的规模也越来越扩张。

“效率效应”与“补偿效应”在作用方向上相反，现实中可能相互抵消，这给我们带来很大困扰，到底哪一个效应占优呢？已有研究使用不同国家的数据和不同估计方法，得出的结果也不相同，学术界仍无法就经济开放如何影响政府规模达成共识。

三、理论模型

$$\max_{x_1,x_2,G,\tau,p} u[(1-E)x_1,x_2]+\beta\times\phi(open)\times v(G)$$

$$s.t.\quad p\times(1+\alpha\bar{t})\times(1-E)x_1+\bar{p}_2\times(1+\alpha\tau)\times x_2\leqslant gdp$$

$$G\leqslant\alpha\times[p\bar{t}(1-E)x_1+\bar{p}_2\tau x_2]+(\bar{p}_1Ex_1-\bar{p}_2x_2)$$

$$p(1-E)+\bar{p}_1E=c$$

首先，我们建立了简单的开放经济的模型，里面有代表性消费者，消费品可以来自于国内生产商品，也可以来自于进口的商品，还有政府提供的公共品等。在这个模型中，要实现社会福利最大化，约束条件包括消费者的预算约束、政府的预算约束和厂商利润最大化。所有的条件一阶求解，我们最后得出的结论如下：

$$G^*/gdp=\alpha\tau^*\times open^*-\alpha\tau^*\times\bar{p}_1Ex_1^*/gdp+\beta\times\phi(open^*)\times g(X)+f(\Omega,x_1^*)$$

$$\partial\left(\frac{G^*}{gdp}\right)/\partial open^*=\alpha\tau^*\times\frac{1}{e}\times(-S)+\beta\times\phi'(open^*)\times g(X)+f'(\Omega)$$

其中，G 表示政府支出，τ 表示关税税率，e 表示贸易关税弹性，α 表示实际征收率，β 表示政府给予公共服务效用的权重，open 表示经济开放度，政府规模用政府支出 G 与 GDP 的比值表示，最优的政府规模受全球化影响的关系受这么一个复杂公式影响。第一个是取决于公式中前面带负号的数，也就是文献里所说的效率效应，它会随着关税税率变化而变化。第二个是取决于我们提出来新的思考，即 β 表示的政府的职能。在以前世界主要的大国，虽然已经参与了全球化协议，但是大部分的大国政府多在经济中扮演守夜人的角色，较少干预经济发展和社会生活，政府开支较少所以 β 很小。第二次世界大战以后，特别是两次大战对大国全球化进程中政府职能的改变有很大启发，包括要促进科技的发展、促进教育的发展、促进社会保障事业的发展，所以 β 不停地变大。在第一次世界大战以前政府的职能主要是守夜人，在第二次世界大战后，1950—1960 年，很多国家包括欧美，政府在经济中曾经扮演过保育人的角色，生怕企业和消费者婴儿一样，会死在怀里，包括美国总统乔森提出了伟大的社会，要大力提高美国的社会制度。β 变大之后，补偿效应会增强。

这两种效应同时存在，哪种效应占优主要是取决于：一是国际贸易网络的变化，关税的变化；二是取决于政府职能的变化，从守夜人到保育员，到日本东亚模式，再到 20 世纪 80 年代以后，欧洲、北美兴起了经理人制度，政府把大量的社保职责交给市场去完成。想要真正理解清楚对全球化对政府规模的影响，恐怕这两个效应，贸易和政府职能，国际经济学和财政学的知识，咱们都得关注。

四、历史与假说

在理论思考的基础上，我们结合史实，根据经济史常用方法，通过把某个历史阶段主要的历史情境引进来，把理论引入历史情境中，使得理论关系有历史纵深。第一阶段，1850—1913 年。在这段时间里，一方面，大部分国家、欧洲国家特别是参加《科布登条约》的国家，政府扮演的是守夜人的角色，从这个数据来看，只有 7. 48% 的国家建立了养老保险，可以看出那个时候政府的职能是非常弱的；另一方面，这一时期的贸易网络比较单一，有很多国家是殖民地，没有很多的选择权，关税税率比较高，关税占比也很高，可以达到一个国家财政收入的将近 40% 。所以这两个方面的条件加起来导致了在这个历史情境里面，我们可以得出一个结论是“效率效应”会比较强，关税的作用会比较强，政府职能比较弱。

在第一个阶段，我们提出假说 1：经济开放对政府规模的影响应该是负相关。这跟前面看到英国的图形是一样的。

第二个阶段，1950—2009 年。这两方面发生了变化，一方面政府职能从守夜人变成保育员，有养老保险的国家从 7% 左右增长至 66.29%，正是由于 β 的迅速上升；另一方面，第二次世界大战以后，大量的国家从原来殖民地、半殖民地变成了独立国家，整个国际贸易的网络自主权、选择权变得越来越丰富，整个关税壁垒在下降，关税在财政收入中的占比也在不停地下降。所以这个阶段，我们能看到经济开放对政府规模的影响是正相关的，包括我们国家也是处于这个阶段。

我们提出假说 2：第二次世界大战后，经济开放对政府规模的影响是正向的，即开放度上升促使政府规模扩张。很多人认为分析政府规模不能只看宏观指标，还得看整个全球化过程中，各级政府承担的职能有没有发生变化？这些结合起来考虑，才能比较准确理解政府规模扩大的含义。这个故事讲到这里还没有讲完，因为还有第三个阶段。第三个阶段，20 世纪 80 年代中期以后，有一些市场经济比较发达的 OECD 国家（主要是北欧国家、智利、英国和美国等），它们受经济滞胀影响，政府承担大量的职能以后，带来债务的大量增加。于是，它们开始把政府一些职能释放给市场，让市场一起来做这些事，这会弱化政府的 β 系数，又会弱化全球化对政府规模的正向影响。这里我们要提出假说 3：20 世纪 80 年代以来，在 OECD 国家，经济开放对政府规模的正向影响开始减弱，乃至转为负向影响。

五、实证检验

模型建立及数据来源基准回归模型：

$$govsize_{it} = \beta_0 + \beta_1 \times open_{it} + \gamma \cdot X_{it} + \eta_t + \xi_i + \varepsilon_{it}$$

稳健性检验模型：

$$govsize_{it} = \beta_0 + \beta_1 \times open_{i,t-1} + \gamma \cdot X_{i,t-1} + \eta_t + \xi_i + u_{it}$$

$$govsize_{it} = \beta_0 + \sum_{p=1}^{n} \theta_p \times govsize_{i,t-p} + \sum_{q=0}^{m} \beta_{q+1} \times open_{i,t-q} + \gamma \cdot X_{it} + \eta_t + \xi_i + \sigma_{it}$$

采用经济学的分析方法，我们做了计量分析。第一阶段（1850—1913年）的数据来源于《帕尔格雷夫世界历史统计》，第二阶段（1950—2009年）的数据来源于宾夕法尼亚大学世界统计数据库。基准回归模型中，我们使用固定效应模型进行估计。为了控制反向因果对实证结果的干扰，我们采用两种方法进行稳健性检验，一种方法是用 $open_{i,t-1}$ 代替，同时控制变量也滞后一期；第二种方法是考虑政府规模和全球化的滞后项。实证分析结论与我们的假设是非常吻合的，（见表1—表6）。

表1　主要变量说明

左栏（1850—1913年）		右栏（1950—2009年）	
变量名	变量说明	变量名	变量说明
cgexp	政府规模：中央政府支出/GDP	gexp	政府规模：各级政府支出/GDP
		cgexp	政府规模：中央政府支出/GDP
open	经济开放度：(出口额+进口额)/GDP	openk	经济开放度：(出口额+进口额)/GDP
open1	经济开放度：(出口额+进口额)/(GDP-第三产业增加值)	openk1	经济开放度：(出口额+进口额)/(GDP-第三产业增加值)
lngdppc	实际人均GDP取对数（经价格指数调整后的不变价GDP）	lnrgdppc	实际人均GDP取对数（经PPP调整后的不变价GDP）
lnpop	总人口取对数	lnpop	总人口取对数
		system	是否是社会主义国家

表 2　　第一阶段：全球化对政府规模的影响（1850—1913 年）

	govexpend					
	(1) OLS	(2) FE - SCC	(3) OLS	(4) FE - SCC	(5) OLS	(6) FE - SCC
open	0.025 *** (4.31)	-0.151 *** (-3.24)	0.015 *** (3.03)	-0.131 *** (-3.23)	-0.005 (-1.22)	-0.124 *** (-3.25)
lngdppc			0.007 *** -3.75	-0.087 *** (-4.01)	0.005 *** (3.25)	-0.079 *** (-4.72)
lnpop					-0.013 *** (-6.31)	-0.023 (-0.96)
常数项	0.097 *** (38.07)	0.147 *** (9.53)	0.068 *** (3.52)	0.209 *** (7.98)	0.235 *** (10.80)	0.413 * (1.83)
年份哑变量	控制	控制	控制	控制	控制	控制
Hausman 检验值		1583.58 ***		797.57 ***		638.06 ***
R - sq	0.200	0.436	0.300	0.560	0.406	0.562
观察次数	415	415	308	308	308	308

表 3　　全球化对政府规模的影响的稳健性检验（1850—1913 年）

	cgexp						
	(1) FE - SCC	(2) FE - SCC	(3) FE - SCC	(4) System GMM	(5) System GMM	(6) FE - SCC	(7) FE - SCC
open				-0.051 * (-1.92)		-0.052 (-1.36)	
open1	-0.066 *** (-3.05)				-0.065 ** (-2.16)		-0.035 (-1.22)
lngdppc	-0.081 *** (-3.35)			0.0004 (0.47)	0.0003 (0.21)	-0.055 *** (-3.63)	-0.075 ** (-2.17)
lnpop	0.003 (0.11)			-0.0005 (-0.48)	-0.001 (-0.75)	-0.097 ** (-2.54)	-0.044 (-0.76)
lagopen		-0.133 *** (-3.67)		-0.072 *** (4.74)			
lagopen1			-0.068 *** (-3.20)		-0.002 *** (-3.01)		

续表

	cgexp						
	(1) FE - SCC	(2) FE - SCC	(3) FE - SCC	(4) System GMM	(5) System GMM	(6) FE - SCC	(7) FE - SCC
laglngdppc		-0.049* (-1.77)	-0.046 (-1.36)				
laglnpop		-0.028 (-0.90)	-0.009 (-0.24)				
L. cgexp				0.540*** (9.27)	0.513*** (7.53)		
L2. cgexp				0.364*** (6.36)	0.380*** (5.84)		
open × tarif						0.058** (2.14)	
open × safetynet						0.005 (0.74)	
open1 × tariff							0.034* (1.66)
open1 × safetynet							0.006 (0.79)
年份哑变量	控制	控制	控制	控制	控制	控制	控制
R - sq	0.577	0.525	0.546			0.495	0.505
Hausman 检验 p 值				0.672	0.677		
AR (1) 检验值				0.000	0.000		
AR (2) 检验值				0.200	0.148		
观察次数	249	300	246	291	226	204	159

表 4　　第二阶段：全球化对政府规模的影响（1950—2009 年）

	gexp						cgexp
	(1) OLS	(2) FE - SCC	(3) OLS	(4) FE - SCC	(5) OLS	(6) FE - SCC	(7) FE - SCC
openk	0.017 *** (8.45)	0.009 *** (2.89)	-0.018 *** (-9.86)	0.006 * (1.66)	-0.017 *** (-9.47)	0.006 * (1.65)	0.014 *** (3.72)
lnrgdppc			0.817 *** (11.84)	-1.158 *** (-4.08)	0.008 ** (11.83)	-0.010 *** (-3.63)	0.145 *** (30.38)
lnpop			-1.693 *** (-28.62)	-5.148 *** (-5.72)	-1.681 *** (-29.02)	-5.067 *** (-5.53)	0.871 (0.44)
system					2.477 *** (4.52)	-0.028 (-0.04)	1.260 *** (3.24)
常数项	8.866 *** (17.84)	10.830 *** (40.30)	30.300 *** (23.43)	95.490 *** (6.92)	37.799 *** (28.52)	104.621 *** (3.57)	-119.372 *** (-3.93)
年份哑变量	控制	控制	控制	控制	控制	控制	控制
Hausman 检验值		69.61 ***		130.64 ***		126.53 ***	171.58 ***
R - sq	0.070	0.083	0.204	0.104	0.207	0.104	0.506
观察次数	8725	8725	8725	8725	8725	8725	5519

表 5　　全球化对政府规模的影响的稳健性检验（1950—2009 年）

	gexp				cgexp			
	(1) FE - SCC	(2) FE - SCC	(3) System GMM	(4) FE - SCC	(5) FE - SCC	(6) FE - SCC	(7) System GMM	(8) FE - SCC
openk			0.027 *** (29.34)	0.010 ** (2.59)			0.013 *** (107.15)	0.006 (1.64)
openk1	0.008 * (1.89)				0.016 *** (3.14)			
lnrgdppc	0.001 (0.27)		0.004 *** (5.74)	-0.026 *** (-5.29)	0.089 *** (11.03)		0.006 *** (174.79)	0.145 *** (29.22)
lnpop	-4.515 ** (-2.64)		-0.464 *** (-12.94)	-6.006 *** (-4.37)	1.412 (1.55)		-0.310 *** (-80.15)	0.263 (0.13)
system	-0.265 (-0.22)		0.910 *** (3.94)	-1.843 *** (-2.92)	1.544 ** (2.26)		-1.318 *** (-9.19)	1.238 *** (3.11)

续表

	gexp				cgexp			
	(1) FE－SCC	(2) FE－SCC	(3) System GMM	(4) FE－SCC	(5) FE－SCC	(6) FE－SCC	(7) System GMM	(8) FE－SCC
lagopenk		0.005 (1.10)	－0.020*** (－39.34)			0.016*** (3.70)	0.001*** (3.08)	
laglnrgdppc		－0.697*** (－2.83)				0.139*** (33.45)		
laglnpop		－4.203*** (－5.78)				－0.098 (－0.05)		
lagsystem		－0.198 (－0.27)				1.940*** (3.27)		
L. gexp			0.627*** (45.87)					
L2. gexp			0.164*** (28.12)					
L. cgexp							0.941*** (110.00)	
L2. cgexp							0.024*** (35.10)	
openk × tariff				0.000 (0.22)				0.000*** (2.21)
openk × safetynet				0.010** (2.00)				0.014** (2.31)
年份哑变量	控制	控制	控制	控制	控制	控制	控制	控制
R－sq	0.048	0.094		0.144	0.482	0.467		0.505
Hausman 检验p值			1.000				1.000	
AR（1）检验值			0.090				0.009	
AR（2）检验值			0.640				0.350	
观察次数	5031	8535	8346	5554	2005	5341	5258	5377

表 6 **分时期分国家的回归结果**

	gexp					
	1950—2009 年		1950—1985 年		1986—2009 年	
	OECD	非 OECD	OECD	非 OECD	OECD	非 OECD
	(1) FE - SCC	(2) FE - SCC	(3) FE - SCC	(4) FE - SCC	(5) FE - SCC	(6) FE - SCC
openk	-0.016 ** (-2.50)	0.007 * (1.81)	0.084 *** (6.94)	0.014 ** (2.43)	-0.018 ** (-2.61)	0.014 ** (2.00)
lnrgdppc	-0.932 ** (-2.08)	-1.295 *** (-3.92)	-0.950 (-1.29)	-3.858 *** (-7.78)	-3.009 ** (-2.73)	-0.922 * (-1.69)
lnpop	-2.736 * (-1.95)	-4.538 *** (-3.47)	6.821 ** (2.71)	-4.192 *** (-3.51)	-0.976 (-0.51)	-12.525 ** (-2.21)
system	0.229 (0.41)	-0.552 (-0.60)	— —	-4.054 *** (-4.85)	0.568 (1.31)	2.887 ** (2.10)
常数项	63.248 *** (2.76)	85.533 *** (4.35)	-91.306 ** (-2.08)	98.925 *** (5.38)	67.857 ** (2.76)	214.998 ** (2.36)
年份哑变量	控制	控制	控制	控制	控制	控制
Hausman 检验值	18.96 **	67.09 ***	66.03 ***	77.30 ***	15.56 **	22.43 ***
R - sq	0.560	0.060	0.577	0.148	0.216	0.052
观察次数	1818	6791	1015	3245	803	3546

第一个阶段实证检验发现全球化对政府规模的影响的确是负向影响，跟上面说的英国的图非常吻合；第二个阶段该影响变成了正向影响，与前面看到的英国 1950—1980 年关系非常吻合；比较有趣的是第三阶段，第三阶段时间同样是第二次世界大战结束以后，发现 OECD 国家和非 OECD 该影响在 1985 年前后关系是不一样的，OECD 国家 1985 年以前是正向影响，1985 年之后变成负向影响，而非 OECD 国家一直是正向影响。这说明对于市场经济特别发达的国家，全球化对这些国家的公共部门财政的影响，其实是在发生变化，而不是一成不

变的。

这就是我想向各位专家介绍的主要一些内容，当然存在一些不足之处，首先没有考虑到李俊生老师所说的数字化和金融化，我们全球化主要考虑进出口贸易，与数字化和金融化密切相关；第二点在分析的视角上，有点太过抽象，有可能很多典型的事实没放进去。

逆全球化再现与可能的影响

◇ 商务部国际贸易经济合作研究院　周　密

一、逆全球化的指标显现

我们可以从目前的一些现象看出，逆全球化的一些指标已经开始有所显现。

（一）贸易增长速度

逆全球化的题目在2016年的时候是讨论的比较火热的，有很多相关研究都讨论逆全球化问题。当时讨论的基本依据是贸易增长速度和经济增长速度关系。按照WTO数据分析，贸易增长一般来讲是快于经济增长的，而在2016年第一次出现全球贸易增速低于经济增速。在这样的大背景下，人们认为贸易增长不是经济增长动力，反而是拖后腿的力量。在2018年的时候我们再一次观测到这样一个现象。事实上，如果单纯从贸易增长速度指标来讲，它又低于经济增长速度，是不是说明全球又开始了逆全球化的态势？我想不能够完全来说这个问题。

（二）WTO贸易指数

杭州G20峰会上第一次提出了WTO贸易指数，WTO采用了这个建议，WTO网站会公布对贸易增长的指数。WTO指数虽然不是完整的指数，但在一定层面有利于把握全球贸易发展态势，这个指数也是我们观测逆全球化现象的参考。

图 1 是 WTO 货物贸易指数变化图，左边这个图波动已经呈现了明显下滑态势，这个下滑态势从 2018 年的年初开始持续向下，这样的曲线持续向下，说明了贸易增长动力不足，这能够给我们判断全球贸易发展态势。大家仔细看图可以发现最近一两年下降的斜率高于前面的上升斜率，说明这个风险相对来讲比较集中。右边的图说明了这些指数按照哪些因素，哪些分指标计算的，主要包括出口订单数量、汽车产品消费数量、集装箱运输、空运、电子元件的成分、原材料，关注的是一些主要的贸易种类和在国际贸易中主要商品种类。右边的图可以看出来不管在哪个细分类别贸易，数量都是低于 100 个，呈现下降态势，全球贸易增长动能在下降。

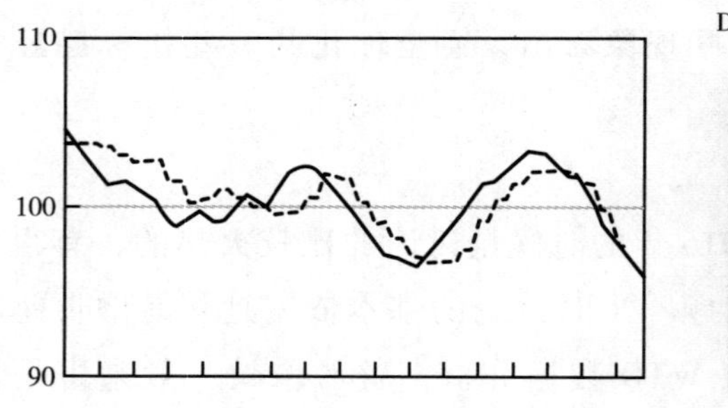

图 1　WTO 货物贸易指数变化

下面我们来看一下服务贸易指数。一般来讲对国际贸易关心的是货物贸易领域，而服务贸易领域呈现相似的态势。比对货物贸易指数发现，两者的变化并不是完全同步的。服务贸易指数增长高点在 2018 年 7 月，从 2018 年 7 月后开始下降。右图的驱动因素中包括了采购经纪人指数、金融服务、ICT 信息通信技术、旅客运输、集装箱和建筑服务，这里面两个指数高于 100，因此从这个指数里面可以显示，包括数字经济在内的一些服务贸易增量高于平均的水平，而与集装箱相关的运输服务类也高于平均水平（见图 2）。这样的指标说明服务贸易呈现下降态势，但它的细分子类与货物贸易不太相似。不管货物贸易还是服务贸易都呈现下降态势，下降态势说明全球经济活动开始收缩，这种收缩是什么原因导致的？可以从分子指标看到一些依据，但并不是完整的依据。

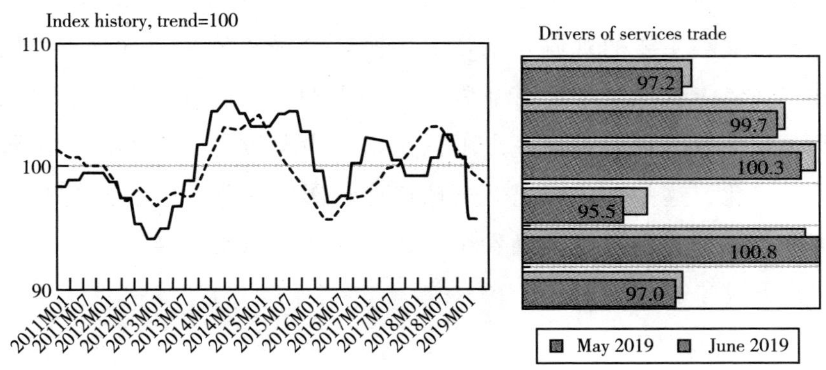

图 2 服务贸易指数变化

（三）经济下行风险增加逆全球化动力

其实从中分析我们可以看出逆全球化本身为什么会出现。很多情况下，人们说逆全球化出现是因为原来全球化制度设计不公正，在这样一种制度下，有一些主体会在全球化过程中受到侵害，利益没有得到关注，他们就反对全球化现象。这样的现象是不是未来还会继续发展呢？我想这跟经济发展的趋势有非常密切的关系。

第一，当前的贸易局势不稳定性仍然在持续。今天中国和美国正在贸易谈判过程中，中美之间能不能达成协定对双边金融市场、贸易、投资的从业者来讲影响都是非常巨大的。新任的 IMF 的总裁也在讲，贸易的不确定有可能对全球经济造成巨大的拖累，这种拖累也是逆全球化可能出现的重要原因。

第二，财政长期的不确定性和高负债问题，这是 IMF 提出的担忧。同时也是世界银行认为影响全球经济持续发展一个很大的因素，受到财政不确定性的影响，世行对今年和明年全球经济增长预期分别下调

0.1个百分点。

第三，新兴市场货币汇率承压缩小政策空间。现在阿根廷、土耳其出现的汇率问题就对政策空间的影响非常大。

第四，对中国经济放缓担忧继续。我们看到全球经济预测报告，全球经济展望主要的观测点都认为中国经济增长放缓，这对于中国经济和产业链上其他国家都有非常明显的影响。我们可以看到这对韩国等其他国家也有影响。这一点不只是来自中美贸易关系影响，也包括内需的变化，这些变化情况对全球产业链影响非常明显。从这样一些指标和关系中我们可以明确看出，逆全球化的风险确实存在，而且有风险上升迹象表现出来。

二、逆全球化的主要表现

（一）多边层面：对原有规则承诺的公然违背

首先在多边层面，目前出现了逆全球化相关的一些现象，主要表现为对于原有的国际承诺和规则的公然违背。我们经常看到中美贸易冲突中，大家比较关心为什么中方一直要求取消所有的关税？其实最开始没有谈判的时候就非常明确301这件事情是美国根据国内法律采取的单边行为，如果结果仍然保留一部分根据国内单方法律依据做出的关税加增行为，就意味着我们认可了单边主义的行为。当然最后谈到的结果可能并不完全像我方所希望的取消所有关税，但是我觉得这是一个非常重要的分水岭。如果301这样的情况下得以生存，以后会继续使用301或者其他国内法干预国际规则的现象依旧会存在，也包括对WTO判决选择性采用，选择性认可，利用经贸协定漏洞，这将成为非常明显的态度。最近还出现了WTO大法官遴选问题，12月10日有可能出现WTO上诉机构瘫痪，原来WTO功能就会削弱。美国已经在采取一些做法毁坏原来所建立的国际经贸互信关系。

（二）双边层面：排他性的双边贸易安排

近期，我们也看到美国违反 WTO 协定，制定了一些排他性的双边经贸安排。按照 WTO 规则，双边贸易协定或者是区域贸易协定是被允许的，但是前提是不能够造成对其他成员方损害，可以更加优惠，但是不能通过这个协定排除对其他成员的义务，否则这个做法违反 WTO 规则。最近美加贸易协定中所设的“毒丸”条款，升级主要双边经贸协定中的标准与条件，避免在全球范围内形成一种自由配置资源平等的条件，创造一些双边的、他认为合理的框架，这种框架的影响是非常明显的。

（三）森林法则

除了美国这样做之外，其他国家也在这样做，比如像日韩冲突升级、对原有规则背离、经济原则做出改变，这些影响都是在证明逆全球化的态势，这种态势在多边、双边层面都在有所体现。

三、逆全球化的影响

（一）逆全球化对现行规则体系的影响，会使得关键机制失去效力

这是非常热的话题，如果现行机制没有作用，我们还会不会受到像反倾销、反补贴、特保这样的对待和这样一些国际争端的困扰？还是说以后不用担心这种事情。出现其他问题的时候，怎么解决国际贸易争端？这是非常需要考虑的问题。

（二）基于实力的新规则谈判很难有吸引力

如果出现新的丛林法则，基于实力新规则谈判，这样的谈判是否能吸引到足够多参与方认可规则？WTO 现在才开始谈数字经济规则，目前的 76 个参与方即便达成协定，其他方愿不愿意参与进来还是一个未知数。

（三）全球产业链在新的贸易条件下重新布局

2018 年中美冲突的时候，很多企业抱着观望态度，现在很多企业

开始考虑全球布局了。

（四）科技发展出现多极化和极端化的态势

近来美方一些做法，明显是在科技领域限制美国对中国的贡献，那么未来就会形成两套不同的规则。现在还不是逆转全球化，但是一定是有一些区域化或者是多极化的态势，这种情况容易出现极端化，容易出现需要其他国家站队的情况。

（五）民族主义情绪高涨，一体化进程开倒车

这一点上，欧盟是非常典型例子，现在欧盟的经济、贸易已经影响到政治，影响到未来的决策，我觉得这个影响也是非常深远的。

（六）社会整体福利的下降，国家冲突更加剧烈

目前社会福利整体下滑，要以更高成本进行贸易投资，这样的情况下，福利相对有所下降，国家冲突也是更为剧烈。

四、我们未来需要考虑的问题

（一）社会分配问题

这是由于技术进步导致对人工替代的增强而产生的。从技术进步和效率提升来看这是好事，但是这些人如何参与社会分配，这种社会分配能不能按劳分配、公平合理，这是值得我们思考问题。

（二）补贴问题

当前，很多人讲我们的补贴是有中国的特点的，但是我们也看到来自多方的一些压力，比如说来自国际规则的改变。这样的国际规则，包括一些判例。未来这样一些判例我们可以不去接受，我们也要关注未来主要行业如何应对规则的变化。在双边判断中，中美谈判中补贴问题一定是非常重要的问题，我们怎么解决这个问题，我想这是很急迫的。对于减贫和发展中的补贴问题是WTO的例外条款，要看它的事实行为，如果扭曲了市场环境，给参与市场主体不公平待遇，这种行为就是可诉的。这些都会使我们关于补贴的研究非常有意义。

（三）债务问题

现在债务可持续问题，不光对于中国，对于其他国家也产生了越来越多压力，包括像汇率影响在内的很多的影响已经不仅是经济财政影响，还会影响国际关系。

风险社会与全球治理创新

◇ 中国财政科学研究院　李成威

一、“乌云笼罩全球经济”

过去两年，全球经济活动强劲，且广泛分布于全球大部分地区。这使得 OECD 成员国的失业率降至 1980 年以来的最低水平。IMF 估计 2018 年全球经济增长 3.7%，反映了新兴经济体的增长。然而随着几乎所有主要发达经济体的商业活动放缓，全球经济增长可能在 2018 年见顶，预计全球经济活动将继续放缓。2018 年下半年欧洲经济增长放缓幅度超过预期，德国经济几乎没有增长，意大利进入技术性衰退，即实际 GDP 连续两个季度萎缩。英国由于计划退出欧盟的不确定性占了上风，2018 年底经济增长明显放缓。与此同时，中国和其他新兴经济体近期的一些指标表现不佳，经济增长势头也可能弱于预期。综上所述，上述许多进展都导致 IMF 下调了其最新的全球增长预期。该机构目前预计，2019 年和 2020 年全球经济增长将放缓至 3.5% 左右，低于过去两年 3.8% 的平均年增长率。2019 年美国经济增速预计将放缓至 2.4%（2018 年为 2.9%），2020 年预计为 1.7%，反映出财政刺激力度的减弱。不过，2018 年支撑美国经济增长的一些因素预计将延续到 2019 年，包括就业和工资增长，这将继续支持消费增长。

从年初开始，全球经济被乌云笼罩。接连不断有预测认为受到中美贸易战争等的刺激而触发的贸易规模和产业生产的减少，以及新兴国家负债风险等问题，很可能导致全球经济萎缩。全球经济萎缩可能对“小规模开放经济”的韩国带来致命的打击，这样的警告声不绝于耳。世界银行于1月8日发布了名为“前景趋暗”的世界经济展望报告，报告将2019年全球经济增长预测从原先的3.0%下调至2.9%。2020年和2021年的经济增长率预测也由此下调0.1个百分点，为2.8%。国际货币基金组织（IMF）预测的前景也非常黯淡。IMF在2018年末，将2019年的全球经济增长率展望从3.7%下调0.2个百分点之后，最近再次发表进行进一步的下调调整。全球经济景气低迷等的警告声不断增加。曾任美国财政部部长和白宫国家经济委员会主任的哈佛大学教授劳伦斯·萨摩斯最近指出“两年内可能出现史无前例的停滞”。IMF第一副总裁利普顿（David Lipton）指出，“各国未对经济停滞带来的深刻危机做好准备”，呼吁各国应缔结货币互换协议等，准备好“危机缓冲材料”。

二、预示着人类进入风险社会

“乌云笼罩全球经济”的警告语之所以频繁出现，是因为人类进入了风险社会。美国学者丹尼尔·贝尔把人类历史分为三个发展阶段：前工业社会、工业社会和后工业社会。丹尼尔·贝尔对后工业社会的特征进行了描述，并未从风险社会的角度做思考。德国社会学家乌尔里希·贝克根据观察和研究，对所生活的时代社会性质进行了全新理解和阐释，提出了风险社会的概念。后工业社会的实质就是风险社会，是不确定性放大将人类带入了风险社会。

自从有了人类以来，不确定性与风险始终与人类相伴。但在很长时间内，这些风险大都局限于个体或局部范围，对人类的影响并不大。但最近几十年以来，人类面临的不确定性和风险迅速加剧，并呈现出全球化趋势，对人类经济和社会发展造成了极大的影响，预示着人类进入了“风险社会”或称“全球风险社会”。

在现代社会，风险与以往相比有着质的变化。现代风险各种各样的表现形式，例如环境和自然风险、社会风险、经济风险、政治风险等，相互交织、相互联系，形成了网状结构，具有高度不确定性和不可预测性。这些风险网络以一种震荡波的形式影响着全人类、全社会。社会中所有的成员都无法幸免，不管你是穷人还是富人，也不管你是庙堂还是在江湖。风险一旦转化为实际的危机和灾难，它的涉及面和影响程度都将大大超过传统社会的灾难，有的风险甚至是毁灭性的。更为严重的情况，风险引发的危机和灾难，以及由此所产生的社会恐慌，将有通过高度发达的现代信息技术迅速传播到全社会，并将引发更大的恐慌，造成社会动荡。我们生活在一个全球化的时代，也就是“所有那些世界各民族融合成为一个单一社会和全球社会的变化过程”。现代社会风险和“全球化”有着密不可分的联系。随着我们用与技术发展相同的速度创造出无法测算的不确定性时，我们就进入了“全球风险社会”。

乌尔里希·贝克在《世界主义的欧洲：第二次现代性的社会与政治》中有一段话这样描述：在全球化时代，世界面临的风险发生了质的变化：它已经跨越生产者和消费者、富人和穷人的界限，超越了地域、民族、国家、社会制度和意识形态的差异，成为一种新型的、全球性的危险。它带来了整个人类生存条件的严重恶化，危及地球上的所有生命，威胁到整个人类文明。“20世纪末以来爆发的灾难性事件，在空间、时间和社会层面上所带来的安全丧失感和危机感是长远的、根深蒂固的。一切边界及内与外的区分，在全球迅速扩展和相互影响的危险面前，都土崩瓦解了。原来建筑在民族观念上的安全与自信，已经让位于对灾难的无所不在性和不可控制性的恐惧。

世界各国经济社会的相互依赖性空前增强，为各种风险的形成与国际传导提供了条件，经济波动和危机的国际传染性也随之增强。在全球化下，一国的公共风险有可能演变成全球公共风险。

三、全球面临诸多不确定性挑战

首先，科技变化打破原有的社会平衡，加剧不确定性。现代社会的科学技术提升了人们改变自然和社会的能力。过去人们主要通过认识规律来利用自然。步入工业化以来，人们可以利用技术按照人类的需求改造自然。人类对自然的逼迫性索取，虽然带来了物质财富极大程度的增加，但同时也打破了原有的平衡，带来许多不确定性和潜在危险。传统工业化模式的弊端越来越凸显，环境、资源、生态危机和财富分配危机频发，人类生存环境严重恶化，必须另谋出路，创新发展方式，走可持续、均衡发展的道路。21 世纪以来，人工智能的发展和利用从根本上改变了工业化以来的技术变革方式。但人工智能在多大程度上改变世界，会导致什么样的后果，很多还是未知领域。未知的领域蕴含着不确定性和未知的公共风险。自动化是不断加剧的不平等的一个潜在驱动因素，成为劳动力市场中的一股破坏性力量，随着新技术在全球经济中的扩散，其影响可能会长期持续。在可预见的未来，我们可以预期自动化和数字化会导致就业水平和工资水平下降，促使金字塔顶端的收入和财富增加。世界经济论坛 2019 年的《全球风险报告》对重要领导人展开的一项调查发现，环境问题和人类技术高速发展而带来的数据泄露和网络攻击等问题是重要的风险来源。该报告的调查结果基于年度全球风险认知调查，论坛的商业、政府、民间社会和思想领袖会在过程中评估世界面临的风险。

其次，国际政治和国际秩序进入新的变化和动荡时期。从国际政治和国际秩序角度看，西方主导的近代历史经历了殖民主义扩张、帝国主义霸权，基本特征是丛林法则与零和博弈。冷战结束以后，国际政治与国际秩序进入一个大调整期，力量与秩序转换交织在一起，当前这个过程依然在继续。近年来由于新生力量的崛起，美国自身霸权力量衰减，世界向后霸权秩序调整，还需要相当长的时间才会形成稳定的新框架。后霸权秩序是什么结构，现在还很难回答。总的来看，调整的大方向是向新关系、新秩序行进，而不是像冷战结束后那样，向旧的方向回归。在转型过程中可能会出现进两步退一步的反复，但总的趋势还是向着新方向去调整和发展，这是大势所趋，但其中蕴含着巨大的不确定性。

再次，全球经济风险快速增长。2018 年 9 月 26 日，IMF 总裁拉加德表示，全球经济面临的风险开始增长，“某些风险已经实现”。2018 年 11 月 13 日，IMF 发布了最新的全球经济增长预测报告，预期 2018 年、2019 年全球经济增速将达到 3.7%，与 2017 年持平，比早先 7 月份的报告预期下调了 0.2 个百分点。各国的经济表现也大大增加了全球经济的不确定性。美国“宽财政 + 紧货币”政策组合的溢出效应需密切关注，税改政策与美联储货币政策收紧相结合，将对全球流动性、投资者风险偏好产生影响，进而影响全球金融市场和经济。日本、英国等其他主要发达经济体货币政策也开始正常化。一旦货币政策收紧过快，导致长期利率抬升，可能对宏观经济和资产价格产生较大影响，阻碍复苏进程并引发金融风险。全球经济增长放缓，加上美国政府停摆和中美关系持续紧张导致的政策不确定性，导致企业和消费者信心在 2018 年底下降。这些因素，加上企业盈利预期下降，导致金融市场波动性加大。其结果是，随着市场开始重新为这些进展定价，全球股票估值大幅下降，政府债券收益率下降，企业信贷息差温和上升。此外，2018 年一些财务指标的演变引起了人们对未来增长前景的担忧。特别是美国收益率曲线（Yield curve）趋平，加剧了对当前经济扩张的担忧。过去，美国收益率曲线趋平与即将到来的衰退有关。2018 年底以来，全球股市表现有所改善，其他金融状况有所缓解。这包括美国股市上涨，此前美联储发出信号，在外部需求放缓和市场波动放缓的背景下，将采取更加耐心的态度，推动货币政策进一步正常化。

收入分配不平等、全球贸易失衡导致逆全球化思潮与保护主义情绪的进一步加剧，国际贸易及投资保护主义风险仍需重视。短期内，保护主义可能通过阻碍贸易、抑制外商直接投资削弱全球需求，威胁经济持续复苏。长期内，保护主义会阻碍资本和劳动力流动，影响资源的有效配置，抑制全球价值链参与者的竞争，拖累生产率提升和经济增长。此外，部分发达国家高杠杆和沉重债务负担可能使消费和投资增长承压。据 IMF 统计，截至 2018 年 10 月，全球公共与私人债务已经达到创纪录的 182 万亿美元，比 2007 年金融危机爆发时高出约 60%。在私人部门杠杆率高企、工资上涨迟缓、贫富差距不断增大的背景下，消费对经济复苏的拉动作用可能减弱。而受生产率增长长期低迷、政治不确定性上升、人口增长放缓及企业债务高企等因素影响，全球投资前景也面临不确定性。

四、风险社会呼唤全球治理创新

当今世界处于百年未有之大变局，且全球经济进入“新平庸时代”。以美国、欧洲部分国家为中心，西方国家内部经济结构失衡、社会两极分化等诸多矛盾累积。加上新技术革命及气候危机等因素的影响，未来国际经济和全球治理面临极大不确定性。面对全球性公共风险，必须树立全球治理理念，建立全球治理体系。全球化是不以人的意志为转移的不可逆的进程和趋势。全球化过程不可避免，不确定性因素增加也是无法控制的。因此，只有提高全球化过程中的应对不确定性的公共风险理性水平，才能防范和化解全球公共风险，达到治理全球公共风险的目的。防范和化解全球公共风险的全球治理需要全世界各个国家共同参与。全球公共风险威胁整个人类的安全，公共风险的防范和化解突破了单一国家所能控制的界限和范围。面对国际事务与国内事务、内部风险与全球风险的相互交错和难以区分的现实，必须跨越有形的国界，借助国际社会共同的力量，提高人类对全球化过程中不确定性的认知能力（知识）、集体行动的能力以及制度的有效性，形成全球治理有效的制度安排。

五、全球治理创新呼唤大国财政

大国财政是建立在大国实力基础上的，通过参与全球资源配置，承担全球治理责任，实现全球利益分配，进而化解全球公共风险，引领人类文明进程，具有明显的成长性、外溢性和示范性的现代财政形态。大国财政是大国治理和全球治理的基础，财政在一个国家的对外开放、改善国际经济治理中发挥着重要作用。美国的经济实力和影响力使其预算、赤字、减税、关税政策调整等都影响到其他国家，并在全球经济治理和推动建立体现本国发展理念的国际组织和国际规则中扮演“领导者”角色。中国在计划经济时期和改革开放后很长一个时期，或是自力更生求出路，或是“埋头苦干搞建设，一心一意谋发展”，财政更多地侧重国内宏观调控与国家治理。随着全球化进程的加快和全球化趋势日渐明显，中国财政必须从观念上有意识地审视在全球化和区域经济一体化中的作用。

古人有云：“不谋全局者，不足谋一域。”中国作为全球第二大经济体，财政必须突破“国内”界限，从区域化、全球化的角度来思考问题，从更加宏观的视野去审视大国财政在全球公共事务处理中的作用，在国际事务中有担当、有责任。全球范围的公共事务，背后都是财政的支撑。中国派往非洲参与埃博拉疫情的医疗队，亚丁湾军舰护航，设立金砖银行、亚投行等国际机构等，都与财政密切相关。大国财政需要为有效实现大国治理发挥基础性作用，并上升到全球治理发挥世界性作用，这是时代赋予我们的责任和任务。

图书在版编目（CIP）数据

新中国财政70年的探索与创新／刘尚希主编．--北京：中国财政经济出版社，2021.5
（中国财政学会学术文库）
ISBN 978-7-5223-0474-8

Ⅰ.①新… Ⅱ.①刘… Ⅲ.①财政史－研究－中国 Ⅳ.①F812.9

中国版本图书馆CIP数据核字（2021）第057617号

责任编辑：闫 娟　　　　责任校对：徐艳丽
责任印制：刘春年

新中国财政70年的探索与创新
XINZHONGGUO CAIZHENG 70 NIAN DE TANSUO YU CHUANGXIN

中国财政经济出版社 出版
URL：http：//www.cfeph.cn
E-mail：cfeph@cfeph.cn

社址：北京市海淀区阜成路甲28号　邮政编码：100142
营销中心电话：010-88191522
天猫网店：中国财政经济出版社旗舰店
网址：https：//zgczjjcbs.tmall.com
北京财经印刷厂印刷　各地新华书店经销
成品尺寸：170mm×240mm　16开　23.25印张　307 000字
2021年5月第1版　2021年5月北京第1次印刷
定价：108.00元
ISBN 978-7-5223-0474-8
（图书出现印装问题，本社负责调换，电话：010-88190548）
本社质量投诉电话：010-88190744
打击盗版举报热线：010-88191661　QQ：2242791300